全国司法职业教育"十三五"规划教材

法院执行实务（第二版）

全国司法职业教育教学指导委员会　审定

主　编◎童付章

副主编◎曾文澜　胡燕佼

撰稿人◎童付章　曾文澜　胡燕佼

　　　　韩　艳　常　斯　黄国平

中国政法大学出版社

2025·北京

图书在版编目（CIP）数据

法院执行实务 / 童付章主编. -- 2 版. -- 北京：
中国政法大学出版社, 2025. 6. -- ISBN 978-7-5764
-2086-9

Ⅰ. D926.2

中国国家版本馆 CIP 数据核字第 2025G9Z644 号

书　　名　　法院执行实务 FA YUAN ZHI XING SHI WU

出 版 者　　中国政法大学出版社

地　　址　　北京市海淀区西土城路 25 号

邮　　箱　　fadapress@163.com

网　　址　　http://www.cuplpress.com（网络实名：中国政法大学出版社）

电　　话　　010-58908435(第一编辑部) 58908334(邮购部)

承　　印　　北京鑫海金澳胶印有限公司

开　　本　　720mm×960mm　1/16

印　　张　　16

字　　数　　305 千字

版　　次　　2025 年 6 月第 2 版

印　　次　　2025 年 6 月第 1 次印刷

印　　数　　1~4000 册

定　　价　　49.00 元

出版说明

　　为贯彻落实党的十九大精神和习近平总书记关于教育的系列重要讲话要求，充分发挥教材建设在提高人才培养质量中的基础性作用，促进现代司法职业教育的改革与发展，全面提高司法职业教育的教学质量，全国司法职业教育教学指导委员会于 2017 年 11 月正式启动了司法职业教育"十三五"规划教材的编写工作。

　　本次规划教材编写以习近平新时代中国特色社会主义思想为指导，以司法类专业教学标准为基本依据，以更深入地实施司教融合、校局联盟、校监所（企）合作、德技双修、工学结合为根本途径，强化需求导向和问题导向。在坚持实战、实用、实效原则的基础上，继续完善实行行业指导、双主体团队开发、多方人员参与、院校支持、主编负责、行指委统筹审定、分批次出版的编写工作机制，适时更新教材内容和结构，大力开发大类（专业群）专业基础课程、专业核心课程教材，倡导编写典型案例化、任务项目化教材，并运用现代信息技术创新教材呈现形式，着力加强实训教材和数字化教学资源建设，逐步建立符合我国国情、具有时代特征和行业特色的现代司法职业教育教材体系。本规划教材包括已有规划教材的全新修订、新增专业课程教材和司法类国控专业更新课程教材的编写。在编写内容上，必须顺应新时代、新要求，回应全面深化依法治国，尤其是深入推进司法体制改革的新需求、新期盼，力争符合司法类专业人才培养目标达成需要和相关课程标准要求，与司法职业一线岗位任职标准（岗位技能要求）相衔接，体现"原理与实务相结合"的特点，注重培养学生应用理论、规则解决实际问题的能力。

　　经过全体编写人员的共同努力和出版社编辑们的辛勤付出，现在首批教材已陆续出版，欢迎大家选用，并敬请各使用单位和广大师生在选用过程中提出意见和建议，行指委将及时根据教材评价和使用情况，丰富教材内容，优化教材结构，促进教材质量不断提高。

全国司法职业教育教学指导委员会

2019 年 6 月

第二版修订说明

　　本书第一版出版以来，根据 2023 年 9 月 1 日第十四届全国人民代表大会常务委员会第五次会议通过的《全国人民代表大会常务委员会关于修改〈中华人民共和国民事诉讼法〉的决定》，以及此前自 2022 年 4 月 10 日起施行的《最高人民法院关于适用〈中华人民共和国民事诉讼法〉的解释》，相关内容及条文有所调整。本书第二版将修正后的《中华人民共和国民事诉讼法》及相关司法解释等内容加进本教材，使教材的内容紧贴司法实践，其他内容没有改动。

教材编写组

2025 年 3 月 10 日

编 写 说 明

　　强制执行是人民法院的重要工作之一。司法警察在人民法院执行工作中承担着重要的职责。为了使司法警务专业的学生系统地掌握法院执行的基本理论和相关业务知识，我们组织了浙江警官职业学院、海南政法职业学院、四川司法警官职业学院、黑龙江司法警官职业学院从事专业教学与研究的教师以及来自浙江省高级人民法院执行局从事执行工作的行业专家，共同编写这本《法院执行实务》教材。本教材系统地介绍了法院执行的一般理论，尤其是结合近年来法院执行工作的发展，对法院执行业务做了比较详细的阐述，对相关制度的建立与完善进行了一定的探索。为了突出高职院校学生实践能力的培养，本教材在基础理论介绍的基础上，根据不同的执行任务设置了若干的学习情境，附有相应的练习案例。本教材既适合作为警官院校司法警务专业的教材，也可作为刚开始从事执行工作的法院干警的参考用书。

　　本教材在 2017 年中国政法大学出版社的《法院执行实务》教材的基础上，经参编作者集体讨论确定编写内容后，分工再创作而成。全书共分两大部分——法院执行理论部分与法院执行实务部分。各章节撰稿分工如下：

　　童付章（教授）：第一章、第六章、第八章、学习单元二、学习单元三；

　　曾文澜（副教授）：第二章、学习单元四、学习单元五；

　　胡燕佼（副教授）：第五章、第七章；

　　韩艳（教授）：第三章、第四章、学习单元一；

　　常斯（副教授）：学习单元六、学习单元七；

　　黄国平（人民法院专家）：学习单元八。

　　本教材在编写过程中，作者参考、引用了许多专家、学者及执行工作实务人员的著述、观点，有的列于书后参考文献中，有的可能由于疏于呈列，在此，我们一并表达感谢。由于作者水平有限，书中疏漏乃至谬误在所难免，敬请读者批评指正。

编　者

2022 年 3 月 1 日

目录CONTENTS

理论部分

第一章　**法院执行概述** ▶ 1

第一节　法院执行的概念和特点 / 2

第二节　法院执行制度的历史发展 / 3

第三节　法院执行体制改革 / 5

第四节　法院执行应遵循的原则 / 6

第二章　**法院执行名义** ▶ 12

第一节　法院执行名义概述 / 12

第二节　法院执行名义的分类 / 17

第三节　法院执行名义的审查 / 20

第三章　**民事执行基本理论（上）** ▶ 30

第一节　民事执行概述 / 31

第二节　民事执行程序 / 42

第三节　民事执行措施 / 53

第四章　**民事执行基本理论（下）** ▶ 68

第一节　民事执行竞合 / 69

第二节　民事执行异议 / 75

第三节　民事执行中的检察监督 / 78

第五章 | 法院行政执行基本理论 ▶ 82

第一节 行政执行概述 / 83

第二节 法院行政执行的概念和特征 / 85

第三节 法院行政执行的范围 / 88

第四节 法院行政执行措施和程序 / 92

第六章 | 法院刑事执行基本理论 ▶ 100

第一节 法院刑事执行的基础知识 / 100

第二节 死刑执行 / 102

第三节 涉财产执行 / 104

第七章 | 司法警察实施强制措施 ▶ 109

第一节 强制措施的概念和特点 / 109

第二节 司法警察实施强制措施的种类 / 113

第八章 | 司法警察配合强制执行 ▶ 125

第一节 配合强制执行概述 / 125

第二节 司法警察在配合强制执行中的职责 / 127

第三节 司法警察配合强制执行的程序要求 / 128

实务部分

学习单元一 | 对存款、劳动收入和到期债权的执行 ▶ 131

项目一 对存款的执行 / 131

项目二 对劳动收入的执行 / 137

项目三 对到期债权的执行 / 140

学习单元二 | 对投资权益的执行 ▶ 144

项目一 对有限责任公司股权的执行 / 144

项目二 对上市公司股票的执行 / 150

学习单元三　**对其他动产的执行** ▶ 156

项目一　对机动车的执行 / 156

项目二　对存货及设施设备的执行 / 163

学习单元四　**对不动产的执行** ▶ 167

项目一　对城镇不动产的执行 / 167

项目二　对农村住房的执行 / 176

学习单元五　**对交出特定财物或票证的执行** ▶ 179

项目一　强制交出特定财物 / 179

项目二　强制交出票证 / 182

学习单元六　**强制排除妨碍** ▶ 185

项目一　强制迁出居所 / 185

项目二　强制退出土地 / 190

项目三　强制拆除违章建筑 / 193

学习单元七　**司法警察配合实施强制执行** ▶ 198

项目一　配合搜查 / 198

项目二　配合查封、扣押 / 201

项目三　配合强制腾退 / 205

学习单元八　**司法警察实施强制措施** ▶ 210

项目一　实施拘传 / 210

项目二　实施训诫 / 217

项目三　实施强行带离 / 219

项目四　实施罚款 / 221

项目五　实施拘留 / 228

拓展阅读书目　▶ 241

理论部分

第一章　法院执行概述

学习目标

　　掌握法院执行的概念和特点；了解法院执行制度的历史发展；掌握法院执行应遵循的原则。

本章重点

　　法院执行的概念；法院执行的法律特征；法院执行包含的类型；法院执行应该遵循的基本原则。

【本章引例】

　　2013 年 7 月 25 日，被告徐某某向原告朱某某借款 180 000 元，借款到期后，被告徐某某未按约归还借款，原告朱某某诉至人民法院，人民法院于 2015 年 8 月 23 日判决被告徐某某在判决书生效后 10 日内归还借款 180 000 元及其利息。判决生效后，被执行人徐某某自动给付了 30 000 元，余款 155 000 元未给付，申请人朱某某向人民法院申请强制执行。

　　人民法院受理此案后，依法向被执行人发出了执行通知书，要求其在规定的期限内自动履行义务，被执行人对此不理不睬也未主动到人民法院履行义务。2016 年 2 月，申请人朱某某找到被执行人徐某某，要求支付欠款，在交涉过程中，双方发生争执，申请人朱某某及时报警。后值班的执行法官派人找到了被执行人徐某某，当即令其随车赶往人民法院履行给付 155 000 元的欠款。被执行人到人民法院后，接受了执行法官的教育，打电话向亲戚朋友筹借来现金当场交付给申请人。

第一节 法院执行的概念和特点

一、法院执行的概念

法院执行是指人民法院按照法定程序，运用国家强制力，强制义务人履行已经发生法律效力的判决、裁定以及其他法律文书所确定的义务的法律活动。人民法院执行的任务和目的是依法强制义务人履行生效法律文书所确定的义务，保障权利人的权利和国家利益。

二、法院执行的特点

法院执行与其他机关执行相比有许多共同之处，如都必须有执行根据、都以国家强制力作后盾、都要遵循法定程序等。但是，法院执行具有以下自身特点：

（一）法院执行范围广，执行内容具有多样性

执行按其内容，一般可分为行政执行、民事执行、刑事执行。一般来说，由行政机关负责行政执行，监狱机关、公安机关负责刑事执行，而人民法院兼有民事执行、行政执行和刑事执行的职责。在所有执行机关中，法律授权人民法院执行的种类最全、事项最广、内容最多。

（二）人民法院作为执行机关具有独特性

根据法律规定，人民法院是唯一拥有民事执行权的主体，同时也是唯一拥有民事、行政和刑事执行权力，可依法实施民事执行、行政执行和刑事执行行为的主体。

（三）法院执行机构具有专门性

目前，按有关法律规定，只有人民法院设置了相对独立的专司执行事务的机构——执行局，且从最高人民法院至基层人民法院均建立了双重领导的较为完整的执行体系。

（四）法院执行人员具有职业性

人民法院从事执行的人员除执行员之外，广义而言还包括配合实施执行的司法警察以及从事执行裁判工作的法官。他们均具有良好的法律职业素养和职业能力。人民法院专门执行机关依法独立行使执行权，这就必然要求法院执行人员具有独特的法律思维及专门从事执行工作的职业人特征。

三、法院执行的类型

根据我国法律规定，人民法院的执行涉及民事执行、行政执行及刑事执行，

其中民事执行全部由人民法院承担，包括民事诉讼案件的执行和民事非诉案件的执行，如仲裁裁决的执行、公证债权文书的执行。[1]《中华人民共和国民事诉讼法》（以下简称《民事诉讼法》）第 235 条规定："发生法律效力的民事判决、裁定，以及刑事判决、裁定中的财产部分，由第一审人民法院或者与第一审人民法院同级的被执行的财产所在地人民法院执行。法律规定由人民法院执行的其他法律文书，由被执行人住所地或者被执行的财产所在地人民法院执行。行政执行包括对生效的行政判决、裁定的执行和行政机关申请对非诉具体行政行为的强制执行。"[2] 刑事执行只有极少数由人民法院承担，如死刑执行及刑事财产刑的执行。

另外，从保障诉讼与执行的角度来看，依据民事诉讼法、行政诉讼法、刑事诉讼法有关规定，广义的法院执行还可包括：对妨害诉讼的行为人实施强制措施的执行和对妨害执行的行为人实施强制措施的执行。

第二节 法院执行制度的历史发展

一、执行制度的起源

强制执行制度源自人类社会早期的私力救济。那时，人们以自身的力量来维护自己的私权，而私力救济主要凭借的就是暴力。因此，早期的私力救济手段极为残酷。[3] 随着国家公权力的不断强大，公力救济才逐步取代私力救济，成为个人私权的主要保障。[4] 公力救济也逐渐从对人执行向对物执行过渡，从民刑交叉、以刑代民走向民刑分立。执行程序也逐步从审判程序中分离出来，执行机构得以建立和发展。

二、我国清末至民国时期的立法

我国强制执行制度的立法，最早见于清末时期。清末戊戌变法时期，修订法

---

〔1〕《民事诉讼法》第 235 条规定："发生法律效力的民事判决、裁定，以及刑事判决、裁定中的财产部分，由第一审人民法院或者与第一审人民法院同级的被执行的财产所在地人民法院执行。法律规定由人民法院执行的其他法律文书，由被执行人住所地或者被执行的财产所在地人民法院执行。"

〔2〕 参见《中华人民共和国行政诉讼法》（以下简称《行政诉讼法》）第 95 条、第 96 条、第 97 条等规定。

〔3〕 参见杨与龄编著：《强制执行法论》，中国政法大学出版社 2002 年版，第 16 页。

〔4〕 参见金川：《法院执行研究》，吉林人民出版社 2003 年版，第 35 页。

律大臣沈家本、伍廷芳编订刑事、民事诉讼法，其中第三章"民事规则"中包含民事执行的规定。后又聘日本人松冈义正拟订"强制执行律草案"，该草案未颁行。及至民国，强制执行立法才得以快速发展。[1]

三、中华人民共和国建立以来的法院执行制度

（一）受案范围

中华人民共和国成立之初，百废待兴。起初并没有专门的强制执行制度，1954 年《中华人民共和国人民法院组织法》（以下简称《人民法院组织法》）明确规定执行工作由人民法院负责。该法第 38 条规定："地方各级人民法院设执行员，办理民事案件判决和裁定的执行事项，办理刑事案件判决和裁定中关于财产部分的执行事项。"1979 年该条文被修改为第 41 条，但内容完全一致。由此可见，中华人民共和国成立以来，人民法院承担的主要执行工作即为民事案件判决和裁定的执行以及刑事案件判决和裁定中关于财产部分的执行。

1982 年颁布的《中华人民共和国民事诉讼法（试行）》第 161 条第 1 款规定："发生法律效力的民事判决、裁定和调解协议，以及刑事判决、裁定中的财产部分，由原第一审人民法院执行。"该款与 1979 年《人民法院组织法》的内容基本一致，但该条第 2 款则增加了人民法院对其他法律文书的执行权限，该条第 2 款规定："法律规定由人民法院执行的其他法律文书，由有管辖权的人民法院执行。"1989 年《行政诉讼法》第 65 条第 2 款规定："公民、法人或者其他组织拒绝履行判决、裁定的，行政机关可以向第一审人民法院申请强制执行，或者依法强制执行。"第 66 条规定："公民、法人或者其他组织对具体行政行为在法定期限内不提起诉讼又不履行的，行政机关可以申请人民法院强制执行，或者依法强制执行。"第 65 条第 3 款针对行政机关拒绝履行判决、裁定的，也作出了规定。[2] 这两条规定赋予了人民法院对生效的行政诉讼裁判以及生效的具体行政行为的执行权。至此，人民法院所承担的强制执行案件的范围基本确定。

（二）执行机构

早期的立法虽然明确了人民法院承担强制执行的基本职责，明确了执行由执行员承担，但是执行机构的设置是不甚明确的，直到 1991 年《民事诉讼法》才

---

〔1〕 参见杨与龄编著：《强制执行法论》，中国政法大学出版社 2002 年版，第 16 页。

〔2〕 1989 年《行政诉讼法》第 65 条第 3 款规定："行政机关拒绝履行判决、裁定的，第一审人民法院可以采取以下措施：（一）对应当归还的罚款或者应当给付的赔偿金，通知银行从该行政机关的帐户内划拨；（二）在规定期限内不履行的，从期满之日起，对该行政机关按日处五十元至一百元的罚款；（三）向该行政机关的上一级行政机关或者监察、人事机关提出司法建议。接受司法建议的机关，根据有关规定进行处理，并将处理情况告知人民法院；（四）拒不履行判决、裁定，情节严重构成犯罪的，依法追究主管人员和直接责任人员的刑事责任。"

明确了人民法院可依法设置执行机构。该法第 209 条第 3 款规定："基层人民法院、中级人民法院根据需要，可以设立执行机构。执行机构的职责由最高人民法院规定。"此后，各地人民法院按照法律规定设立了执行庭，统一办理执行案件。但囿于法律的现有规定，直到 1995 年最高人民法院才设执行工作办公室，以指导全国人民法院的执行工作，加上各地执行庭本身存在的审执合一的局限性，执行机构的独立性没有体现出来。

2007 年公布的《全国人民代表大会常务委员会关于修改〈中华人民共和国民事诉讼法〉的决定》明确规定了"人民法院根据需要可以设立执行机构"，这才为最高人民法院执行机构的设立提供了法律依据。此后，最高人民法院执行工作办公室更名为执行局，全国各地人民法院也先后设立了专门承担执行工作的执行局。执行机构的设立与健全，对人民法院的执行工作起到了积极的推动作用。

第三节 法院执行体制改革

随着人们对审判工作认识的深入以及人民法院化解执行难的迫切需要，党的十八届四中全会提出推动实行审判权和执行权相分离的体制改革试点。为此，各地人民法院进行了艰难而卓有成效的探索。

比如上海各级人民法院制定了执行实施权和执行裁决权权力清单，对执行中涉及的权力作了梳理、分类，明确 61 项执行实施权和 47 项执行裁决权，并调整了执行实施权和执行裁决权的权力配置模式，将执行实施权配置给执行局行使，将执行裁决权、涉执行诉讼审判权和非诉行政执行审查权配置给执行裁判庭行使。四川的人民法院则推进执行裁决权二次分离，分出涉执行诉讼裁决权，将执行分配方案异议之诉、案外人异议之诉、代位权诉讼等案件交由民事审判部门负责；分出执行审查权，将执行异议复议、追加变更执行主体、不予执行、驳回执行申请等涉及当事人、利害关系人重大权益的判断问题交由执行裁决部门审查；分出终本案件审批权，由审判监督部门审查批准案件终本。[1] 各地人民法院在厘清执行裁决权和执行实施权的权源的同时，采取种种措施加强执行队伍建设，增强执行力量。有的地方人民法院则挑选司法警察并任命其为执行员，组建司法警察执行中队，进驻执行局，办理执行案件。

---

〔1〕 参见罗书臻：《为审执分离改革提供可复制可推广的经验——全国法院审执分离体制改革试点工作经验交流会发言综述》，载 http：//www.chinacourt.org/article/detail/2016/09/id/2082772.shtml，最后访问日期：2021 年 4 月 1 日。

在总结全国各地人民法院执行体制机制改革经验的基础上，2019年6月公布的《最高人民法院关于深化执行改革健全解决执行难长效机制的意见——人民法院执行工作纲要（2019—2023）》，旨在进一步强化执行，实现党中央提出的"切实解决执行难"的奋斗目标。该纲要中提出："加快推进审执分离体制改革。将执行权区分为执行实施权和执行裁判权，案件量大及具备一定条件的人民法院在执行局内或单独设立执行裁判庭，由执行裁判庭负责办理执行异议、复议以及执行异议之诉案件。不具备条件的人民法院的执行实施工作与执行异议、复议等裁判事项由执行机构不同法官团队负责，执行异议之诉案件由相关审判庭负责办理。""推进司法警察参与执行。按照'编队管理、派驻使用'原则，向执行机构派驻相对固定的司法警察，警队统一管理，执行机构调度使用，警队和执行机构共同考核、培训。执行机构在编的法官助理、书记员符合条件的，可以按自愿原则转为司法警察，编入警队管理。赋予司法警察在执行警务保障中体现执行工作要求的执法权限，发挥司法警察采取强制措施、打击拒执行为、收集证据等作用，提升执行效率和威慑力。"2024年7月公布的《中共中央关于进一步全面深化改革　推进中国式现代化的决定》（以下简称《决定》）中指出，要"深化审判权和执行权分离改革，健全国家执行体制，强化当事人、检察机关和社会公众对执行活动的全程监督。"《决定》明确了审、执分离改革的任务，为完善执行权实施机制指明了方向。

第四节　法院执行应遵循的原则

一、法院执行原则的含义及意义

（一）法院执行原则的含义

法院执行原则是指法院执行立法、执行活动的指导思想和基本准则，是人民法院和当事人以及协助执行的单位和个人在整个执行活动中必须遵循的行为准则。

（二）法院执行原则的意义

法院执行原则不仅反映了我国执行制度的性质，而且体现了我国执行制度的精神实质。它为人民法院的执行工作指明了方向，提出了总的要求。明确执行原则，不仅在理论上有其必要性，而且对于执行实践也具有重要作用。

1. 法院执行原则对于执行立法具有指导意义。从宏观上讲，法院执行原则是制定或派生各种执行法律规范的灵魂和重要支点；从微观上讲，制定具体的法院执行程序要体现和遵循法院执行的原则。

2. 法院执行原则指导着各项法院执行活动的开展。由执行立法的原则性、抽象性与现实中的执行案件的复杂性、多样性所决定，法院执行实践中必然存在执行机关如何合理行使裁定权、执行参与人如何正当行使权利和承担义务、如何有效监督执行机关的执行行为的问题。只有严格贯彻法院执行原则的精神，才能科学地解决上述问题，使执行活动顺利、有效地进行。

3. 法院执行原则对执行工作改革具有导向作用。随着经济、社会的不断发展，人们对法治的要求不断提升，司法改革成为当今社会的热门话题，而执行工作改革正是司法改革的突破口之一。只有认真贯彻、遵循执行工作应有的规律、原则，才能很好地把握执行改革的方向，使改革工作富有成效。偏离或违背执行原则，会导致执行工作改革的低效，甚至失败。

二、法院执行的一般原则

（一）依法执行原则

依法执行原则是指执行机关及执行参与者在执行活动中必须严格依照执行法律规范的要求办事。执行作为一项法律制度，具有程序性和强制性的特点，充分照顾到了执行关系中各方主体的利益。法律规定一旦确定，就必须坚决执行。

1. 依照法律规定的执行程序办事。执行制度首先是程序制度，执行程序就是执行工作所依照的程序。它规定了执行法律关系当事人该为什么行为或不该为什么行为，规定了对执行中出现的各种情况该如何处置，以及对违反执行程序行为的制裁。人民法院及其执行人员，都应规范地遵守法律关于执行名义、执行期限、申请执行和移送执行、执行措施以及执行中止和执行终结等事项的规定，依法开展执行活动。

人民法院的执行人员应规范地执行国家法律，文明开展执行活动，做到严肃执法，依法办事，不得滥用执行权，否则应当承担赔偿责任。

所有执行活动的参与者也都要严格遵守执行法律规范，服从执行法院及其工作人员的指挥，按照法律规定享有权利、履行义务。尤其是有协助执行义务的单位和个人，要从维护国家法制权威这个大局出发，不能从小团体或个人利益出发，积极协助执行法院执行。

2. 依照生效法律文书确定的内容执行。人民法院的生效裁判文书和其他生效法律文书，是人民法院的执行根据。执行法院不能随意改变执行内容，不能擅自变更执行对象。同时，执行法院还应严格按照生效法律文书内容的需要依法采取执行措施，确保权利人权利的实现。

执行工作机动性大、强制性强，坚持依法执行原则，对于维护国家法律的权威和维护当事人合法权益来说尤为重要。因此，依法执行原则应当是法院执行必须坚持的首要原则。

（二）保护执行各方权益原则

执行法院在执行工作中要严格按照生效法律文书的规定，强制被执行人履行法定的义务，以维护权利人的合法权益；同时要照顾被执行人的实际情况，保证被执行人能维持正常的生产和生活。既要保护当地当事人的合法权益，又要维护外地当事人的合法权益，坚决反对地方保护主义。

保护执行各方合法权益原则是公民在法律面前一律平等的法治原则在执行工作上的体现。这一原则要求执行活动中在保护权利人利益的同时，还必须兼顾义务人的利益，防止不当侵害第三人的合法权益。

1. 依法保护权利人的合法权益。保护权利人的合法权益，首要的就是强制被执行人履行生效法律文书所确定的义务。如果义务人不按生效法律文书的内容全面自觉履行义务，不但会损害权利人的合法权益，而且是对执行机关和国家法律的藐视。对于义务人拒不履行的，执行法院应当依法强制其履行，非法定事由不得中止或终结执行，以保护权利人的合法权益。

2. 依法保护被执行人的合法权益。被执行人作为义务人，必须全面履行法定的义务，这是不容置疑的。但是，这并不意味着执行法院及其执行人员在执行时可以不顾被执行人的实际情况，盲目执行。执行人员在执行中应当照顾被执行人的实际情况，尊重被执行人的人格权和基本生存权，如保留其必要的生产资料及家庭必需的生活资料。这是人道主义在执行立法中的体现，是维护社会稳定的需要，也是司法文明的要求。

3. 依法保护第三人的合法权益。执行中由于客观情况的复杂性，往往出现不当侵害案外第三人的合法权益的现象。按有关法律规定，案外人有权提出执行异议，对此应加倍重视。案外第三人一旦提出执行异议，执行法院就有义务对该异议进行审查，并依法作出正确处理。对第三人合法权益的保护，也是法院执行活动应遵循的准则。

保护执行各方权益原则，要求执行法院既要保护本地当事人的合法权益，又要依法保护外地当事人的合法权益；既要保护本国当事人的合法权益，又要依法保护外国当事人的合法权益。

（三）效率优先原则

效率优先原则是强制执行权性质与功能的内在要求，是执行活动科学化、文明化的重要体现，是司法资源有限的客观需要。它包含迅速原则和经济原则。

迅速原则，是指人民法院在保证办案质量、不违背法律的前提下，尽量缩短执行周期，尽快实现生效法律文书确定的内容，以达到早日稳定社会关系的目的。迅速原则在执行活动中的具体要求是执行法院按程序规定的时限及时终结执行，不得任意拖延。

经济原则就是在执行中以最小的执行成本，实现最大的执行效益。它要求执行活动尽量降低执行成本，节省人力、物力和财力的投入，执行措施得力可行，执行方案科学合理，充分实现效率价值。

三、民事执行的特有原则

民事执行的特有原则，是指人民法院和当事人以及协助执行的单位和个人在整个民事执行活动中必须遵循的行为准则。

（一）执行标的有限原则

执行标的有限原则，有两方面的含义：一是民事执行的对象只能是物和行为。民事执行不能执行人身，不能以对人身的执行代替对物和行为的执行。这首先是由民事法律关系的性质决定的。民事法律关系的争议，包括财产和人身两个方面，但只有处理财产方面争议的法律文书，才具有给付性质，才发生执行的问题；处理人身权利争议的法律文书，不具有执行内容，不发生执行的问题。其次，我们是社会主义国家，公民的人身自由和权利应该得到切实的尊重和保护，人身不能作为强制执行的对象，不能以羁押被执行人或其他限制人身自由的方法来代替对物或行为的执行。在实践中，有些被执行人或案外人因实施严重妨害执行的行为，被人民法院处以罚款、拘留，这是人民法院依法对他们采取的强制措施，不能理解为对人身的执行，二者的性质是完全不同的。二是对物的执行范围的限制。即使是对物的执行，也是有一定范围限制的，并非被执行人的全部财物都可执行。如对个人财产的执行，必须保留被执行人及其所抚养家属的生活必须费用；对法人或其他组织的执行，首先应执行其自有资金和流动资金，只有在上述资金不足以清偿债务时，才能依法执行其他财产。另外，执行也包括对行为的执行，既可以责成被执行人为某种行为，也可以责成被执行人不为某种行为。被执行人如果拒绝履行，人民法院可以委托有关单位或者其他人代为完成，费用由被执行人负担。这就将完成法律文书指定行为的强制执行转化为对其财产的强制执行，而不是用人身强制来迫使他完成指定的行为。

（二）预先告诫原则

预先告诫原则，是指人民法院在采取强制执行措施之前，必须先行告知被执行人即时履行生效法律文书所确定的义务，以及拒不履行义务时拟将采取对其不利的强制执行措施。《民事诉讼法》第251条规定："执行员接到申请执行书或者移交执行书，应当向被执行人发出执行通知，并可以立即采取强制执行措施。"这就是预先告诫原则的法律规定。对被告人采取强制执行措施前，发出执行通知预先予以告诫是必不可少的环节。根据预先告诫原则，人民法院在采取强制执行措施之前，应当给被执行人留有一定的履行期限，以督促义务人自觉履行债务，告知被执行人如不及时履行义务将受到不利影响，人民法院将实施强制执行。2008 年最高人民法院公布《最高人民法院关于人民法院执行工作若干问题的规定（试行）》（以下简称《执行工作规定（试行）》）第 26 条第 2 款规定："在执行通知书指定的期限内，被执行人转移、隐匿、变卖、毁损财产的，应当立即采取执行措施。"这条规定有利于及时控制被执行人的财产或标的物，有利于保证生效法律文书得以顺利执行。将这种情况作为预先告诫原则的例外情况处理是必要的。

（三）当事人主动原则

当事人主动原则是民法的古老原则——当事人主义在执行活动中的体现。它指法院执行中，执行程序的启动、财产处分、有关执行措施的采用、执行和解及终结等均以当事人为前提，以当事人意思表示为依据，执行法院往往表现为"被动"。当事人主动原则体现了现代民事诉讼目的的价值要求，反映了民事权利的本质属性。贯彻当事人主动原则，有利于维护人民法院中立、公正、公平的形象，有利于督促债权人积极行使权利，有利于司法资源的合理配置和利用，有利于培养社会公众良好的法律意识。

当事人主动原则也有例外。为保护缺乏自我救济能力的人（主要指老、弱、孤、寡、病、残者）的合法权益，现代民事诉讼制度中设立了"移送执行"等体现职权主义原则的相关制度，以便更好地体现社会公正与公平的理念。

当前，深刻理解和认真贯彻当事人主动原则，对于有效改变执行法院职权主义甚至超职权主义的观念和做法，解决"执行难"问题具有重大意义。

（四）优先清偿原则

优先清偿原则是指在民事执行中，同一债务人存在多个债权人，对债务人的财产首先申请执行或首先申请查封的债权人，在无其他法定优先权设定的条件下享有优先于其他债权人受偿的权利。优先清偿原则是与平等清偿原则相对应的一项执行原则，也是各国民事强制执行法发展的方向。

贯彻优先清偿原则有利于提高债权人的法律保护意识、督促债权人及时行使申请执行权，体现了债权人与债务人权利与义务的一致性，方便人民法院及时解决执行纠纷，有利于提高人民法院执行效率，快速实现执行目的，促进社会秩序稳定。实行优先清偿原则，将会对我国现行执行制度产生较大影响，与此相关的一些执行措施规定将作相应的修改和调整。

（五）协助执行原则

做好执行工作是人民法院的任务，但如果离开了有关单位的协助，也很难保证执行工作的顺利进行。比如在执行程序中，有时需要扣留被执行人的收入，必须由被执行人所在单位协助才能做到；需要查询、冻结、划拨被执行人的存款的，必须由有关的银行、信用合作社和其他有储蓄业务的单位协助才能实现。为了避免有关单位应履行而不履行协助义务，根据《民事诉讼法》中的规定，人民法院首先应当责令其履行义务，让这些单位明确：协助人民法院执行，是法律规定的义务；如果再拒绝协助，甚至妨碍执行，就可以对单位的主要负责人或者直接责任人处以罚款；并可以向监察机关或有关机关提出给予纪律处分的司法建议。这就从立法上保证了有关单位协助人民法院执行原则的认真贯彻。但应明确，协助执行原则的执行主体只能是人民法院，有关单位的义务只是协助法院执行，而不能直接采取强制措施。人民法院需要有关单位协助执行时，应当发出协助执行通知书，说明需要执行的具体事项、执行的方法、完成期限和应注意的问题。接到协助执行通知书的有关单位，必须按照通知的内容协助执行。

本章小结

法院执行是人民法院运用国家强制力实现生效法律文书的重要保障。本章介绍了法院执行的含义、特点，法院执行制度的历史发展，以及法院执行应遵循的原则，探讨了法院执行体制改革的实践探索。

问题思考

1. 如何理解法院执行的概念？
2. 如何理解法院执行体制改革？
3. 如何理解法院执行的含义和意义？
4. 法院执行应遵循哪些基本原则？

二维码

第一章　二维码阅读

第二章　法院执行名义

学习目标

　　掌握法院执行名义的概念、法院执行名义的分类、法院执行名义的审查；了解法院执行名义的法律效力，能够依法完成对常见的法院执行名义的审查工作。

本章重点

　　法院执行名义的分类；法院执行名义的审查。

【本章引例】

　　甲公司诉乙公司合资、合作开发房地产合同纠纷一案，J省高级人民法院作出终审判决：甲公司对双方合作开发的某大厦项目享有64.02%的收益并按此比例承担因该项目而产生的债务。判决生效后，甲公司向J省H市中级人民法院申请执行。执行法院经审查认为，判决主文仅确认双方当事人的收益和债务分配比例，未明确收益和债务的具体金额，更未明确一方当事人对对方负有何种给付义务，故该判决书不具备可执行的条件。[1]

第一节　法院执行名义概述

一、法院执行名义的概念及作用

（一）法院执行名义的概念

　　执行名义，也称执行根据或执行依据，是表示存在一定的实体权利，同时确定该权利的范围与种类，并宣示可由执行机关执行的一种法律文书。法院执行名义就是当事人申请执行或人民法院依职权采取执行措施的根据，即人民法院据以执行的生效法律文书。它具有以下法律特征：

　　1.它以法律文书为形式。法律文书是司法行政机关及当事人、律师等在解

_____

　　[1]　案号：（2017）苏执复40号。

决诉讼和非讼案件时使用的文书，它包括了司法机关的非规范性文件。如判决书、支付令等。

2. 它是已经生效的法律文书。有些法律文书并未生效，因此不具有强制执行效力，如上诉状。

3. 它是具有给付内容的、法律规定属于法院强制执行的法律文书。不具有给付内容，或者虽有给付内容但法律规定不属于法院强制执行的法律文书，不能成为执行名义。

4. 它是依法向人民法院申请执行或者由人民法院移送执行的法律文书。

（二）法院执行名义的作用

法院执行名义是权利人申请强制执行、人民法院采取执行措施的基础。法院执行必须要有执行名义，这是依法执行原则最基本的要求，也是认定民事执行是否合法的首要标准。

1. 法院执行名义是联结裁判程序和执行程序的纽带。经裁判程序确定的权利人的权利，仍处于一种理论状态，如果义务人不能自觉地履行义务，这种权利要变为现实状态的权利，必须经过执行程序。但是，裁判程序并不能自动地过渡到执行程序，必须通过一定的媒介联结，法院执行名义正是联结裁判程序与执行程序的媒介。经裁判程序作出的法律文书，是裁判程序的结果，标志着裁判程序的终结。权利人取得执行名义以后，又对执行机关产生执行请求权，执行机关基于权利人的请求或依职权行使执行权，采取强制执行措施，实现权利人的权利。所以，法院执行名义既体现裁判程序的结束，又隐含执行程序的开始，它把裁判程序与执行程序联结起来。

2. 法院执行名义是权利人行使执行请求权的依据。执行请求权的发生或存在，以执行名义的成立或存在为基础，没有执行名义就没有执行请求权。权利人只有获得了执行名义才能依此行使执行请求权。

3. 法院执行名义是法院执行部门采取执行措施的唯一依据。执行名义已经为法律所确认，具有极高的权威性。法院执行部门既不能没有执行名义就采取执行措施，也不能脱离执行名义确认的实体权利的范围、种类、数量采取执行措施，只能按照执行名义所确认的内容依法采取必要的执行措施。没有执行名义，执行部门实施的执行行为无效，不能产生实体权利变更的效力；执行部门没有根据执行名义确定的权利范围、种类和数量所为的执行行为，超出部分无效，不能产生实体权利变更的效力，不足部分权利人可请求继续执行。

4. 法院执行名义对法院执行部门具有制约作用。法院执行部门执行行为的实施以及执行范围的确定，除应遵守执行程序法的规定外，还应严格按照执行名义的内容进行。法院执行部门不能脱离执行名义采取执行措施，法院执行名义依法被撤销、效力丧失或内容得到满足的应终结执行，执行程序当然结束，不能再对被执行人执行。

二、法院执行名义的法律效力范围

法院执行名义法律效力的范围，包括法院执行名义的时间效力、空间效力和对人效力。

（一）时间效力

法院执行名义的时间效力也称法院执行时效，是指权利人在什么时间范围内可以以法院执行名义请求法院执行部门采取强制执行措施。我国《民事诉讼法》第 250 条和《最高人民法院关于适用〈中华人民共和国行政诉讼法〉的解释》（以下简称《行政诉讼法解释》）第 153 条均对法院执行名义的时间效力进行了规定。明确了申请执行的期间为 2 年，申请执行时效的中止、中断适用法律有关规定。申请执行的期限从法律文书规定的履行期间最后一日起计算；法律文书规定分期履行的，从规定的每次履行期间的最后一日起计算；法律文书未规定履行期间的，从法律文书生效之日起计算（或从该法律文书送达当事人之日起计算）。

在民事诉讼中，该法定期间的经过并不必然导致申请执行人申请权的消灭。根据《最高人民法院关于适用〈中华人民共和国民事诉讼法〉的解释》（以下简称《民事诉讼法解释》）第 481 条第 1 款规定："申请执行人超过申请执行时效期间向人民法院申请强制执行的，人民法院应予受理。被执行人对申请执行时效期间提出异议，人民法院经审查异议成立的，裁定不予执行。"而在行政诉讼中，《行政诉讼法解释》第 153 条第 3 款则规定："逾期申请的，除有正当理由外，人民法院不予受理。"

（二）空间效力

法院执行名义的空间效力也称地域效力，是指法院执行名义在什么地域范围内有效。生效的法院执行名义在我国领域及延伸范围内有效。法律的空间效力分为域内效力和域外效力两个方面。域内范围是指一国的领土范围，根据国际法公认的原则包括领陆、领空和领水三部分；域外范围是相对域内范围而言的，是指法律的效力及于一国领域之外，包括他国领域、公海和公共空间。目前在私法领域，各国立法都在尽力扩大本国法律（包括裁决）的域外效力，同时限制外国法律（包括裁决）在本国的效力。这种采取双重标准的做法显然容易造成不可避免的冲突与矛盾。从各国目前的立法实践来看，一般的做法是对本国法院执行名义的域外效力不作明确规定，而对外国法院执行名义在本国的效力进行明确限制。比如我国现行法律就规定了外国法院判决、裁定和国外仲裁机构裁决要在中国执行，必须根据中国法律得到我国人民法院的承认并且由我国具有管辖权的人民法院进行执行。

（三）对人效力

法院执行名义的对人效力，是指法院执行名义效力所及之人的范围，包括自然人以及法人、国家机关、社会组织等。法院执行名义对人的效力范围是普遍性的，即在一国法律有效的范围内，该国的法院执行名义对所有人都具有效力。

1. 对当事人的效力。法院执行名义的直接适用对象就是其所指明的当事人，即权利人和义务人，当事人自然要受法院执行名义的影响和制约。

2. 对法院执行部门的效力。法院执行名义是国家有权机关根据法律对当事人之间的实体权利义务关系作出的终局性裁决，从某种意义上说，法院执行名义法律效力是国家法律效力的延伸，法院执行名义对人的效力及于该国法律有效范围内的所有人，法院执行部门自然不能被排斥在外。通过执行名义，法院执行部门得以对一定对象、在一定范围内行使强制执行的职权，并履行依法执行的义务；法院执行部门依照法院执行名义采取执行措施，受到国家强制力的支持与保护，若违背法院执行名义采取执行措施或者不履行执行义务，则要承担相应的法律后果。

3. 对当事人之外的其他人的效力。既然法院执行名义对人的效力具有普遍性，它对当事人之外的其他人也是有效力的。而且在一定条件下，当事人之外的其他人还会进入法院执行名义的适用范围，成为法院执行名义的规制对象。

（1）当事人的继受人。所谓继受人，是指裁决或其他执行法律文书确定以后，承受当事人地位的人。继受人又可分为两种：一种是一般继受人，即因当事人死亡或法人资格消灭而继受其权利义务的人，如债权人或债务人的继承人，公司合并或分立后承受其权利义务的人等；另一种是特定继受人，即因某些特定的法律行为而承受诉讼标的物的人，如判决确定后被告以法律行为将讼争的房屋所有权移转于第三人，该第三人就是被告的继受人。但是，受实体法保护的特定继受人不能成为法院执行名义的适用对象，不受强制执行约束。

（2）为当事人或其继受人占有执行标的物的人。法院执行名义确定后，为当事人或当事人的继受人占有执行标的物的人，应受法院执行名义的拘束。

（3）为他人而成为原告或被告的该他人。为了他人的权益以自己的名义进行诉讼，所受确定判决的执行力，除了对当事人有效外，还及于该权益的真正主体及其继受人、执行标的物的占有人。如遗产管理人或遗嘱执行人就遗产进行诉讼，其所受判决的效力及于该遗产的继承人；被选定的诉讼当事人为全体共同利益人进行诉讼，其所受判决对于其他共同利益人也有效力；代位人进行诉讼，其所受判决对于被代位人也有效力；等等。同时，上述继承人、其他共同利益人、被代位人等的继受人以及为了他们的利益而占有执行标的物的人，均受法院执行名义执行力的约束。

三、法院执行名义法律效力的限制与消灭

（一）法院执行名义法律效力的限制

1. 法院执行名义附有条件。裁决机关根据当事人之间实体权利义务关系的具体情况，在裁决文书中确定义务人在一定条件下对权利人履行某种给付义务，该条件在法院执行名义中就成为法院执行名义的附设条件。法院执行名义附有条件意味着义务人履行义务的行为是一种附条件的法律行为。

法院执行名义所附的条件可分为两种：一种是停止条件，一种是解除条件。停止条件是限制法院执行名义法律效力发生的条件，即在条件成就时法院执行名义发生法律效力，条件不成就时法院执行名义就不发生法律效力。解除条件是限制法院执行名义法律效力消灭的条件，即条件成就时法院执行名义的法律效力消灭，条件不成就时法院执行名义的法律效力继续存在。

2. 法院执行名义附有期限。法院执行名义附有期限是指在法院执行名义中规定义务人履行义务的期限。附期限有附始期和附终期之分。附始期就是期限届至时法院执行名义发生法律效力，附终期则是期限届至时法院执行名义丧失法律效力。限制法院执行名义法律效力的附期限一般为附始期。因为当终期届至时，当事人之间的法律关系就应消灭，法院执行名义的法律效力至此终结，债权人的实体请求权也因之丧失。因此，终期一般是法院执行名义法律效力消灭的条件。

权利人请求对附期限的法院执行名义执行时，应由权利人对期限已届作必要的举证，再由法院执行部门在受理执行申请时作形式审查。

（二）法院执行名义法律效力的消灭[1]

法院执行名义法律效力的消灭，主要是指合法成立的法院执行名义丧失其作用力，债权人不得据以请求执行，债务人也不必据以履行义务。法院执行名义法律效力消灭的原因主要有以下几个方面：

1. 法院执行名义执行完毕。法院执行名义的内容经法院执行部门采取强制执行措施已得到实现，法院执行名义的效力因此消灭。

2. 当事人达成执行和解并已依据新的和解协议执行完毕。在执行过程中，债权人与债务人达成和解协议，而且债务人已按照新的和解协议的内容履行了义务，无须再按原来的法院执行名义执行，原法院执行名义也因此丧失对当事人的作用力。

3. 原法院执行名义经合法程序重审，裁判废弃或变更并已确定。依法定程

---

[1] 谭秋桂：《民事执行原理研究》，中国法制出版社 2001 年版，第 251~252 页。

序，裁判机关对当事人之间的原有法律关系进行了重新审理，裁判废止或变更原法院执行名义，且该新裁判已确定的，原法院执行名义丧失其作用力。

4. 法院执行名义所附解除条件成就或所附终期届至。如果法院执行名义附有解除条件，解除条件一旦成就，法院执行名义的效力也因此丧失。同样，如果法院执行名义附有终期且终期届至的，法院执行名义的效力消灭。

（三）法院执行名义法律效力消灭的后果

1. 不得开始执行。法院执行名义的法律效力消灭以后，尚未开始执行程序的，由于缺乏法院执行名义，债权人不得请求执行，法院执行部门也不得采取执行措施。债权人请求执行的，法院执行部门应裁定驳回其请求。

2. 正在进行的执行行为无效。法院执行名义的法律效力消灭时，如果执行程序已经开始且尚未结束，法院执行部门应停止执行，撤销已进行的执行措施，并恢复原状；对于法院执行部门没有法院执行名义就采取执行措施，或者以丧失效力的法院执行名义开始或继续采取执行措施的，在执行程序中，债务人可以提出异议，请求撤销执行行为；在执行程序终结后，债务人可以请求认定法院执行部门法院执行名义无效。

3. 债务人可以请求执行回转或主张权利。法院执行名义丧失法律效力时，执行程序已经终结，法院执行部门不能自行决定撤销已采取的执行措施，恢复原状，只有在债务人取得新的法院执行名义时，法院执行部门才能按新的法院执行名义执行。

第二节　法院执行名义的分类

一、法院执行名义的分类

按照不同的分类标准，法院执行名义可分为不同的种类。明确法院执行名义的种类，一方面有利于法院执行部门正确行使执行权，保护债权人的合法利益；另一方面有利于债权人明确哪些法律文书可以请求执行，从而及时地行使请求权以实现其权利。

（一）以法院执行名义的制作机关为标准

根据制作法院执行名义的机关不同，法院执行名义可分为人民法院制作的执行名义、仲裁机构制作的执行名义、公证机关制作的执行名义、行政机关制作的执行名义等几种。

（二）以法院执行名义的内容性质为标准

根据法院执行名义规定的内容性质不同，可分为民事执行名义、行政执行名义、刑事执行名义及排除妨害执行名义。另在民事执行名义中，根据法院执行名义规定的具体内容不同，法院执行名义又可分为给付金钱的执行名义、交付财物的执行名义、命令作出某种行为的执行名义、命令不得作出某种行为的执行名义等几种。

（三）以法院执行名义的效力为标准

根据法院执行名义是否具有终局的效力，可以将法院执行名义分为终局的执行名义与暂定的执行名义两种。终局的执行名义是已经确定的、最终的执行名义，如判决书、调解书等；暂定的执行名义是尚未最后确定、为维持现状而暂时作出的执行名义，如财产保全裁定、先予执行裁定等。

（四）以法院执行名义的功能为标准

根据法院执行名义的功能不同，可将法院执行名义分为满足执行的执行名义、保全执行的执行名义和保障审判执行的执行名义三种。以最终满足（实现）权利人的权利为目标的执行名义，称为满足执行的执行名义，如审判机关作出的终局判决。维持现状以保证将来的终局执行得以顺利进行的执行名义，称为保全执行的执行名义，如保全裁定、先予执行裁定等。排除妨害审判、执行行为的强制措施的执行名义，称为保障审判执行的执行名义，如妨害执行制裁决定书等。

（五）以法院执行名义是否具有既判力为标准

根据法院执行名义是否具有既判力，可将法院执行名义分为有既判力的执行名义和无既判力的执行名义两种。有既判力的执行名义就是法院执行名义成立以后，当事人不得重复提出同一争执，审判机关也不得作出与之相反或相异的新判断的执行名义，如终局判决、调解书、仲裁裁决等。没有既判力的执行名义，就是同一当事人可以以同一原因和同一标的、对同一对方当事人再行提起争执，审判机关也可以再行作出与之前不同的新判断的执行名义，如支付令、保全裁定、先予执行裁定等。

二、法院执行中常见的几种法院执行名义

（一）判决书

判决是审判机关依照法定程序对案件进行实体审理以后，根据认定的案件事实和适用的实体法规定对当事人之间权利义务关系作出的权威性判断。作为法院执行名义的判决书，必须是程序终局、效力确定、内容明确、适于法院执行的书面法律文书，其主要包括具有给付内容的民事判决书、行政判决书和刑事判决书。

（二）裁定书

裁定是指人民法院为处理诉讼案件中的各种程序性事项所作出的具有法律约束力的结论性判定。可以作为法院执行名义的裁定主要有：

1. 保全裁定。保全裁定是指审判机关对于可能因当事人一方的行为或其他原因，使判决不能执行或难以执行的案件，或者因情况紧急不立即采取保全措施将会使当事人的合法权益受到难以弥补的损害的案件，根据对方当事人的申请或者依照职权，作出禁止一方当事人处分其财产的一种裁断。

2. 先予执行裁定。先予执行裁定是指审判机关基于一方当事人的请求，对法律规定的某些案件作出的由被告先行给付一定金钱、财物或先为一定行为或不为一定行为的裁断。

保全裁定和先予执行裁定均以保全执行为目的，法律规定应由申请人提供担保的，应在请求人提供担保以后才能开始执行。并且保全裁定和先予执行裁定可因被执行人提供担保而免予执行或撤销执行。

3. 其他裁定[1]。如执行回转裁定，在诉讼中为被执行人担保的保证人作出的承担保证责任的裁定，执行程序中作出变更和追加被执行主体的裁定，由擅自解冻的金融机构在转移的款项范围内以自己的财产向申请执行人承担责任的裁定等。

（三）调解书

根据我国法律规定，调解是我国人民法院审理民事案件、刑事附带民事案件的附带民事部分、行政附带民事案件的附带民事部分、行政赔偿案件、仲裁机构处理民商事案件的一种结案方式，调解书与判决书、仲裁裁决书具有同等的法律效力。所以调解书可以成为法院执行名义，由人民法院依法强制执行。

（四）支付令

支付令是人民法院根据债权人的申请，向债务人发出的督促其限期清偿债务的法律文书。根据法律规定，债务人在法定期限内既不提出异议又不履行支付令的，债权人可以向人民法院申请强制执行。由此可见，支付令一旦生效就与生效判决一样具有执行力，可以成为法院执行名义。

（五）仲裁裁决书

仲裁裁决书是仲裁机构根据当事人之间达成的仲裁协议，在对案件进行实体审理的基础上，对当事人之间的实体权利义务关系作出的终局性裁判文书。

（六）公证债权文书

公证债权文书是指经公证的、以给付为内容并载明债务人愿意接受强制执行

---

〔1〕　俞新尧主编：《立案工作实务技能》，人民法院出版社 2013 年版，第 256 页。

承诺的债权文书。根据我国法律规定，公证机关依法赋予强制执行效力的债权文书，债务人不履行或者履行不适当的，债权人可以依法向有管辖权的人民法院申请执行。所以公证机关依法赋予强制执行力的债权文书可以成为法院执行名义。

（七）经人民法院依法审查并作出确认裁定的人民调解协议

《中华人民共和国人民调解法》第 33 条第 1 款、第 2 款规定："经人民调解委员会调解达成调解协议后，双方当事人认为有必要的，可以自调解协议生效之日起三十日内共同向人民法院申请司法确认，人民法院应当及时对调解协议进行审查，依法确认调解协议的效力。人民法院依法确认调解协议有效，一方当事人拒绝履行或者未全部履行的，对方当事人可以向人民法院申请强制执行。"

（八）经人民法院裁定承认其效力的外国法院作出的判决、裁定以及国外仲裁机构作出的仲裁裁决

《民事诉讼法》第 298 条规定："外国法院作出的发生法律效力的判决、裁定，需要人民法院承认和执行的，可以由当事人直接向有管辖权的中级人民法院申请承认和执行，也可以由外国法院依照该国与中华人民共和国缔结或者参加的国际条约的规定，或者按照互惠原则，请求人民法院承认和执行。"第 304 条规定："在中华人民共和国领域外作出的发生法律效力的仲裁裁决，需要人民法院承认和执行的，当事人可以直接向被执行人住所地或者其财产所在地的中级人民法院申请。被执行人住所地或者其财产不在中华人民共和国领域内的，当事人可以向申请人住所地或者与裁决的纠纷有适当联系的地点的中级人民法院申请。人民法院应当依照中华人民共和国缔结或者参加的国际条约，或者按照互惠原则办理。"

（九）决定书

法律规定能够作为执行名义的决定书主要是由行政机关作出的行政处理决定书和行政处罚决定书，以及人民法院在审理、执行民事、行政、刑事案件中，对妨害诉讼（或执行）行为人作出的制裁决定书。

第三节 法院执行名义的审查

一、立案阶段生效法律文书的审查

根据《民事诉讼法解释》第 461 条的规定，能够作为人民法院执行名义的应当是权利义务主体明确和给付内容明确的生效法律文书。执行案件立案后，生效法律文书成为执行部门据以开展执行工作的依据，因此在执行立案阶段，必须对当事人提交的或有关部门移送的生效法律文书进行严格审查。

但需注意的是，在执行立案阶段对生效法律文书的审查只能是形式审查，不是实质审查，不能审查法律文书的实体处理正确与否，不能以法律文书实体处理有误为由而拒绝受理。不但对人民法院的判决、裁定、调解书不能进行实体审查，对于公证债权文书和仲裁裁决也不得进行实体审查，公证债权文书和仲裁裁决实体处理错误的，也只能在受理后依照法律规定的程序裁定不予执行。[1] 本节以人民法院制作的法律文书、公证的债权文书、仲裁裁决书（含仲裁调解书）为主，介绍立案阶段人民法院对执行名义的审查。

（一）人民法院制作的法律文书的审查

1. 法律文书已经生效。法律文书未生效，当事人之间的权利义务关系未最后确定，权利义务内容尚不确定，执行机关无法执行，只有已经生效的法律文书才能成为执行名义。

按照法律规定，人民法院出具的一审判决法律文书，当事人未在法定期限提出上诉即发生法律效力，但依照特别程序审理所作的民事判决，以及最高人民法院作出的一审民事判决，一经送达或宣判就发生法律效力；二审判决自判决送达当事人之日起发生法律效力；调解书依法送达双方当事人签收后即发生法律效力；支付令，债务人收到支付令之日起 15 日内不提出异议，又不履行的，支付令发生执行的效力。

拓展阅读

法律文书生效时间的确定

法律文书的生效时间以裁判文书的送达日期来确定，而各当事人收到裁判文书的日期可能不一致，生效日期按后收到裁判文书的当事人的签收日期来确定，因此，法律文书的生效时间只能由人民法院来确定。在司法实践中，当事人申请执行时，一般需要提交案件承办法官签注的裁判文书生效时间的相关证明。

为使审判与执行立案工作衔接更加顺畅，避免因执行人员无法准确判断法律文书是否生效，导致错误执行或贻误执行时机的情况发生，切实维护人民群众合法权益，部分地区人民法院开始积极探索制定裁判文书生效证明制度。浙江等省高级人民法院出台了《关于出具裁判文书生效证明的规定（试行）》来规范和统一人民法院出具裁判文书生效证明事项。该规定明确民事、行政、刑事附带民事案件的当事人或其权利义务继受人，可以向作出生效裁判文书的人民法院申请出具裁判文书生效证明。[2]

2. 权利义务主体明确。法院执行名义必须有特定的义务人，执行机关才有

---

［1］ 曲巍、陈虎军：《执行实施操作指引》，人民法院出版社 2018 年版，第 10 页。

［2］ 俞新尧主编：《立案工作实务技能》，人民法院出版社 2013 年版，第 244~245 页。

行使国家强制力的对象；同时必须有特定的权利人，执行所得结果才有归属。作为法院执行名义的法律文书必须载明执行权利人和执行义务人，并且在执行过程中特定化，以便于执行机关迅速确认并采取执行措施。

3. 给付内容明确。法院执行名义给付内容明确，包括三方面含义：一是据以执行的生效法律文书必须以债务人负有给付义务为内容，给付一定的金钱、物品、有价证券或者为一定的行为或者不为一定行为等。二是债务人的给付内容必须符合法律规定，不得违背公序良俗及法律强制或禁止性规定。三是债务人的给付内容必须具体确定。内容不确定的，必须另外再取得内容确定的执行名义，这样可以避免债权人任意申请执行，致使债务人遭受意外损害。如《民事诉讼法解释》第461条第2款就规定："法律文书确定继续履行合同的，应当明确继续履行的具体内容。"

（二）公证机关赋予强制执行效力的债权文书的审查

公证是国家公证机关根据当事人的申请，依照法定程序证明法律行为、有法律意义的文书和法律事实的真实性与合法性的一种非诉活动。公证文书一般不产生强制执行效力，但公证机关依法赋予强制执行效力的债权文书除外。公证债权文书是公证机关依照国家赋予的权力和法律规定的程序，对追偿债款、物品的文书进行审查后，认为事实清楚，双方没有争议并经当事人申请，依法作出的公证文书，一经作出即发生法律效力。公证债权文书的执行程序因债权人的申请而启动，公证机关不能以自己的名义向人民法院申请执行公证债权文书。《民事诉讼法》第249条、《最高人民法院、司法部关于公证机关赋予强制执行效力的债权文书执行有关问题的联合通知》（以下简称《债权文书执行联合通知》）、《最高人民法院关于公证债权文书执行若干问题的规定》（以下简称《公证债权文书执行规定》）对公证债权文书应当具备的条件、公证债权文书申请执行的受理条件等，均作出明确规定。

1. 公证机关依法赋予强制执行力的债权文书必须具备的条件。《债权文书执行联合通知》第1条、第2条规定："一、公证机关赋予强制执行效力的债权文书应当具备以下条件：（一）债权文书具有给付货币、物品、有价证券的内容；（二）债权债务关系明确，债权人和债务人对债权文书有关给付内容无疑义；（三）债权文书中载明债务人不履行义务或不完全履行义务时，债务人愿意接受依法强制执行的承诺。二、公证机关赋予强制执行效力的债权文书的范围：（一）借款合同、借用合同、无财产担保的租赁合同；（二）赊欠货物的债权文书；（三）各种借据、欠单；（四）还款（物）协议；（五）以给付赡养费、扶养费、抚育费、学费、赔（补）偿金为内容的协议；（六）符合赋予强制执行效力条件的其他债权文书。"

2. 公证债权文书申请执行的审查规则。《公证债权文书执行规定》第3条、第4条规定："债权人申请执行公证债权文书，除应当提交作为执行依据的公证债权文书等申请执行所需的材料外，还应当提交证明履行情况等内容的执行证书。债权人申请执行的公证债权文书应当包括公证证词、被证明的债权文书等内容。权利义务主体、给付内容应当在公证证词中列明。"

《公证债权文书执行规定》第5条规定列举5种未满足公证债权文书的基本构成要件的情形：①债权文书属于不得经公证赋予强制执行效力的文书；②公证债权文书未载明债务人接受强制执行的承诺；③公证证词载明的权利义务主体或者给付内容不明确；④债权人未提交执行证书；⑤其他不符合受理条件的情形。债权人申请执行的公证债权文书，有这些情形之一的，人民法院应当裁定不予受理；已经受理的，裁定驳回执行申请。

《公证债权文书执行规定》第6条还规定："公证债权文书赋予强制执行效力的范围同时包含主债务和担保债务的，人民法院应当依法予以执行；仅包含主债务的，对担保债务部分的执行申请不予受理；仅包含担保债务的，对主债务部分的执行申请不予受理。"

3. 公证债权文书申请执行的不予受理或驳回的救济。《公证债权文书执行规定》第7条规定："债权人对不予受理、驳回执行申请裁定不服的，可以自裁定送达之日起十日内向上一级人民法院申请复议。申请复议期满未申请复议，或者复议申请被驳回的，当事人可以就公证债权文书涉及的民事权利义务争议向人民法院提起诉讼。"

（三）仲裁裁决（含仲裁调解书）的审查

依法设立的仲裁机构按照仲裁程序作出的仲裁裁决书和仲裁调解书，如果一方当事人不履行，对方当事人有权向有管辖权的人民法院申请执行。

1. 仲裁裁决（含仲裁调解书）申请执行的审查规则。《民事诉讼法解释》第461条第1款第1项规定："当事人申请人民法院执行的生效法律文书应当具备下列条件：（一）权利义务主体明确"。《最高人民法院关于审理仲裁司法审查案件若干问题的规定》第6条第1款规定："申请人向人民法院申请执行或者撤销我国内地仲裁机构的仲裁裁决、申请承认和执行外国仲裁裁决的，应当提交申请书及裁决书正本或者经证明无误的副本。"

《最高人民法院关于人民法院办理仲裁裁决执行案件若干问题的规定》（以下简称《裁决执行规定》）第3条规定："仲裁裁决或者仲裁调解书执行内容具有下列情形之一导致无法执行的，人民法院可以裁定驳回执行申请；导致部分无法执行的，可以裁定驳回该部分的执行申请；导致部分无法执行且该部分与其他部分不可分的，可以裁定驳回执行申请。（一）权利义务主体不明确；（二）金钱给付具体数额不明确或者计算方法不明确导致无法计算出具体数额；（三）交付的特定物不明确或者无法确定；（四）行为履行的标准、对象、范围不明确；仲裁裁决或者仲裁调解书仅确定继续履行合同，但对继续履行的权利义务，以及履行的方式、期限等具体内容不明确，导致无法执行的，依照前款规定处理。"

《裁决执行规定》第 4 条进一步明确，如果仲裁裁决主文或者仲裁调解书中的文字、计算错误以及仲裁庭已经认定但在裁决主文中遗漏的事项，可以补正或说明的，人民法院应当书面告知仲裁庭补正或说明，或者向仲裁机构调阅仲裁案卷查明。仲裁庭不补正也不说明，且人民法院调阅仲裁案卷后执行内容仍然不明确具体无法执行的，可以裁定驳回执行申请。

2. 裁定驳回执行申请的救济。《裁决执行规定》第 5 条规定："申请执行人对人民法院依照本规定第三条、第四条作出的驳回执行申请裁定不服的，可以自裁定送达之日起十日内向上一级人民法院申请复议。"

二、公证债权文书、仲裁裁决不予执行的审查

不予执行是我国执行程序中一项重要的执行救济制度。根据《民事诉讼法》第 248 条、第 249 条的规定，在执行过程中如公证机关赋予强制执行效力的债权文书、仲裁机构的裁决出现法律规定的特定情形，人民法院经组成合议庭审查核实后应裁定不予执行。作为司法机关对非诉法律文书的重要监督方式之一，不予执行的审查是法律赋予人民法院的职权，是司法最终审查解决原则的具体体现。

（一）公证债权文书不予执行的审查

2018 年 10 月 1 日施行的《公证债权文书执行规定》对被执行人申请不予执行公证债权文书和债务人提起不予执行公证债权文书诉讼的情形进行了区分，通过不同的途径予以解决。

1. 被执行人申请不予执行公证债权文书。

（1）申请的条件。《公证债权文书执行规定》第 12 条第 1 款规定："有下列情形之一的，被执行人可以依照民事诉讼法第二百三十八条第二款规定申请不予执行公证债权文书：（一）被执行人未到场且未委托代理人到场办理公证的；（二）无民事行为能力人或者限制民事行为能力人没有监护人代为办理公证的；（三）公证员为本人、近亲属办理公证，或者办理与本人、近亲属有利害关系的公证的；（四）公证员办理该项公证有贪污受贿、徇私舞弊行为，已经由生效刑事法律文书等确认的；（五）其他严重违反法定公证程序的情形。"这五种情形是对《民事诉讼法》第 249 条、《民事诉讼法解释》第 478 条规定的细化，明确公证债权文书如果存在严重违反法定公证程序的情况，被执行人有权依照《民事诉讼法》第 249 条第 2 款规定申请不予执行公证债权文书。

（2）申请的时限。被执行人应当在执行通知书送达之日起 15 日内向执行法院提交不予执行公证债权文书的书面申请和相关证据材料。如果属于"公证员为本人、近亲属办理公证，或者办理与本人、近亲属有利害关系的公证的"和"公证员办理该项公证有贪污受贿、徇私舞弊行为，已经由生效刑事法律文书等确认的"这两种情形且执行程序尚未终结的，应当自知道或者应当知道有关事实之日起 15 日内提出。

（3）审查的规则。公证债权文书执行案件被指定执行、提级执行、委托执行后，被执行人申请不予执行的，由提出申请时负责该案件执行的人民法院审查。人民法院审查不予执行公证债权文书案件，应当在受理之日起 60 日内审查完毕并作出裁定，有特殊情况需要延长的，经本院院长批准，可以延长 30 日。

被执行人认为公证债权文书存在多个严重违反法定公证程序的事由的，应当在不予执行案件审查期间一并提出；人民法院审查不予执行公证债权文书案件，案情复杂、争议较大的，应当进行听证。必要时可以向公证机构调阅公证案卷，要求公证机构作出书面说明，或者通知公证员到庭说明情况。人民法院审查不予执行公证债权文书案件期间，不停止执行。被执行人提供充分、有效的担保，请求停止相应处分措施的，人民法院可以准许；申请执行人提供充分、有效的担保，请求继续执行的，应当继续执行。

（4）审查后的处理。被执行人以自己未到场且未委托代理人到场办理公证的申请不予执行，人民法院经审查认为理由成立的，裁定不予执行；理由不成立的，裁定驳回不予执行申请。公证债权文书部分内容存在"被执行人未到场且未委托代理人到场办理公证的"情况的，人民法院应当裁定对该部分不予执行；应当不予执行部分与其他部分不可分的，裁定对该公证债权文书不予执行。人民法院认定执行公证债权文书违背公序良俗的，裁定不予执行。

（5）不予执行或驳回不予执行申请后的权利救济。公证债权文书被裁定不予执行的，当事人可以就该公证债权文书涉及的民事权利义务争议向人民法院提起诉讼；公证债权文书被裁定部分不予执行的，当事人可以就该部分争议提起诉讼。当事人对不予执行裁定提出执行异议或者申请复议的，人民法院不予受理。当事人不服驳回不予执行申请裁定的，可以自裁定送达之日起 10 日内向上一级人民法院申请复议。上一级人民法院应当自收到复议申请之日起 30 日内审查。经审查，理由成立的，裁定撤销原裁定，不予执行该公证债权文书；理由不成立的，裁定驳回复议申请。复议期间，不停止执行。

2. 债务人提起不予执行公证债权文书诉讼。

（1）债务人提起不予执行公证债权文书诉讼的条件。《公证债权文书执行规定》第 22 条第 1 款规定："有下列情形之一的，债务人可以在执行程序终结前，以债权人为被告，向执行法院提起诉讼，请求不予执行公证债权文书：（一）公证债权文书载明的民事权利义务关系与事实不符；（二）经公证的债权文书具有法律规定的无效、可撤销等情形；（三）公证债权文书载明的债权因清偿、提存、抵销、免除等原因全部或者部分消灭。"债务人可以在执行程序终结前，以债权人为被告，向执行法院提起诉讼，请求不予执行公证债权文书。

债务人提起诉讼，不影响人民法院对公证债权文书的执行。债务人提供充分、有效的担保，请求停止相应处分措施的，人民法院可以准许；债权人提供充分、有效的担保，请求继续执行的，应当继续执行。

（2）债务人提起诉讼的处理。债务人依照《公证债权文书执行规定》第22条第1款规定提起的诉讼，人民法院经审理认为理由成立的，判决不予执行或者部分不予执行；理由不成立的，判决驳回诉讼请求。

《公证债权文书执行规定》第23条第2款规定："当事人同时就公证债权文书涉及的民事权利义务争议提出诉讼请求的，人民法院可以在判决中一并作出裁判。"此种处理方式与第三人撤销之诉和案外人异议之诉的处理方式是一致的。

（二）对不予执行仲裁裁决申请的审查

《民事诉讼法》第248条，《裁决执行规定》第8条~第19条、第22条对被执行人和案外人申请不予执行仲裁裁决或仲裁调解书进行了规定。

1. 被执行人申请不予执行仲裁裁决。根据《民事诉讼法》第248条第2款的规定，被申请人提出证据证明仲裁裁决有下列情形之一的，经人民法院组成合议庭审查核实，裁定不予执行。

（1）当事人在合同中没有订有仲裁条款或者事后没有达成书面仲裁协议的。仲裁应当在双方当事人自愿的基础上进行，仲裁协议是当事人双方一致达成的授予仲裁庭审理案件的依据，是仲裁的基础。如果当事人纠纷发生前没有订立仲裁条款，事后也未达成仲裁协议，那么仲裁机构就无权受理当事人之间的纠纷，对争议无管辖权，仲裁就没有根据，裁决当然不能执行。

（2）裁决的事项不属于仲裁协议的范围或者仲裁机构无权仲裁的。《裁决执行规定》第13条规定："下列情形经人民法院审查属实的，应当认定为民事诉讼法第二百三十七条第二款第二项规定的'裁决的事项不属于仲裁协议的范围或者仲裁机构无权仲裁的'情形：（一）裁决的事项超出仲裁协议约定的范围；（二）裁决的事项属于依照法律规定或者当事人选择的仲裁规则规定的不可仲裁事项；（三）裁决内容超出当事人仲裁请求的范围；（四）作出裁决的仲裁机构非仲裁协议所约定。"这4种情形经人民法院审查属实的，应当认定为属于"裁决的事项不属于仲裁协议的范围或者仲裁机构无权仲裁"情形。

（3）仲裁庭的组成或者仲裁的程序违反法定程序的。仲裁活动程序的正当对于实体权利义务的影响同样不可忽视。《裁决执行规定》第 14 条第 1 款规定："违反仲裁法规定的仲裁程序、当事人选择的仲裁规则或者当事人对仲裁程序的特别约定，可能影响案件公正裁决，经人民法院审查属实的，应当认定为民事诉讼法第二百三十七条第二款第三项规定的'仲裁庭的组成或者仲裁的程序违反法定程序的'情形。"

第 14 条第 2 款进一步规定："当事人主张未按照仲裁法或仲裁规则规定的方式送达法律文书导致其未能参与仲裁，或者仲裁员根据仲裁法或仲裁规则的规定应当回避而未回避，可能影响公正裁决，经审查属实的，人民法院应当支持；仲裁庭按照仲裁法或仲裁规则以及当事人约定的方式送达仲裁法律文书，当事人主张不符合民事诉讼法有关送达规定的，人民法院不予支持。"

同时，《裁决执行规定》第 14 条第 3 款规定："适用的仲裁程序或仲裁规则经特别提示，当事人知道或者应当知道法定仲裁程序或选择的仲裁规则未被遵守，但仍然参加或者继续参加仲裁程序且未提出异议，在仲裁裁决作出之后以违反法定程序为由申请不予执行仲裁裁决的，人民法院不予支持。"

（4）裁决所根据的证据是伪造的。《裁决执行规定》第 15 条规定："符合下列条件的，人民法院应当认定为民事诉讼法第二百三十七条第二款第四项规定的'裁决所根据的证据是伪造的'情形：（一）该证据已被仲裁裁决采信；（二）该证据属于认定案件基本事实的主要证据；（三）该证据经查明确属通过捏造、变造、提供虚假证明等非法方式形成或者获取，违反证据的客观性、关联性、合法性要求。"

（5）对方当事人向仲裁机构隐瞒了足以影响公正裁决的证据的。《裁决执行规定》第 16 条第 1 款规定："符合下列条件的，人民法院应当认定为民事诉讼法第二百三十七条第二款第五项规定的'对方当事人向仲裁机构隐瞒了足以影响公正裁决的证据的'情形：（一）该证据属于认定案件基本事实的主要证据；（二）该证据仅为对方当事人掌握，但未向仲裁庭提交；（三）仲裁过程中知悉存在该证据，且要求对方当事人出示或者请求仲裁庭责令其提交，但对方当事人无正当理由未予出示或者提交。"

但是，《裁决执行规定》第 16 条第 2 款规定："当事人一方在仲裁过程中隐瞒己方掌握的证据，仲裁裁决作出后以己方所隐瞒的证据足以影响公正裁决为由申请不予执行仲裁裁决的，人民法院不予支持。"

（6）仲裁员在仲裁该案时有贪污受贿，徇私舞弊，枉法裁决行为的。仲裁员在仲裁该案时有贪污受贿，徇私舞弊，枉法裁决行为的情况下，就难免要偏袒一方，也就很难保持中立、公正无私，所作的裁决也很难保证公正，因此应当不予执行。

2. 案外人申请不予执行仲裁裁决或者仲裁调解书。在执行实践中，很多人民法院发现部分当事人存在以恶意申请仲裁或以"手拉手"虚假仲裁方式，损害案外人合法权益的问题，例如，两方当事人合谋以虚假仲裁的方式，将本属于案外人的财产裁决给一方当事人。如果对虚假仲裁的裁决予以强制执行，不仅损害案外人的合法权益，也严重损害仲裁与司法的公信力。《裁决执行规定》第9条、第18条参照人民法院判决的第三人撤销之诉，设置了第三人申请不予执行仲裁裁决的制度。《裁决执行规定》第9条规定："案外人向人民法院申请不予执行仲裁裁决或者仲裁调解书的，应当提交申请书以及证明其请求成立的证据材料，并符合下列条件：（一）有证据证明仲裁案件当事人恶意申请仲裁或者虚假仲裁，损害其合法权益；（二）案外人主张的合法权益所涉及的执行标的尚未执行终结；（三）自知道或者应当知道人民法院对该标的采取执行措施之日起三十日内提出。"《裁决执行规定》第18条进一步规定："案外人根据本规定第九条申请不予执行仲裁裁决或者仲裁调解书，符合下列条件的，人民法院应当支持：（一）案外人系权利或者利益的主体；（二）案外人主张的权利或者利益合法、真实；（三）仲裁案件当事人之间存在虚构法律关系，捏造案件事实的情形；（四）仲裁裁决主文或者仲裁调解书处理当事人民事权利义务的结果部分或者全部错误，损害案外人合法权益。"

3. 申请不予执行仲裁裁决或者仲裁调解书的审查规则。被执行人申请不予执行仲裁裁决，对同一仲裁裁决的多个不予执行事由应当一并提出。不予执行仲裁裁决申请被裁定驳回后，再次提出申请的，人民法院不予审查，但有新证据证明存在《民事诉讼法》第248条第2款第4项、第6项规定情形的除外。

人民法院对不予执行仲裁裁决案件应当组成合议庭围绕被执行人申请的事由、案外人的申请进行审查；对被执行人没有申请的事由不予审查，但仲裁裁决可能违背社会公共利益的除外。

被执行人、案外人对仲裁裁决执行案件申请不予执行的，人民法院应当进行询问；被执行人在询问终结前提出其他不予执行事由的，应当一并审查。人民法院审查时，认为必要的，可以要求仲裁庭作出说明，或者向仲裁机构调阅仲裁案卷。

人民法院对不予执行仲裁裁决案件的审查，应当在立案之日起2个月内审查完毕并作出裁定；有特殊情况需要延长的，经本院院长批准，可以延长1个月。

4. 审查后的处理。被执行人、案外人对仲裁裁决执行案件逾期申请不予执行的，人民法院应当裁定不予受理；已经受理的，应当裁定驳回不予执行申请。

被执行人、案外人对仲裁裁决执行案件申请不予执行，经审查理由成立的，人民法院应当裁定不予执行；理由不成立的，应当裁定驳回不予执行申请。

5. 不予执行或驳回或者不予受理不予执行申请后的权利救济。人民法院裁定不予执行仲裁裁决、驳回或者不予受理不予执行仲裁裁决申请后，当事人对该裁定提出执行异议或者申请复议的，人民法院不予受理。

人民法院裁定不予执行仲裁裁决的，当事人可以根据双方达成的书面仲裁协议重新申请仲裁，也可以向人民法院起诉。

人民法院基于案外人申请裁定不予执行仲裁裁决或者仲裁调解书，当事人不服的，可以自裁定送达之日起 10 日内向上一级人民法院申请复议；人民法院裁定驳回或者不予受理案外人提出的不予执行仲裁裁决、仲裁调解书申请，案外人不服的，可以自裁定送达之日起 10 日内向上一级人民法院申请复议。

本章小结

本章介绍了法院执行名义的概念和作用，执行名义法律效力范围，常见的法院执行名义，重点介绍了法院执行名义的审查以及审查后的处理和救济。

问题思考

1. 法院执行名义的概念和特征是什么？

2. 常见的执行名义有哪些？

3. 执行立案阶段，对生效法律文书如何进行审查？

4. 请简述 2018 年 10 月 1 日施行的《公证债权文书执行规定》中人民法院不予受理公证债权文书执行案件、被执行人申请不予执行公证债权文书和债务人提起不予执行公证债权文书诉讼分别适用于哪些情形？

5. 请简述 2018 年 3 月 1 日施行的《裁决执行规定》被执行人和案外人分别在什么情况下可以向人民法院申请不予执行仲裁裁决或者仲裁调解书？

二维码

第二章 二维码阅读

第三章　民事执行基本理论（上）

学习目标

了解民事执行的含义、类型与民事执行依据；掌握民事执行标的；熟知民事执行程序；能够根据具体执行标的依法采取民事执行措施。

本章重点

民事执行主体；民事执行依据；民事执行标的；民事执行程序；财产的调查方法；民事执行措施的种类、适用对象与适用方式；失信惩戒。

【本章引例】[1]

李某某与甘某某借贷纠纷案，人民法院作出生效民事判决，判令甘某某偿还李某某借款本金 130 万元，利息 22.73 万元。本案执行中，人民法院查明被执行人甘某某在某县公安局享有到期债权 154 万元。经协调，李某某与某县公安局达成和解协议，甘某某出具保证，认可上述和解协议，并承诺该工程款归属李某某所有。因当事人达成和解协议，人民法院裁定终结本次执行程序。

此后，李某某向该人民法院申请恢复执行。人民法院查封了被执行人甘某某所有房产，并作出恢复执行通知。甘某某不服，以本案已达成和解协议，不应恢复执行为由，向人民法院提出异议。人民法院审查后认为，申请执行人李某某、被执行人甘某某以及甘某某享有到期债权的某县公安局三方签订了和解协议，该协议只确定了由某县公安局代甘某某偿还 154 万元，且在协调笔录中体现了李某某不同意放弃利息的事实。该和解协议仍有 52 万元未付，并需扣除 8.79 万元建安税。现被执行人甘某某未全部履行生效法律文书确定的义务，且人民法院查封其资产，证实本案已具备执行条件，应恢复执行。

根据《民事诉讼法》的规定，申请执行人因受欺诈、胁迫与被执行人达成和解协议，或者当事人不履行和解协议的，人民法院可以根据当事人的申请，恢复对原生效法律文书的执行。据此，如果无证据证明执行和解中存在欺诈、胁迫的情形，也无证据证明存在不依法履行和解协议的情形，即不应任意恢复对原生

---

[1] 《最高院：和解协议中未明确放弃的债权，能否继续要求法院强制执行？｜保全与执行》，载 https://mp.weixin.qq.com/s/Tckuph0H3IxUahq7ioIeaQ，最后访问日期：2025 年 2 月 21 日。

效法律文书的执行。因此，本案中对执行和解协议确定的 154 万元部分，即使某县公安局尚未履行完毕，只要无证据证明其存在不依约履行的情况，亦无其他法定事由，即不应就该部分债权申请恢复原判决的执行。但对和解协议所确定的 154 万元之外的剩余债权，申请人没有明确表示放弃债权，则在申请人没有自行申请终结执行前可申请恢复执行，人民法院仍有权对被执行人甘某某的财产强制执行。

第一节　民事执行概述

一、民事执行的概念

（一）民事执行的含义

民事执行，也称民事强制执行，是指当债务人拒不履行执行依据确定的民事义务时，人民法院运用国家公权力，依法采取民事执行措施，迫使债务人履行义务，实现执行依据所确定的内容的法律活动。义务人拒不履行生效法律文书确定的义务，不仅损害了权利人的合法权益，同时也是对国家法律的一种藐视，损害了法律的尊严和权威，因此必须由国家强制力来保障法律文书内容的实现。

从案件的内容看，广义的强制执行包括了民事强制执行、行政强制执行和刑事强制执行。这三类案件的强制执行既有共同的特征，如都具有强制性、必须严格依法执行等，同时根据案件性质的不同，又有各自独有的特征。民事执行的特征主要有：

1. 执行机关只能是人民法院。强制执行是在义务人拒不履行生效法律文书规定的义务时，由国家机关通过法定程序，强制义务人完成义务的公法行为；因此，执行权的授予、权力行使的程序规则和对当事人的救济等都必须由国家法律予以明确规定。根据我国法律的规定，人民法院是唯一被赋予民事执行权的国家机关，其他任何国家机关、社会团体和组织都无权强制民事义务人履行义务。

2. 执行依据只能是解决民事纠纷形成的生效法律文书。具体包括人民法院制作的民事判决、裁定、决定、调解书、支付令，仲裁委员会作出的仲裁裁决和调解书（包括劳动仲裁委员会作出的仲裁裁决和调解书、农村土地承包仲裁委员会作出的生效仲裁裁决和调解书）以及公证机关依法作出的有强制执行效力的公证债权文书。

3. 执行对象只能是财产和行为。民事权利义务关系的客体是财产和行为，发生侵权或违约行为时，法律规定承担民事责任的方式包括赔偿损失、交付财产或物品、支付违约金以及履行某种行为等。因此，以实现生效民事法律文书内容为目的的执行行为，其执行的对象也只能是财产和行为，不能以对义务人人身的执行替代对财产和行为的执行。发生妨害执行行为时，人民法院可以对妨害行为人处以拘传、拘留等强制措施，但此时是对行为人的妨害行为处以的制裁，并不是以强制措施的实施替代了对财产或行为的执行。

4. 执行程序的启动以申请为主，移送为辅。民事纠纷的显著特征就是当事人对自己的民事权利具有处分权，包括在救济程序上可以放弃自己的程序权利。因此，作为保护权利人合法权益的强制执行程序，在程序的启动、进行和结束上，也应当注意尊重当事人的意思自治，由债权人主动申请执行。对于一些特殊类型的案件，如发生法律效力的具有给付赡养费、扶养费、抚育费内容的法律文书、民事制裁决定书以及刑事附带民事判决、裁定、调解书，由审判庭移送执行机构执行。

（二）民事执行的类型

依据不同的标准，民事执行可分为不同的类型：

1. 终局执行与保全执行。根据执行目的不同，民事执行可以分为终局执行与保全执行。终局执行也称为满足执行，是指使债权人的债权获得实现或满足的执行，如依据确定的给付判决所为的执行。执行机关既可以采取控制性执行措施，也可以采取处分性执行措施，并且以处分性执行措施为目的。保全执行是指维持债务人财产现状，以保全将来的终局执行的执行，如对债务人财产的查封、扣押、冻结等限制债务人处分其财产的行为。保全执行只能采取控制性执行措施。民事执行原则上指终局执行，保全执行为其例外。

2. 金钱执行与非金钱执行。根据执行依据所载债权性质的不同，民事执行可分为金钱执行与非金钱执行。金钱执行是指实现执行依据上所载金钱债权的执行。在债务人无金钱可供执行时，就需要将其财产变现。非金钱执行是指非为实现金钱债权而进行的执行，包括交付物的执行以及完成行为的执行。金钱执行与非金钱执行因实现权利的性质不同，二者的执行方法也有所不同。金钱执行的执行标的只能是财产，执行机关只能采取直接执行、对物执行的方式对债务人的财产采取执行措施；而非金钱执行的执行标的既可以体现为财产，也可以体现为行为，执行机关既可能采取直接执行，也可能采取间接执行，既可能采取对物执行，也可能采取对人执行。此外，鉴于非金钱债权具有独占性和排他性，故不产生参与分配问题，只有金钱执行才适用参与分配制度。

3. 直接执行、间接执行与替代执行。根据执行方法与手段的不同，民事执行分为直接执行、间接执行与替代执行。直接执行是指依执行机关的执行行为直接实现民事权利内容的执行，如查封、扣押、拍卖债务人的财产，并以拍卖所得价款满足债权人的债权。间接执行是指执行机关不直接以强制力实现债权人的权利，而给予债务人一定的不利益，以迫使债务人履行债务的执行，如罚款、拘留债务人或拘传债务人的法定代表人。替代执行是指执行机关指示第三人代债务人履行债务，而由债务人负担费用的执行。

4. 一般执行与个别执行。根据执行债务人财产范围的不同，民事执行分为一般执行与个别执行。一般执行是指债务人的财产不足以清偿总债务时，全体债权人就债务人的全部财产所进行概括的执行。因而，其仅适用于债务人资不抵债的情形，如破产程序。个别执行是指债权人为满足或保全其个别债权，而对债务人财产所为的执行。其仅以债务人拒绝履行确定债务为前提，而不以债务人不能清偿全部债务为条件。《民事诉讼法》所规定的民事执行即为个别执行。

二、民事执行主体

民事执行主体是指在执行程序中，依照执行法律规定，享有权利承担义务的人。民事执行主体具有广泛性，自然人、法人、非法人组织均可成为民事执行的主体。其中，民事执行机关、执行当事人是必不可少的执行主体，执行第三人、协助执行人、执行代理人等则是存在于特定的执行案件中的执行主体。

（一）执行机构

1. 执行机构的概念。执行机关与执行机构是两个不同的概念。执行机关是代表国家行使民事执行权的国家职能机构，在我国，根据《人民法院组织法》《民事诉讼法》等法律的规定，我国的执行机关是人民法院。执行机构是指人民法院设立的、办理法定的执行事项的职能组织或工作机构。执行机构是执行机关内部设立的工作机构，在我国是指人民法院内设的执行局。《民事诉讼法》第239条第3款规定："人民法院根据需要可以设立执行机构。"执行机构具有法定性和专门性。

2. 执行机构的人员配备。执行机构行使执行权，是通过具体的人员进行的。《民事诉讼法》第239条第1款规定："执行工作由执行员进行。"但是关于执行员的任职条件和任免程序，尤其是执行员与审判员的关系，法律并未作出明确规定，导致执行机构组成人员地位不明确、各地人民法院做法各不相同的局面。目前我国的执行机构一般由法官、执行员、书记员、司法警察等人员构成。有学者认为，从长远来看，我国执行机构的人员配备必须区分执行法官和执行官两种身份。执行法官由具有法官资格的人员担任，按照《中华人民共和国法官法》规定的任免程序任免，在执行立案机构和裁判机构行使执行命令权和执行裁判权；

执行官由司法警察担任，按照司法警察的任免程序任免，在执行实施机构工作。[1]

（二）执行当事人

1. 执行当事人的概念。执行当事人，是指在民事执行程序中以自己的名义主张生效法律文书确定的权利、履行生效法律文书确定的义务并受执行机关执行行为约束的自然人、法人或其他组织。实践中，执行当事人往往体现为实体权利义务关系处于对立状态的双方，其中一方享有实体权利，另一方应当履行实体义务。关于执行当事人的称谓，在理论上素有争议，在立法上也有不同。我国《民事诉讼法》对享有权利的一方执行当事人有"申请人""申请执行人""债权人""权利人""被交付人"等数种称谓；对应当履行义务的一方执行当事人有"被执行人""被申请人"等称谓。

2. 执行当事人的权利和义务。执行当事人作为重要的民事执行主体，既享有实体权利和承担实体义务，还享有程序权利和承担程序义务。执行当事人的实体权利义务由执行依据确定，程序权利义务则由民事执行法规定。程序权利的行使和程序义务的履行，既保障了当事人实体权利的实现，又确保了执行程序的顺利进行。

（1）执行当事人的程序权利主要包括：①执行请求权，如申请执行人向人民法院请求强制执行的权利以及对执行法院超过6个月未执行而向上一级人民法院申请执行的权利；②执行抗辩权，与执行请求权相对应，被执行人享有的对抗、辩驳债权人的执行请求的权利，如对执行法院提出管辖异议、反对执行机关的执行行为等；③申请执行人员回避的权利；④执行和解权，即执行当事人就执行事项自主进行协商，自愿达成协议的权利；⑤程序参与权，如执行知情权、要求执行听证和申请参与分配的权利等；⑥执行救济权，如针对执行人员的违法执行行为提出执行异议并对驳回异议的裁定向上一级人民法院申请复议或者提起执行异议之诉的权利。

（2）执行当事人的程序义务主要包括：①依法行使权利，无论是执行申请人还是被执行人都应当依法行使权利，即按照法律规定的程序、方式、期限行使权利，不得滥用权利；②作为债务人或债务的承受人，被执行人应如实说明财产状况。对于执行机关对其财产状况的调查，债务人必须如实报告当前以及收到执行通知之日前一年的财产情况，不得拒绝或隐瞒，更不得隐匿或提供虚假信息，否则就构成妨害民事执行。如实说明财产状况包括两个方面：一是如实将财产状况，如企业的资产负债情况、利润分配情况、现金流量情况，个人的财产分布、

---

〔1〕 江必新主编：《强制执行法理论与实务》，中国法制出版社2014年版，第98页。

构成、数量等情况，如实向执行机关作出说明，并提供必要的证据，如企业财务报表、银行账号等。二是不得隐匿财产或财产证据，如改变存放地点、转移或更改账户、采取封锁或伪装措施等；③容忍执行行为。对于执行机关的执行行为，债务人必须容忍，不得以积极作为的方式进行抵抗或反抗。对财产执行的，不得在执行完毕后重新占有财产；对他人替代完成的履行行为，债务人不得阻拦；④配合执行实施。在执行程序进行中，需要债务人采取积极的行为配合实施执行的，债务人不得拒绝，不得以消极行为应付或者以积极作为的方式对抗；⑤依法负担执行费用。这是执行当事人应当依法承担的执行机构在执行中产生的各项费用，主要包括：申请执行，资产评估、变价，替代履行等所产生的费用。

3. 执行当事人的变更或追加。在民事强制执行程序中，原则上，执行依据的效力仅及于债权人与债务人，但在执行程序开始后或进行中，如果债权人、债务人发生丧失权利能力、履行能力或者发生其他事故而有变动时，为维护债权人的合法权益，需要将执行依据的效力扩张及于原债权人、债务人之外的第三人。执行依据的效力及于当事人之外的第三人，在学理上称为执行力主观范围的扩张，我国法律上称之为执行当事人的变更与追加。

（1）执行当事人变更或追加的情形。执行当事人的变更、追加在反制规避执行、迅速实现债权、减轻当事人讼累等方面发挥着重要作用。《最高人民法院关于民事执行中变更、追加当事人若干问题的规定》，明确规定了变更、追加执行当事人的情形。

在下列情形下，权利承受人或其他法定主体可以申请变更、追加自己为申请执行人：①作为申请执行人的自然人死亡或被宣告死亡的，遗嘱执行人、受遗赠人、继承人或其他依法承受执行依据中权利的主体有权申请变更、追加其为申请执行人；②作为申请执行人的自然人被宣告失踪的，该公民的财产代管人有权申请变更、追加其为申请执行人；③作为申请执行人的自然人离婚，执行依据中的权利全部或部分分割给其配偶的，该配偶有权申请变更、追加其为申请执行人；④作为申请执行人的法人或非法人组织终止，依法承受执行依据中权利的主体有权申请变更、追加其为申请执行人；⑤作为申请执行人的法人或非法人组织因合并而终止，合并后存续或新设的法人、非法人组织有权申请变更其为申请执行人；⑥作为申请执行人的法人或非法人组织分立，依分立协议约定承受执行依据中权利的新设法人或非法人组织有权申请变更、追加其为申请执行人；⑦作为申请执行人的法人或非法人组织清算或破产，执行依据中的权利依法分配给第三人，该第三人有权申请变更、追加其为申请执行人；⑧作为申请执行人的机关法人被撤销，继续履行其职能的主体有权申请变更、追加其为申请执行人，但执行依据中的权利依法应由其他主体承受的除外；⑨没有继续履行其职能的主体，且执行依据中权利的承受主体不明确，作出撤销决定的主体有权申请变更、追加其为申请执行人；⑩申请执行人将执行依据中的债权依法转让给第三人，且书面认可第三人取得该债权，该第三人有权申请变更、追加其为申请执行人。

在下列情形下。申请执行人可以申请变更、追加原被执行人的义务承受人或其他法定主体为新的被执行人：①作为被执行人的自然人死亡或被宣告死亡，申请执行人可以申请变更、追加遗嘱执行人、继承人、受遗赠人或其他取得遗产的主体为被执行人，在遗产范围内承担责任；②作为被执行人的自然人被宣告失踪，申请执行人可以申请变更该公民的财产代管人为被执行人，在代管的财产范围内承担责任；③作为被执行人的法人或非法人组织因合并而终止，申请执行人可以申请变更合并后存续或新设的法人、其他组织为被执行人；④作为被执行人的法人或非法人组织分立，申请执行人可以申请变更、追加分立后新设的法人或非法人组织为被执行人，对执行依据中的债务承担连带责任，但被执行人与申请执行人就债务清偿达成的书面协议另有约定的除外；⑤作为被执行人的个人独资企业，不能清偿债务的，申请执行人可以申请变更、追加其投资人为被执行人；⑥作为被执行人的合伙企业，不能清偿债务的，申请执行人可以申请变更、追加普通合伙人为被执行人；⑦作为被执行人的有限合伙企业，财产不足以清偿债务的，申请执行人可以申请变更、追加未按期足额缴纳出资的有限合伙人为被执行人，在未足额缴纳出资的范围内承担责任；⑧作为被执行人的法人分支机构，不能清偿执行依据中的债务，申请执行人可以申请变更、追加该法人为被执行人；⑨个人独资企业、合伙企业、法人分支机构以外的非法人组织作为被执行人，不能清偿债务的，申请执行人可以申请变更、追加依法对该其他组织债务承担责任的主体为被执行人；⑩作为被执行人的企业法人，财产不足以清偿债务的，申请执行人可以申请变更、追加未足额缴纳出资的股东、出资人或依公司法规定对该出资承担连带责任的发起人为被执行人，在未缴纳出资范围内承担责任，也可以申请变更、追加抽逃出资的股东、出资人为被执行人，在抽逃出资范围内承担责任；⑪作为被执行人的公司，财产不足以清偿债务，其股东未依法履行出资义务即转让股权，申请执行人可以申请变更、追加该原股东或依公司法规定对该出资承担连带责任的发起人为被执行人，在未依法出资的范围内承担责任；⑫作为被执行人的一人有限责任公司，财产不足以清偿债务，股东不能证明公司财产独立于自己的财产的，申请执行人可以申请变更、追加该股东为被执行人，对公司债务承担连带责任；⑬作为被执行人的公司，未经清算即办理注销登记，申请执行人可以申请变更、追加有限责任公司的股东、股份有限公司的董事和控股股东为被执行人，对公司债务承担连带清偿责任；⑭作为被执行人的法人或非法人组织，被注销或出现被吊销营业执照、被撤销、被责令关闭、歇业等解散事由后，其股东、出资人或主管部门无偿接受其财产，致使该被执行人财产不足以清偿债务的，申请执行人可以申请变更、追加该股东、出资人或主管部门为被执行人，在接受的财产范围内承担责任；⑮作为被执行人的法人或非法人组织，未经依法清算即办理注销登记，在办理注销登记时，第三人书面承诺对被执行人的债务承担清偿责任的，申请执行人可以申请变更、追加该第三人为被执行人，在承诺范围内承担清偿责任；⑯执行过程中，第三人向执行法院书面承诺自愿代被执行人履行执行依据中的债务，申请执行人可以申请变更、追加该第三人为被执行人，在承诺范围内承担责任；⑰作为被执行人的法人或非法人组织，财产依行政命令被无偿调拨、划转给第三人，致使其财产不足以清偿债务的，申请执行人申请可以变更、追加该第三人为被执行人，在接受的财产范围内承担责任。

下列五种情形下，无须裁定变更、追加执行当事人，人民法院可以直接执行：①作为被执行人的自然人死亡或被宣告死亡，继承人放弃继承或受遗赠人放弃受遗赠，又无遗嘱执行人的，人民法院可以直接执行遗产；②个人独资企业投资人作为被执行人的，人民法院可以直接执行该个人独资企业的财产；③个体工商户的字号为被执行人的，人民法院可以直接执行该字号经营者的财产；④作为被执行人的法人，直接管理的责任财产不能清偿债务的，人民法院可以直接执行该法人分支机构的财产；⑤执行当事人的姓名或名称发生变更的，人民法院可以直接将姓名或名称变更后的主体作为执行当事人，并在法律文书中注明变更前的姓名或名称。

（2）执行当事人变更或追加的程序。申请人申请变更、追加执行当事人，应当向执行法院提交书面申请及相关证据材料。执行法院收到申请人提交的申请和材料后，经审查符合立案条件的，应当在3日内立案，并在立案后3日内通知申请人和相关当事人。不符合受理条件的，裁定不予受理；立案后发现不符合受理条件的，裁定驳回申请。申请人对不予受理或者驳回申请裁定不服的，可以自裁定送达之日起10日内向上一级人民法院申请复议。

除事实清楚、权利义务关系明确、争议不大的案件外，执行法院应当组成合议庭审查并公开听证，自收到书面申请之日起60日内作出裁定，有特殊情况需要延长的，由本院院长批准。经审查，理由成立的，裁定变更、追加；理由不成立的，裁定驳回。

（3）对变更、追加裁定不服的救济。被申请人、申请人或其他执行当事人对执行法院作出的变更、追加裁定或驳回申请裁定不服的，可以自裁定书送达之日起10日内向上一级人民法院申请复议。但对于下列对象的变更、追加裁定不服的应当通过提起执行异议之诉救济：有限合伙企业未按期足额缴纳出资的有限合伙人；未足额缴纳出资的法人企业的股东、出资人或依公司法规定对该出资承担连带责任的发起人；抽逃出资的法人企业的股东、出资人；未依法履行出资义务即转让股权的公司原股东或依公司法规定对该出资承担连带责任的发起人；不能证明公司财产独立于自己财产的一人有限责任公司股东；未经清算即办理注销登记的有限责任公司的股东、股份有限公司的董事和控股股东。被申请人提起执行异议之诉的，应以申请人为被告。申请人提起执行异议之诉的，应以被申请人为被告。复议或诉讼期间，人民法院不得对争议范围内的财产进行处分。申请人请求人民法院继续执行并提供相应担保的，人民法院可以准许。

（三）其他执行主体

在执行程序中，还存在人民法院和执行当事人以外的参与执行工作的组织或个人。包括协助执行人、执行见证人、执行担保人、执行第三人、执行代理人等。①协助执行人，是指根据法律规定或民事执行机构的要求，协同、辅助民事执行机构采取民事执行行为，迫使债务人履行义务、实现债权人权利的组织或者个人。金融机构及其管理部门、房地产管理部门、工商管理部门、车辆管理部门、电信部门、税务机关、海关、公安机关、用人单位以及其他有关部门都依法负有协助执行的义务；②执行见证人，是指根据执行机构及其人员的通知，亲赴执行现场，观察和监督执行活动进行，并证实执行情况的人。《民事诉讼法》第261条第2款规定："强制执行时，被执行人是公民的，应当通知被执行人或者他的成年家属到场……被执行人是公民的，其工作单位或者房屋、土地所在地的基层组织应当派人参加……"③执行担保人，是指以自己的财产向执行机构提供担保，从而使执行程序暂时停止甚至完全结束的、除执行当事人之外的人。执行担保人包括暂缓执行中的执行担保人、执行和解中的执行担保人以及执行救济中的执行担保人；④执行第三人，是指在民事执行程序中，除执行当事人之外的，与执行事项有法律上利害关系的人。在我国现行法律或司法解释中被称为利害关系人或案外人；⑤执行代理人，是指根据法律规定或执行当事人的授权，代理当事人参与民事执行程序并实施一定行为的人。

三、民事执行依据

（一）民事执行依据的概念

民事执行依据，又称为民事执行名义，是指由法定机关或机构依法作出的具有一定民事实体权利，并且权利人可据以请求执行的生效法律文书。权利人为了强制实现自己的私权，必须先取得执行依据，以证明自己享有私权及其私权的范围，并显示其可执行性，才能向执行机关请求实施强制性的执行措施。民事执行依据具有以下法律特征：

1.民事执行依据须指明债务人应为特定给付并确定给付的具体内容。作为民事执行依据，其内容只能是特定的给付，即命令债务人交付一定的财物、给付一定的金钱或作出、不作出一定的行为。从人民法院裁判文书来看，给付之诉所产生的裁判一般具有执行内容，确认之诉和变更之诉所产生的裁判一般不具有执行内容。

2. 民事执行依据其内容不但必须是一定的给付，而且给付的内容必须明确、具体。执行机关据此即可直接采取强制执行措施，无须再作裁判。若执行内容难以确定，则其不是适格的执行依据。

3. 民事执行依据需具有执行力。一般而言，超过了申请执行时效期间的生效法律文书已丧失执行力，执行法院不得以其作为执行依据予以执行。

（二）民事执行依据的种类

作为执行机关采取执行措施的唯一依据，民事执行依据须指明债务人应为特定给付并确定给付的具体范围。根据《民事诉讼法》第 235 条和有关法律的规定，依据法律文书制作主体的不同，民事执行依据可分为两大类：一类是人民法院制作的法律文书，包括民事判决、裁定、调解书等以及刑事判决、裁定中的财产部分等；另一类是法律规定由人民法院执行的其他法律文书。

1. 人民法院制作的法律文书。

（1）发生法律效力的判决。可作为民事执行依据的判决有民事判决和刑事判决中有关财产部分的判决。刑事判决中，有关财产部分的判决包括对被告人课以财产刑的刑事判决，以及附带民事诉讼确定被告人承担民事赔偿责任的判决。

（2）发生法律效力的裁定。作为执行依据的裁定主要是民事裁定，包括财产保全裁定、证据保全裁定、先予执行裁定、执行回转裁定、追究协助执行人民事责任的裁定、执行担保人财产的裁定、确认调解协议有效的裁定、实现担保物权的裁定以及维持原判的裁定（须与原判决一道才能成为执行依据）。此外，根据我国缔结或参加的国际条约、双边的司法协助协定，或根据互惠原则，承认和执行外国法院判决和外国仲裁机构仲裁裁决的裁定。

（3）发生法律效力的调解书、支付令。调解书经双方当事人签收后，即具有法律效力。一方当事人拒不履行的，另一方可申请执行。支付令是人民法院依督促程序作出的诉讼法律文书，债务人自收到支付令之日起 15 日内既不履行支付令又不提出异议的，支付令即具有执行力，债权人可以向人民法院申请执行。

（4）人民法院作出的强制措施的决定书。

2. 法律规定由人民法院执行的其他法律文书。

（1）我国仲裁机构作出的仲裁裁决书和调解书。可以作为强制执行依据的仲裁裁决和调解书包括根据《仲裁法》设立的仲裁委员会作出的裁决和调解书，也包含了根据《中华人民共和国劳动争议调解仲裁法》和《中华人民共和国农村土地承包经营纠纷调解仲裁法》（以下简称《农村土地承包经营纠纷调解仲裁法》）分别设立的劳动仲裁委员会和农村土地承包仲裁委员会作出的裁决和调解书。《中华人民共和国劳动法》第 83 条规定："劳动争议当事人对仲裁裁决不服的，可以自收到仲裁裁决书之日起十五日内向人民法院提起诉讼。一方当事人在法定期限内不起诉又不履行仲裁裁决的，另一方当事人可以申请人民法院强制执行。"我国《农村土地承包经营纠纷调解仲裁法》第 48 条规定："当事人不服仲裁裁决的，可以自收到裁决书之日起三十日内向人民法院起诉。逾期不起诉的，裁决书即发生法律效力。"第 49 条规定："当事人对发生法律效力的调解书、裁决书，应当依照规定的期限履行。一方当事人逾期不履行的，另一方当事人可以向被申请人住所地或者财产所在地的基层人民法院申请执行。受理申请的人民法院应当依法执行。"

（2）公证机关依法赋予强制执行效力的关于追偿债款、物品的债权文书。对经公证的以给付为内容并载明债务人愿意接受强制执行承诺的债权文书，债务人不履行或履行不适当的，债权人可以依法向人民法院申请执行。

（3）法律规定由人民法院执行的其他民事方面的生效法律文书。

四、民事执行标的

（一）民事执行标的的概念

民事执行标的，是指执行机关实施民事强制执行行为所指向的对象，又称民事执行客体。民事执行标的与民事执行标的物、民事执行内容、民事执行法律关系的客体等概念不同。民事执行标的物是指作为执行标的之财产，是以物的形式表现出来的民事执行标的，是民事执行标的的一种；民事执行内容是生效法律文书所确定的债务人应为的给付义务，包括支付金钱、交付物和完成行为，这种给付义务是人民法院对民事执行标的采取执行措施所要达到的目的；民事执行法律关系客体是民事执行法律关系主体之间权利义务所指向的对象，而民事执行标的是执行行为指向的对象。

（二）民事执行标的的种类

民事执行标的一般包括财产执行和行为执行两个方面。财产执行以债务人所有的物或有财产价值的权利为民事执行标的，又称对物执行；行为执行是以债务人的行为作为民事执行标的。

1. 财产。财产作为一种民事执行标的，除有体物之外，还包括各种财产性权利。作为民事执行标的的财产，必须是归债务人所有或受债务人支配并适于强制执行的财产，具体包括：①债务人现有的财产。凡在开始执行时属于债务人所有或受其支配的财产，除法律规定不得对其执行或性质上不适于强制执行的以外，均可以成为民事执行标的，债权人均可请求对其强制执行；②债务人可取得的财产。债务人将来可取得的财产其实是一种财产性权利，一般认为，只有那些只要债务人作出意思表示就能取得的财产，如到期债权，才能成为执行标的；③债务人非法处分的财产。债务人为了逃避债务或执行，与第三人恶意串通为虚假意思表示非法处分财产的，该处分行为无效，其处分的财产仍可成为执行标的。

依照有关法律规定，下列财产不得成为执行标的：①法律上规定不得强制执行的财产。具体包括实体法上禁止让与、查封的财产，如土地、矿藏等；程序法上禁止查封的财产，如保障债务人及由其抚养的家属生存的生活必需品，已被依法查封的财产等；[1] ②性质上不适于强制执行的财产。主要有专属于债务人所有的财产，如被执行人所得的勋章及其他荣誉表彰的物品，以及不准流通的物品如违禁品、毒品、淫秽品等；③执行豁免的财产。如《最高人民法院关于人民法院民事执行中查封、扣押、冻结财产的规定》第 3 条规定的八类财产等。

2. 行为。行为是当事人作为或不作为的法律事实。作为执行标的的行为是债务人履行义务的行为，也是适于强制执行的行为。它包括以下两种：①作为。也称为积极的行为，即主体以积极的方式作出某种行为。根据作为是否可由他人替代完成，又分为：可以替代的作为，如完成一般性的劳务给付等；不可替代的作为，如完成定作。《民事诉讼法》第 263 条明确规定了行为成为执行标的之情形，即"对判决、裁定和其他法律文书指定的行为，被执行人未按执行通知履行的，人民法院可以强制执行或者委托有关单位或者其他人完成，费用由被执行人承担。"②不作为。不作为就是债务人不得作出某种特定的行为，不作为能否成为执行标的，学界有不同的看法。

在现代法治国家，各国均以财产执行为原则，不得以人身体的一部分或者全部作为执行标的。我国现行法律为促使债务人履行债务，允许在一定条件下对其采取拘传、拘留、限制出境等间接执行措施。

---

〔1〕 已被依法查封的财产虽然不能重复查封，但人民法院可依法实施轮候查封。

第二节 民事执行程序

一、执行管辖

执行管辖，是指上下级人民法院之间以及同级人民法院之间受理民事执行案件的分工和权限。根据受理法院的确定是由法律直接规定还是人民法院以裁定方式确定，可分为法定管辖和裁定管辖。

（一）法定管辖

划分民事执行管辖的依据是执行依据。执行依据不同，执行法院也不同。根据《民事诉讼法》《民事诉讼法解释》和《执行工作规定（试行）》的相关规定，执行管辖主要有以下几种情况：

1. 发生法律效力的民事判决、裁定，以及刑事判决、裁定中的财产部分，由第一审人民法院或者与第一审人民法院同级的被执行的财产所在地人民法院执行。此处的"判决、裁定"应作广义理解，既包括判决、裁定，也包括调解书、制裁决定书、支付令等人民法院作出的其他生效法律文书。由于调解书、制裁决定书、支付令等法律文书不存在上诉的情形，故执行管辖法院即作出生效法律文书的人民法院或与作出生效法律文书的人民法院同级的被执行财产所在地人民法院。

2. 仲裁机构作出的仲裁裁决书、调解书，公证机关依法赋予强制执行效力的公证债权文书，由被执行人住所地或被执行的财产所在地人民法院执行，其级别管辖，参照各地人民法院受理诉讼案件的级别管辖的规定确定。这类执行依据，通常是由被执行人住所地或者被执行的财产所在地基层人民法院执行；如果执行标的较大，也可以由中级人民法院执行；涉外仲裁机构作出的生效裁决书如果需要执行的，由被执行人住所地或者被执行的财产所在地中级人民法院执行。

3. 人民法院制作的承认和执行外国法院判决、裁定或者外国仲裁机构裁决的裁定书和执行令，由作出该裁定书和执行令的中级人民法院执行。当事人申请承认和执行外国法院判决、裁定或者外国仲裁机构裁决的，应当向被执行人住所地或者被执行的财产所在地中级人民法院申请，该人民法院受理当事人的申请后，认为不违反我国法律的基本原则或者国家主权、安全、社会公共利益的，裁定承认其效力，需要执行的，发出执行令。

两个以上人民法院都有管辖权的，当事人可以向其中一个人民法院申请执行；当事人向两个以上人民法院申请执行的，由最先立案的人民法院管辖。人民法院之间因执行管辖权发生争议的，由双方协商解决；协商不成的，报请双方共同的上级人民法院指定管辖。

（二）裁定管辖

法律规定在特殊情况下人民法院可以以裁定的方式确定执行案件的受理法院，这就是执行的裁定管辖，它包括指定执行和提级执行两种情形。

1. 指定执行。指定执行，是指上级人民法院因某种原因，通过转移执行管辖权而将某一执行案件指令本辖区内的其他下级人民法院执行。指定执行，一般是因为有执行管辖权的人民法院在执行过程中，遇有难以克服的阻力，使案件难以执行，或者是有执行管辖权的执行法院，怠于行使执行权，使案件久拖不执、久执不结，而采取的转移执行管辖权，由其他人民法院执行的一种执行方式。执行过程中适用指定执行应当同时具备下列条件：①被执行人有履行能力。被执行人有履行能力是案件得以执行的基本条件。指定执行要解决的是执行主观不能，而非客观不能；②案件届期未能执结。执行案件一般应在立案后 6 个月的法定执行期限内执行完毕。因特殊原因经批准可以延长期限，但最长不应超过 1 年 6 个月；③由于执行管辖权转移的形式有两种，即上级人民法院决定转移和下级人民法院报请转移，而这两种形式均可以指定执行，因而指定执行的程序也就可以分为两种。

（1）报请执行管辖权转移的指定执行程序：①下级人民法院向上级人民法院提交报请执行管辖权转移的书面报告，并随附执行案卷；②上级人民法院审查，符合执行管辖权转移及指定执行条件的，裁定指定执行，不符合条件的，通知退回下级人民法院；③上级人民法院将指定执行的裁定送达报请转移的下级人民法院和被指定执行的下级人民法院；④报请转移的下级人民法院将指定执行的情况告知有关当事人；⑤上级人民法院将执行案卷移交被指定执行的下级人民法院。

（2）决定执行管辖权转移的指定执行程序：①上级人民法院作出指定执行裁定并送达有关下级人民法院；②下级人民法院接到裁定后，将执行案卷全部移送至上级人民法院，并告知当事人；③上级人民法院将执行案卷移交给被指定执行的下级人民法院。

上级人民法院作出指定执行裁定后，原执行法院不再享有该案的执行管辖权，不得对该案继续执行，原案件可以作结案处理。但是，原执行法院在指定执行之前所采取的执行措施仍然合法有效。依指定执行取得案件执行管辖权的人民法院，应立案执行。除无须再发执行通知书外，适用《民事诉讼法》和有关司法解释关于执行程序的规定。原执行法院在执行管辖权转移后，应将预收的执行费用转交给依指定执行取得案件执行管辖权的人民法院，并应协助该人民法院执行。

此外，上级人民法院可以根据实践需要，组织本辖区内的多个下级人民法院交叉对指定执行案件集中在同一时间进行执行，这种方式叫交叉执行，是指定执行的一种衍生形式。

2. 提级执行。提级执行，是指上级人民法院因某种原因，通过转移执行管辖权将某一执行案件由原下级人民法院执行提升为自行执行。凡是上级人民法院决定提级执行的案件，下级人民法院不得拒绝；而下级人民法院报请上级人民法院移转的案件，必须首先征得上级人民法院的同意，否则，不得转移该案件的执行管辖权。提级执行适用条件与指定执行条件一样。提级执行一般适用于案情重大、疑难、复杂的案件，或者被执行人为原执行法院同级别的党政机关、部门以及本辖区内的重点企事业单位的案件。

提级执行的程序根据管辖权的转移是下级报请还是上级人民法院决定而有所不同：

（1）报请执行管辖权转移的提级执行程序：①下级人民法院向上级人民法院提交报请执行管辖权转移的书面报告，并随附执行案卷；②上级人民法院审查，符合执行管辖权转移及提级执行条件的，裁定提级执行，不符合条件的，通知退回下级人民法院；③上级人民法院将提级执行的裁定送达报请转移的下级人民法院；④报请转移的下级人民法院将提级执行的情况告知有关当事人。

（2）决定执行管辖权转移的提级执行程序：①上级人民法院作出提级执行裁定，并送达有关下级人民法院；②下级人民法院接到裁定后，将执行案卷全部移送至上级人民法院，并告知当事人。

上级人民法院作出提级执行裁定后，原执行法院不再享有该案的执行管辖权，不得对该案继续执行，原案件可以作结案处理。但是，原执行法院在提级执行之前所采取的执行措施仍然合法有效。原执行法院在执行管辖权转移后，应将预收的执行费用转交给上级人民法院，并应配合做好相关工作。

此外，各地人民法院正在积极探索跨区域执行协作机制。如建立跨区域查控信息共享联动机制，建立集信息管理、网络查控等多功能于一体的信息枢纽中心，探索执行案件异地管辖，等等，提高了人民法院执行工作的效率。

（三）执行管辖权异议

执行当事人对执行管辖权的异议主要有两种情形：一是执行立案后，被执行人认为立案执行的人民法院不具有管辖权；二是经立案审查后不予立案或者虽经立案但发现立案错误而裁定不予受理或驳回执行申请，申请执行人提出异议。对于第一种情形，根据《最高人民法院关于适用〈中华人民共和国民事诉讼法〉执行程序若干问题的解释》（以下简称《民事诉讼法执行程序解释》）第3条的规定，人民法院受理执行申请后，当事人对管辖权有异议的，应当自收到执行通知书之日起 10 日内提出。人民法院对当事人提出的异议，应当审查。异议成立的，应当撤销执行案件，并告知当事人向有管辖权的人民法院申请执行；异议不成立的，裁定驳回。当事人对裁定不服的，可以向上一级人民法院申请复议。管辖权异议审查和复议期间，不停止执行。对于第二种情形，现行法律和相关司法解释都未作出规定。

二、执行启动

（一）启动方式

《民事诉讼法》第 247 条第 1 款规定："发生法律效力的民事判决、裁定，当事人必须履行。一方拒绝履行的，对方当事人可以向人民法院申请执行，也可以由审判员移送执行员执行。"可见，我国执行程序的启动包括两种方式，即申请执行和移送执行。

1. 申请执行。民事案件当事人对自己的民事权利包括程序权利有处分权，人民法院应当尊重并保护当事人意思自治。因此，民事执行程序应当由当事人向人民法院提出申请时启动。申请执行是执行程序启动的基本方式。

《民事诉讼法》第 250 条规定："请执行的期间为二年。申请执行时效的中止、中断，适用法律有关诉讼时效中止、中断的规定。前款规定的期间，从法律文书规定履行期间的最后一日起计算；法律文书规定分期履行的，从最后一期履行期限届满之日起计算；法律文书未规定履行期间的，从法律文书生效之日起计算。"根据民事诉讼法相关司法解释规定，因撤销执行申请而终结执行后，当事人在申请执行时效期间内再次申请执行的，人民法院应当受理。

2. 移送执行。移送执行是执行开始的一种特殊形式，它只适用于特殊类型的案件。根据《执行工作规定（试行）》第 17 条第 2 款的规定，移送执行适用于以下三种生效法律文书：①发生法律效力的具有给付赡养费、扶养费、抚育费内容的法律文书；②民事制裁决定书；③刑事附带民事判决、裁定、调解书。这三种生效法律文书由审判庭移送执行机构执行。

审判庭将案件移送执行时，应当填写移交执行书，连同本案全部诉讼材料移送执行机构。对于审判机构移送执行的案件，执行机构应当立案执行。

（二）执行立案

执行立案，是指人民法院受理债权人的执行申请或审判庭移送的有关执行案件的行为，也称执行受理。人民法院受理执行案件应符合下列条件：①执行依据已经成立；②执行当事人是执行依据确定的债权人和债务人及其继受人；③债务人拒绝履行债务；④符合执行时效规定；⑤受申请人民法院具有管辖权。

人民法院对符合上述条件的申请，应当在 7 日内予以立案；不符合上述条件之一的，应当在 7 日内裁定不予受理。

三、执行调查与实施

（一）执行通知与立即执行

《民事诉讼法》第 251 条规定："执行员接到申请执行书或者移交执行书，应当向被执行人发出执行通知，并可以立即采取强制执行措施。"执行机关应将执行通知书在决定受理执行案件之后 3 日内发出，并且在向被执行人发出执行通知书的同时，可立即采取强制措施。

执行通知书的内容为责令债务人在指定的期间内履行生效法律文书确定的义务，并承担迟延履行期间的债务利息或迟延履行金，以及逾期不履行义务应承担的法律后果。

（二）执行调查

执行机关受理案件后，执行人员应调查了解债务人的财产状况和履行能力。主要是向债务人、有关机关、社会团体、企业事业单位或公民个人查取有关债务人财产状况的证据，主要包括属于债务人所有的财产或财产权利状况；属于债务人所有的财产所在的地点；可供执行的与不能执行的财产状况。调查的方法有：

1. 申请执行人查报。申请人应当向人民法院如实提供所了解到的被执行人的财产状况或线索，包括被执行人的住所或下落、被执行人的动产、不动产以及财产性权利。这既是申请人维护自身利益的一种权利，同时也是一项义务。申请人不能提供被执行人财产线索，执行法院亦未能查明被执行人有财产可供执行时，执行法院可据此认定被执行人确无财产可供执行，并可依照《民事诉讼法》第 267 条、第 268 条的规定裁定中止或终结执行程序。

2. 被执行人报告。被执行人未按执行通知履行法律文书确定的义务，应当报告当前以及收到执行通知之日前一年的财产情况。被执行人拒绝报告或者虚假报告的，人民法院可以根据情节轻重对被执行人或者其法定代理人、有关单位的主要负责人或者直接责任人员予以罚款、拘留。

3. 执行机构依职权调查。

（1）向有关单位及个人调查。为查清被执行人的财产状况，执行机构可以向工商行政管理机关、税务机关等单位调查被执行人的企业登记及经营状况；向公安机关调查被执行人的户籍及家庭成员的情况；向银行、信用社或其他金融机构查询被执行人的存款情况；向房地产管理部门了解被执行人的不动产情况；向车辆管理部门查询被执行人的车辆所有情况；向其他单位及个人调查了解被执行人的其他财产状况。执行机构在依职权调查时，对调查所需的材料可以进行复制、抄录或拍照；调查涉及个人隐私、商业秘密甚至国家机密的，应当注意保密。对于手续完备拒不协助调查、执行的，执行机构可以按照《民事诉讼法》第114条规定处理，即可以对单位主要负责人或者直接责任人予以罚款、拘留；并可以向监察机关或者有关机关提出予以纪律处分的司法建议。

（2）传唤询问。传唤询问是指执行机构为查明被执行人的财产状况及履行能力，责令被执行人、被执行人的法定代表人或负责人到人民法院接受询问的调查方法。执行过程中，对于表面上无财产可供执行的被执行人，一般情况下必须找到被执行人或其法定代表人、负责人才可能查清其财产情况和履行能力。传唤应采用传票。传票上要载明应到的时间、地点。被传唤人员经两次传唤无正当理由拒不到庭的，执行机构可采用拘传措施，强制其到庭。执行人员将被执行人传唤到庭后，询问应当围绕查明其财产状况展开。

（3）搜查。搜查是指在被执行人不履行执行依据所确定的义务并隐匿财产时，执行机构依法对被执行人人身及其住所或财产隐匿地实施搜索、查找的调查方法，也是一种强制调查措施。

（4）网络查控。随着网上银行等电子商务的兴起，执行机构可通过互联网技术开展对被执行人财产的查询、冻结和划拨等。2013年8月29日，最高人民法院公布了《最高人民法院关于网络查询、冻结被执行人存款的规定》，对人民法院通过网络查询、冻结被执行人在金融机构的存款的行为进行规范，推动了"点对点"网络执行查控机制的建立和完善；并于2015年与原中国银行业监督管理委员会联合推出《人民法院、银行业金融机构网络执行查控工作规范》，进一步提高网络查询、冻结、扣划、处置被执行人银行账户、银行卡、存款及其他金融资产等工作效率，进一步保护了当事人、利害关系人的合法权益。2016年1月最高人民法院、公安部共同公布《最高人民法院、公安部关于建立快速查询信息共享及网络执行查控协作工作机制的意见》，对于协助限制出境、协助查找车辆、协助查找被执行人等协作工作内容、工作要求等作出明确规定，按照"安全、有序、高效"的原则建立快速查询信息共享及网络执行查控协作工作机制。

4. 群众举报。群众举报按是否给予举报人物质奖励可分为无偿举报与有偿举报两种形式。无偿举报一般指执行法院以一定的方式公布被执行人的有关情况，鼓励案外人提供被执行人的下落或其财产线索，但对举报人不给予物质奖励的形式。执行法院可向社会公布举报电话，收集举报线索。实践中，有的执行法院设立"执行110"，与公安机关"110"联网，可及时对案外人举报的情况作出处理。有偿举报是指执行法院在被执行人住所地张贴公告、利用新闻媒体发布悬赏公告，鼓励了解被执行人财产状况的案外人向执行法院提供被执行人的财产线索，对反映情况属实的，依实际执行到位的财产比例给予举报人一定的物质奖励的形式。执行法院一般不宜依职权发布悬赏公告，而应由申请执行人提出申请，并由其预付公告费用。支付举报人的奖金，应由申请执行人在其提请执行法院发布悬赏公告时即确定支付奖金的比例，待完成执行行为后，由申请执行人承担。

（三）执行实施

执行实施，是实现执行目的的核心环节，体现为各种执行措施的有效运用。对金钱或其他财产的执行，在查明了债务人的财产状况之后，债务人有财产可供执行而拒不履行的，执行机关应开始实施执行措施，迫使债务人履行义务；对行为的执行，限期债务人自觉履行无效的，应采取间接执行措施，迫使债务人履行作为、不作为或意思表示的义务。执行机关采取的执行措施既包括直接执行措施，也包括间接执行措施。

在执行进行中，当事人之间、当事人与执行机关之间、案外人与当事人之间或多或少会发生争议。由执行机关处理的争议，包括程序性事项和实体性事项。当事人、利害关系人认为执行行为违反法律规定的，可以向负责执行的人民法院提出书面异议，人民法院应当依法审查，作出裁定；执行过程中，案外人对执行标的主张实体权利的，也可以提出书面异议，人民法院依法审查后，裁定中止或者裁定驳回。

四、执行阻却

执行阻却，是指在执行过程中，如果出现法定事由或者发生其他特殊情况，致使执行程序无法继续进行，或者暂无必要继续进行的，执行机关可依职权或者依当事人申请裁定暂停执行程序，暂缓采取执行措施，待有关事由消灭或者新的情况产生再继续执行程序的情形。根据我国现行法律和司法解释的规定，执行阻却的表现形式有暂缓执行、执行中止、执行和解。

（一）暂缓执行

暂缓执行，是指执行程序中因特定情形的出现，人民法院决定在一定期限内停止实施执行措施的行为。根据最高人民法院《关于正确适用暂缓执行措施若干问题的规定》（以下简称《暂缓执行规定》），暂缓执行程序的启动，既可以依据当事人或利害关系人申请，也可以由人民法院依职权启动。

1.依申请暂缓执行。根据《暂缓执行规定》第3条、第4条的规定，有下列情形之一的，经当事人或者其他利害关系人申请，人民法院可以决定暂缓执行：（一）执行措施或者执行程序违反法律规定的；（二）执行标的物存在权属争议的；（三）被执行人对申请执行人享有抵销权的。人民法院根据本规定第三条决定暂缓执行的，应当同时责令申请暂缓执行的当事人或者其他利害关系人在指定的期限内提供相应的担保。被执行人或者其他利害关系人提供担保申请暂缓执行，申请执行人提供担保要求继续执行的，执行法院可以继续执行。

　　此外，执行担保也是启动暂缓执行的条件之一。根据《民事诉讼法》第 242 条的规定，在执行中，被执行人向人民法院提供担保，并经申请执行人同意的，人民法院可以决定暂缓执行及暂缓执行的期限。被执行人逾期仍不履行的，人民法院有权执行被执行人的担保财产或者担保人的财产。同时，根据《民事诉讼法解释》第 467 条的规定，人民法院依照民事诉讼法第二百三十八条规定决定暂缓执行的，如果担保是有期限的，暂缓执行的期限应当与担保期限一致，但最长不得超过 1 年。被执行人或者担保人对担保的财产在暂缓执行期间有转移、隐藏、变卖、毁损等行为的，人民法院可以恢复强制执行。

　　2. 依职权暂缓执行。《暂缓执行规定》以及《执行工作规定（试行）》对于人民法院依职权启动暂缓执行作了严格的限制。有下列情形之一的，人民法院可以依职权决定暂缓执行：①上级人民法院已经受理执行争议案件并正在处理的；②人民法院发现据以执行的生效法律文书确有错误，并正在按照审判监督程序进行审查的。人民法院依照前款规定决定暂缓执行的，一般应由申请执行人或者被执行人提供相应的担保。第一种情形下决定暂缓执行的，由上级人民法院作出决定。第二种情形下决定暂缓执行的，审判机构应当向该院执行机构发出暂缓执行建议书，执行机构收到建议书后，应当办理暂缓相关执行措施的手续。

　　暂缓执行的期间不得超过 3 个月。因特殊事由需要延长的，可以适当延长，延长的期限不得超过 3 个月。暂缓执行的期限从执行法院作出暂缓执行决定之日起计算。暂缓执行的决定由上级人民法院作出的，从执行法院收到暂缓执行决定之日起计算。

　　暂缓执行的恢复既可由债权人申请，也可由执行机关依职权决定。恢复执行时，既可执行债务人的财产，也可执行债务人用于担保的财产或者担保人的财产。执行担保人的财产时，执行机关应作出由担保人承担义务的裁定，并以担保财产为限，不能超出担保人担保的范围实施执行。

　　（二）执行中止

　　执行中止，是指执行启动后，因出现某种法定的原因，暂时停止执行程序。执行中止必须由法律严格规定，没有出现法定事由不得中止执行。

　　1. 执行中止法定事由。根据《民事诉讼法》第 267 条第 1 款的规定，有下列情形之一的，人民法院应当裁定中止执行：（一）申请人表示可以延期执行的；（二）案外人对执行标的提出确有理由的异议的；（三）作为一方当事人的公民死亡，需要等待继承人继承权利或者承担义务的；（四）作为一方当事人的法人或者其他组织终止，尚未确定权利义务承受人的；（五）人民法院认为应当中止执行的其他情形。[1]

当事人或利害关系人申请执行中止的,应当就法定事由进行举证,经执行机关形式审查,认定确实存在执行阻却的事由,才能裁定停止执行程序。

2. 执行中止后恢复执行。造成执行中止的情形消失后,执行机关即应恢复执行,确保债权人的合法权益。执行中止的条件消灭后,既可由债权人申请恢复执行,也可由执行机关依职权决定恢复执行。根据《执行工作规定(试行)》第60条的规定,中止执行的情形消失后,执行法院可以根据当事人的申请或依职权恢复执行。恢复执行应当书面通知当事人。

(三)执行和解

在执行过程中,双方当事人自愿达成关于履行执行依据所确定的义务的协议,从而结束执行程序的活动,称为执行和解。执行和解是当事人行使处分权的行为,只要达成的和解协议是当事人的真实意思表示,且其内容不违反法律规定,不损害国家、集体和他人的利益,执行机关就应当准许。

执行和解往往以债权人作出让步为结果。债权人的让步具体包括:债权人放弃部分债权;履行期限的延长,即部分或全部延长履行期限;履行方式的变更,如以物、股权抵债等。执行和解协议没有执行力,当事人达成执行和解协议后,并不能直接申请执行该和解协议。但是,只要债务人自觉履行和解协议,执行机关就不应继续采取强制执行措施执行原来的执行程序。根据我国《民事诉讼法》第241条的规定,在执行中,双方当事人自行和解达成协议的,执行员应当将协议内容记入笔录,由双方当事人签名或者盖章。申请执行人因受欺诈、胁迫与被执行人达成和解协议,或者当事人不履行和解协议的,人民法院可以根据当事人的申请,恢复对原生效法律文书的执行。

根据《民事诉讼法解释》第465条的规定,一方当事人不履行或者不完全履行在执行中双方自愿达成的和解协议,对方当事人申请执行原生效法律文书的,人民法院应当恢复执行,但和解协议已履行的部分应当扣除。和解协议已经履行完毕的,人民法院不予恢复执行。《民事诉讼法解释》第466条规定:"申请恢复执行原生效法律文书,适用民事诉讼法第二百四十六条申请执行期间的规定。申请执行期间因达成执行中的和解协议而中断,其期间自和解协议约定履行期限的最后一日起重新计算。"

五、执行结束

执行结束,是指基于某种执行依据而发动的执行程序,由于债权人的权利已

---

〔1〕 如按照审判监督程序决定再审的案件,裁定中止原判决、裁定、调解书的执行(但追索赡养费、扶养费、抚育费、抚恤金、医疗费用、劳动报酬等案件,可以不中止执行)。

经实现，或者出现某种法定情形，债权人的权利已不能实现，执行机关依职权决定终结执行程序，并不再恢复执行的法律制度。

（一）执行完毕

执行完毕，是指通过执行机关采取执行措施，债权人基于执行依据的权利已全部实现，执行机关依法结束执行程序的一种制度。执行完毕是达成执行目的时的执行完结，也称为执行程序的正常终结。

（二）执行终结

执行终结，是指在执行程序中，由于出现特殊的情况，执行程序没有必要或者没有可能继续进行，执行机关依法结束执行程序的一种制度。根据《民事诉讼法》第268条的规定，有下列情形之一的，人民法院裁定终结执行：（一）申请人撤销申请的；（二）据以执行的法律文书被撤销的；（三）作为被执行人的公民死亡，无遗产可供执行，又无义务承担人的；（四）追索赡养费、扶养费、抚养费案件的权利人死亡的；（五）作为被执行人的公民因生活困难无力偿还借款，无收入来源，又丧失劳动能力的；（六）人民法院认为应当终结执行的其他情形。

《民事诉讼法解释》规定了终结本次执行程序制度。第517条第1款规定："经过财产调查未发现可供执行的财产，在申请执行人签字确认或者执行法院组成合议庭审查核实并经院长批准后，可以裁定终结本次执行程序。"根据《关于严格规范终结本次执行程序的规定（试行）》第1条的规定，人民法院终结本次执行程序，应当同时符合下列条件：（一）已向被执行人发出执行通知、责令被执行人报告财产；（二）已向被执行人发出限制消费令，并将符合条件的被执行人纳入失信被执行人名单；（三）已穷尽财产调查措施，未发现被执行人有可供执行的财产或者发现的财产不能处置；（四）自执行案件立案之日起已超过3个月；（五）被执行人下落不明的，已依法予以查找；被执行人或者其他人妨害执行的，已依法采取罚款、拘留等强制措施，构成犯罪的，已依法启动刑事责任追究程序。

终结本次执行程序裁定书送达申请执行人后，执行案件可以作结案处理。人民法院进行相关统计时，应当对以终结本次执行程序方式结案的案件与其他方式结案的案件予以区分。终结本次执行程序裁定书应当依法在互联网上公开。

终结本次执行程序后，被执行人应当继续履行生效法律文书确定的义务。被执行人自动履行完毕的，当事人应当及时告知执行法院。终结本次执行程序后，申请执行人发现被执行人有可供执行财产的，可以向执行法院申请恢复执行。申请恢复执行不受申请执行时效期间的限制。执行法院核查属实的，应当恢复执行。

终结本次执行程序后的 5 年内，执行法院应当每 6 个月通过网络执行查控系统查询一次被执行人的财产，并将查询结果告知申请执行人。符合恢复执行条件的，执行法院应当及时恢复执行。

（三）不予执行

在执行仲裁裁决和公证债权文书的过程中，如果出现法律规定的情形，执行机关可依申请或依职权裁定对仲裁裁决或公证债权文书不予执行，并停止执行措施，结束执行程序。

不予执行仲裁裁决的事由因由国内仲裁裁决还是涉外仲裁裁决而有所不同。《民事诉讼法》第 248 条第 2 款、第 3 款规定："被申请人提出证据证明仲裁裁决有下列情形之一的，经人民法院组成合议庭审查核实，裁定不予执行：（一）当事人在合同中没有订有仲裁条款或者事后没有达成书面仲裁协议的；（二）裁决的事项不属于仲裁协议的范围或者仲裁机构无权仲裁的；（三）仲裁庭的组成或者仲裁的程序违反法定程序的；（四）裁决所根据的证据是伪造的；（五）对方当事人向仲裁机构隐瞒了足以影响公正裁决的证据的；（六）仲裁员在仲裁该案时有贪污受贿，徇私舞弊，枉法裁决行为的。人民法院认定执行该裁决违背社会公共利益的，裁定不予执行。"人民法院裁定不予执行仲裁裁决后，当事人可以就该民事纠纷重新达成书面仲裁协议申请仲裁，也可以向人民法院起诉。

不予执行公证债权文书的事由是因公证债权文书确有错误。根据《民事诉讼法解释》第 478 条的规定，有下列情形之一的，可以认定为民事诉讼法第二百四十五条第二款规定的公证债权文书确有错误：（一）公证债权文书属于不得赋予强制执行效力的债权文书的；（二）被执行人一方未亲自或者未委托代理人到场公证等严重违反法律规定的公证程序的；（三）公证债权文书的内容与事实不符或者违反法律强制性规定的；（四）公证债权文书未载明被执行人不履行义务或者不完全履行义务时同意接受强制执行的。人民法院认定执行该公证债权文书违背社会公共利益的，裁定不予执行。公证债权文书被裁定不予执行后，当事人、公证事项的利害关系人可以就债权争议提起诉讼。

（四）执行和解协议履行完毕

在执行程序中，当事人达成执行和解，并已经依和解协议履行完毕的，债权人不得再请求依执行依据执行，执行机关也不得恢复执行原执行依据。因此，执行和解协议履行完毕也是执行结束的方式之一。

六、执行回转

（一）执行回转的条件

执行回转，是指在执行过程中或结束后，由于据以执行的法律文书被依法撤销或者变更，执行机构根据当事人的申请或依职权采取执行措施，强制取得财产的当事人返还财产的一种执行制度。执行回转制度是维护当事人合法权益、确保法律权威和尊严的具有补救功能的一项法律制度。执行回转需具备下列条件：

1. 原执行依据正在执行或已经执行完毕。原法律文书已为人民法院全部或者部分执行完毕，才发生执行回转的问题。如果执行程序尚未结束，执行的财产尚未交付给当事人，可由执行机构裁定撤销执行，并解除对财产的查封、扣押、冻结或者将财产返还当事人，无须执行回转。

2. 执行依据被依法撤销或者变更。只有当据以执行的判决、裁定和其他法律文书确有错误，被依法撤销或者变更的，才发生执行回转。这是执行回转的基本前提。

3. 新的执行依据是其必备条件。因为执行程序的发生以有执行依据为前提，再执行也不例外。人民法院要责成原债权人返还财产，应根据执行回转裁定进行。原执行依据被依法撤销，只是表明原执行依据失效，并不具有要求原债权人返还财产的强制性。应当由人民法院裁定执行回转，再以此裁定为新的执行依据，责令取得财产的原申请人返还财产或强制执行。

4. 只适用于原申请执行人取得财产并拒绝返还的情况。原执行依据被依法撤销或变更后，已经取得的财产构成不当得利而应返还，此时当事人拒绝返还的，执行机构才有必要采取执行措施强制其返还。

（二）执行回转的程序

人民法院制作的生效法律文书被依法撤销后，已经执行完毕的，执行机构应当依职权作出裁定，责令当事人返还已经取得的财产。其他机构制作的生效法律文书被依法撤销后，已经执行完毕的，执行机构不能主动裁定执行回转，但当事人提出申请的，执行机构应当执行回转。

执行回转应当重新立案，并适用通常执行程序的有关规定予以强制执行。

第三节　民事执行措施

一、民事执行措施的概念

（一）民事执行措施的含义和特征

民事执行措施，是指执行机构依据法律的规定，在执行中强制被执行人履行义务，以实现申请执行人合法权益的方法和手段。民事执行措施具有以下特征：

1. 法定性。民事执行措施是由法律根据执行标的和执行内容的特征加以严格规定的，执行机关实施强制执行行为时，只能从法律规定的执行措施中挑选，没有经过法律确认的方法或手段不能成为民事执行措施。

2. 多样性。为了实现执行方法或手段的最优化，必须确保执行方法与手段与执行标的、执行内容的特征相适应，即执行标的、执行内容不同，执行措施也应有所不同。在执行实践中，执行标的、执行内容往往是多样的，所以，执行措施也应具有多样性。

3. 单向性。采取民事执行措施是执行机关的职权行为，不以债务人同意为条件。所以，民事执行措施往往是单向性的，债务人必须容忍执行机关采取的执行行为，并配合执行机关实施执行措施。

4. 强制性。民事执行措施是法律授权执行机关为实现生效法律文书的内容，强制义务人完成义务而采取的法定措施，国家以公权力为其后盾保证其实施。因此，民事执行措施具有明显的强制性。

5. 程序性。对执行标的施加影响的方法或手段是有一定次序的，执行机关必须严格依照法律规定的程序进行，不得随意颠倒执行措施的实施程序，或者逾越某种必经的执行程序。

（二）民事执行措施的分类

根据民事执行措施的功能和目的不同，可以将民事执行措施分为控制性执行措施、处分性执行措施及其他执行措施。控制性执行措施，是指以防止被执行人的财产被转移、隐匿、变卖、毁损为目的的民事执行措施，包括查封、扣押、冻结、扣留、禁止交付等措施。处分性执行措施，是指以将被执行人的财产变价清偿债权或作价抵偿债权为目的的民事执行措施，包括拍卖、变卖、以物抵债、划拨、提取、强制交付等措施。其他执行措施，主要指以迫使被执行人为一定行为或不为一定行为为目的的民事执行措施，包括替代履行、执行罚款措施等。

二、民事执行措施的种类

（一）查封、扣押

1. 查封。查封，是指人民法院将被执行人的财产清点查明，贴上封条或公告，就地或异地封存，不准任何人处分的一种控制性措施。查封一般适用于不动产或体积较大且难以移动的动产，一般就地进行，可以移动的动产也可以由人民法院直接控制该财产。

查封有标封、公告查封和交付证照三种方式。标封是在被执行的标的物上贴上人民法院的封条以示被限制处分。公告查封即是将禁止处分的意思以及违反的法律后果以张贴公告的方式表示出来。对于有产权证照的动产和不动产的查封，可以责令债务人将有关产权证照交由人民法院保管，这叫交付证照。这些方式可单独适用，也可合并适用，根据公示需要和是否足以阻止处分该标的物而单独或合并采用。一般采用标封方式，不便加贴封条的，张贴公告。对有产权证照的，应责令交付证照，拒不交出的可采取搜查措施。

查封动产或不动产，应作出查封裁定，并将裁定书送达双方当事人。人民法院查封财产时，被执行人是公民的，应当通知被执行人或者他的成年家属到场，并邀请其工作单位或者财产所在地的基层组织派人参加；被执行人是法人或者其他组织的，应当通知其法定代表人或者主要负责人到场。拒不到场的，不影响执行。然后实施查封，清点财产、造具清单，加贴封条或张贴公告，落实保管人，对查封过程和结果制作执行笔录，并由执行人员、保管人和在场人员在执行笔录和清单上签字。清单一式两份，一份送达给被执行人，另一份人民法院留存。

有产权证照的财产，还应及时到有关登记机关办理查封登记，要求其不得办理查封财产的转移过户手续。办理查封登记时，要出示工作证和执行公务证，制作协助执行通知书，连同查封裁定书副本一并送达登记机关。

2. 扣押。扣押，是指将被执行人的财产运往异地或者就地扣留，暂不准许任何人处分的一种控制性措施。扣押可以将财产运往异地，也可以就地封存。扣押不需要贴封条，但要指定有关单位或个人妥善保管。扣押适用于体积较小且方便移动的动产。扣押的方式有转移扣押和就地扣押，但不论采取何种方式都要落实好保管人。

扣押财产，应当制作扣押裁定书并送达双方当事人，扣押财产时，被执行人是公民的，应当通知被执行人或者他的成年家属到场，并邀请其工作单位或者财产所在地的基层组织派人参加；被执行人是法人或者其他组织的，应当通知其法定代表人或者主要负责人到场。然后清点财产，造具清单，就地扣押的要落实保管人，转移扣押的由人民法院保管或指定保管人保管，对扣押过程和结果要制作执行笔录，并由执行人员、保管人和在场人员在执行笔录和清单上签字。清单一式两份，一份送达给被执行人，另一份留存人民法院。

（二）冻结、划拨

1. 冻结。冻结，是指人民法院对被执行人在银行等有储蓄业务的单位的存款及其拥有的其他财产性权利，按照一定的法律程序采取的不准其提取或转移的执行措施。冻结的标的物为存款、股息、红利、投资权益或股权、专利权、注册商标权。

人民法院冻结被执行人的存款或其他财产性权利时，应当作出冻结裁定，送达被执行人和申请执行人。需要有关单位或个人协助的，应当制作协助执行通知书，连同裁定书副本一同送达协助执行人，执行时还必须出示本人工作证或执行公务证。需要有关单位协助的情况，主要是在被执行人的财产在其他单位占有的情况下，在个人占有被执行人财产时，根据需要也应发出协助执行通知书。

《民事诉讼法解释》第485条第1款、第2款规定："人民法院冻结被执行人的银行存款的期限不得超过一年，查封、扣押动产的期限不得超过两年，查封不动产、冻结其他财产权的期限不得超过三年。申请执行人申请延长期限的，人民法院应当在查封、扣押、冻结期限届满前办理续行查封、扣押、冻结手续，续行期限不得超过前款规定的期限。"对已被人民法院冻结的财产，其他人民法院可以进行轮候冻结。冻结解除的，登记在先的轮候冻结即自动生效。

2. 划拨。划拨，是指执行法院通过金融机构将被执行人的存款以转账的方式划入申请人或执行法院的账户的活动。划拨是一种处分性执行措施，一般适用于存款，也可适用于股票、基金等证券。

人民法院划拨被执行人的存款或证券时，应当作出划拨裁定，送达被执行人和申请执行人。需要有关单位或个人协助的，应当制作协助执行通知书，连同划拨裁定书副本、生效法律文书副本一同送达协助执行人，同时，还必须出示本人工作证或执行公务证。

（三）扣留、提取

1. 扣留。扣留，是指人民法院委托被执行人所在单位或有关单位保存并不准被执行人领取其收入的一种执行措施。扣留是一种控制性执行措施，适用于公民被执行人在单位尚未支取的收入，包括劳动收入、农副业收入、租金收入和其他收入。这里的收入可以是金钱收入，也可以是实物收入，收入的形式主要有工资、奖金、劳务报酬、稿费、咨询费、利息、股利等。

人民法院扣留被执行人的收入时，执行人员必须制作扣留裁定书，送达当事人，需要其他单位协助执行时，必须出具工作证和执行公务证，向协助执行的单位送达协助执行通知书和扣留裁定书。

2. 提取。提取，是指人民法院依法取出被执行人在其单位或有关单位的收入或存款并交给申请执行人的一种处分性执行措施。提取只能对被执行人的收入或存款适用。

人民法院提取被执行人收入时，执行人员必须制作提取裁定书送达当事人，需要其他单位协助执行时，必须出具工作证和执行公务证，向协助执行的单位送达协助执行通知书和扣留裁定书。作为被执行人的公民，其收入转为储蓄存款的，应当责令其交出存单；拒不交出的，人民法院应当作出提取其存款的裁定送达当事人，并向金融机构发出协助执行通知书，并附生效法律文书副本，由金融机构提取被执行人的存款交人民法院或存入人民法院指定的账户。扣留、提取被执行人收入时，应当保留被执行人及其所抚养的家属的生活必须费用。

（四）拍卖、变卖

1. 拍卖。作为执行措施的拍卖，是指执行法院将被执行人的特定物品或财产权利委托拍卖机构以公开竞价的形式，转让给最高应价者，以所得价款清偿债务的一种处分性执行措施。人民法院对查封、扣押、冻结的财产进行变价处理时，应当首先采取拍卖的方式，但法律、司法解释另有规定的除外。拍卖可以适用于所有类型的物品和财产性权利，法律、法规、司法解释禁止拍卖的除外。

拍卖程序比较复杂，在执行中应遵循以下规定：

（1）执行法院决定拍卖财产的，应当先作出拍卖裁定书送达给当事人。裁定拍卖上市公司国有股和社会法人股的，还应当书面通知上市公司，并告知国有股持有人于5日内报主管财政部门备案。

（2）委托具有相应资质的评估公司对拟拍卖的财产进行评估。对于财产价值较低或者价格依照通常方法容易确定的，可以不进行评估。当事人双方及其他债权人申请不进行评估的，人民法院应当准许。评估时人民法院应当向评估公司提供必要的材料。

评估机构由当事人协商一致后经人民法院审查确定；协商不成的，从负责执行的人民法院或者被执行人财产所在地的人民法院确定的评估机构名册中，采取随机的方式确定；当事人双方申请通过公开招标方式确定评估机构的，人民法院应当准许。

人民法院收到评估机构作出的评估报告后，应当在5日内将评估报告送达当事人及其他利害关系人，如对评估报告有异议的，可以在收到评估报告后10日内以书面形式向人民法院提出。当事人或者其他利害关系人有证据证明评估机构、评估人员不具备相应的评估资质或者评估程序严重违法而申请重新评估的，人民法院应当准许。如没有异议的，则由人民法院委托拍卖。

（3）委托具有相应资质的拍卖机构进行拍卖。拍卖机构由当事人协商一致后经人民法院审查确定；协商不成的，从负责执行的人民法院或者被执行人财产所在地的人民法院确定的拍卖机构名册中，采取随机的方式确定；当事人双方申请通过公开招标方式确定拍卖机构的，人民法院应当准许。

选定拍卖机构后，人民法院向拍卖机构提供对被拍卖的标的物有处分权的有关证明及其他资料。接受委托的，人民法院与拍卖机构签订委托拍卖合同，向拍卖机构送达拍卖裁定书副本，并参考评估价或市价确定拍卖的保留价。

（4）做好拍卖的准备工作。拍卖动产的，拍卖机构应当在拍卖7日前公告；拍卖不动产或者其他财产权的，应当在拍卖15日前公告，并在拍卖前展示拍卖标的物。人民法院在拍卖5日前应以书面或者其他能够确认收悉的适当方式，通知当事人和已知的担保物权人、优先购买权人或者其他优先权人于拍卖日到场。对于不动产、其他财产权或者价值较高的动产，人民法院可以责令竞买人向人民法院预交保证金。

（5）进行拍卖。拍卖人依照《中华人民共和国拍卖法》（以下简称《拍卖法》）有关规定举行拍卖活动。

（6）支付佣金。拍卖成交的，拍卖机构可以按照规定的比例向买受人收取佣金；采取公开招标方式确定拍卖机构的，按照中标方案确定的数额收取佣金。拍卖未成交或者非因拍卖机构的原因撤回拍卖委托的，拍卖机构为本次拍卖已经支出的合理费用，应当由被执行人负担。

（7）拍卖后的处理。拍卖成交的，买受人应当在指定的期限内将价款交付到人民法院或者汇入人民法院指定的账户。执行法院向买受人送达拍卖成交裁定书，交付标的物，需要办理登记手续的，执行法院可以向登记部门和有关单位发出协助执行通知书。

拍卖不成的，执行法院应先征询债权人是否愿意以该标的物抵债，债权人接受抵债的，人民法院作出以物抵债裁定；债权人拒绝以物抵债或者抵债价格低于本次流拍保留价，债务人不同意的，执行法院应当在 60 日内再行拍卖。对于第二次拍卖仍流拍的动产，人民法院可以将其作价交申请执行人或者其他执行债权人抵债。申请执行人或者其他执行债权人拒绝接受或者依法不能交付其抵债的，人民法院应当解除查封、扣押，并将该动产退还被执行人。

2. 变卖。变卖，是指人民法院对查封、扣押的财产交给有关单位出卖或者自行组织出卖，换取价款清偿被执行人债务的一种处分性执行措施。

适用变卖有四种情况：①被执行人的财产无法委托拍卖，如当地没有依法设立的拍卖机构等；②被执行人的财产不适于拍卖，如被执行人的财产为某些限制流通物品等；③申请人与被执行人双方及有关权利人同意不进行拍卖而进行变卖的；④金银及其制品、当地市场有公开交易价格的动产、易腐烂变质的物品、季节性商品、保管困难或者保管费用过高的物品，人民法院可以决定变卖。

执行法院自行组织变卖或者交付有关单位变卖应遵循下列程序：

（1）制作并送达裁定书。对已查封、扣押的被执行人的财产，决定自行变卖或交付变卖的，应制作变卖裁定书并送达被执行人。

（2）确定变卖价。当事人双方及有关权利人对变卖财产的价格有约定的，按照其约定价格变卖；无约定价格但有市价的，变卖价格不得低于市价；无市价但价值较大、价格不易确定的，应当委托评估机构进行评估，并按照评估价格进行变卖。按照评估价格变卖不成的，可以降低价格变卖，但最低的变卖价不得低于评估价的 1/2。

（3）变卖。交付变卖的，执行法院应与有关单位签订委托变卖合同，启封被执行人的财产，对照查封、扣押清单，逐件交付给信托商店、寄售商店等有关单位出卖。自行变卖的，执行法院可以直接将被执行人的财产出卖，出卖要公开，但执行法院和执行人员不得自行买受。

（4）变卖结果处理。变卖成交后，应收取价款，扣除执行费用和有关费用后清偿债权人，制作变卖成交裁定送达买受人，向买受人交付标的物，如有必要解除查封、扣押、冻结裁定的，应当解除查封、扣押、冻结。需要办理登记手续的，可以向有关机关发出协助执行通知书。

变卖的财产无人应买的，执行法院将该财产交申请执行人或者其他执行债权人抵债；申请执行人或者其他执行债权人拒绝接受或者依法不能交付其抵债的，人民法院应当解除查封、扣押，并将该财产退还被执行人。

（五）以物抵债

强制以物抵债，是指在执行过程中，被执行人的财产无法拍卖或变卖的，经申请执行人或其他债权人同意，执行法院将该项财产作价后交付申请执行人或其他债权人抵偿债务的执行措施。

1. 实施以物抵债措施应当具备的条件。

（1）被执行人确无金钱给付能力。强制以物抵债适用于金钱给付案件的执行，如果被执行人有现金或存款可供执行，应当直接执行其现金或存款。

（2）被执行人的财产无法拍卖或变卖。被执行人有财物可供执行，当其财物被查封、扣押后，应当先进行拍卖或变卖，换取价款清偿债务。只有在无法拍卖或变卖或者拍卖或变卖不成后，才可以强制以物抵债。

（3）申请执行人或其他债权人同意。强制以物抵债无须被执行人同意，但必须征得申请人或其他债权人同意。

2. 强制以物抵债应遵循的程序。

（1）征得申请执行人或其他债权人同意。被执行人的财产无法拍卖、变卖或者拍卖、变卖不成的，执行法院应就是否以物抵债征求申请人和其他债权人的意见，上述当事人不仅要对以物抵债的方式表示同意，而且要对抵债财物、抵债价款等具体问题用书面形式表示同意。

（2）作出以物抵债裁定。执行法院应当制作裁定书，并及时送达当事人。

（3）交付抵债物。执行法院应及时将抵债物交付给申请人或其他债权人。抵债物价值超出被执行人的债务的，对超出部分，接受抵债物的当事人应当支付现金补偿，由执行法院退回被执行人或清偿给其他债权人；抵债物价值不足以清偿债务的，应当继续执行不足部分。

（4）办理产权、证照过户手续。抵债物依法应当办理产权、证照过户手续的，执行法院应当出具协助执行通知书，以便办理过户手续。

（六）强制交付指定财物或票证

强制交付指定财物或票证，是指执行法院传唤双方当事人到庭或到指定场所，责令被执行人向申请执行人当面交清生效法律文书指定的特定的财物或票证，或者责令被执行人将法律文书指定的特定的财物或票证交给执行员，由执行员再交给申请执行人的一种执行措施。交付适用于标的物为特定的财物和票证的执行。被执行人的财产经拍卖、变卖或裁定以物抵债后，需从现占有人处交付给买受人或申请执行人的，也适用该执行措施。

对于财物或权证为被执行人持有的，人民法院可直接申请搜查令，到被执行人住所或办公室搜查，查获后制作搜查清单和笔录，让被执行人签字确认，查获的财物或权证转交申请人。

对当事人以外的个人持有该项财物或票证的，人民法院应通知其交出。经教育后仍不交出的，人民法院可依法进行搜查，并可按照《民事诉讼法》的规定予以罚款或拘留，还可以向监察机关或者有关单位建议，给予其纪律处分。当事人以外的个人持有法律文书指定交付的财物或者票证，因其过失被毁损或灭失的，人民法院可责令持有人赔偿；拒不赔偿的，人民法院可按被执行的财物或者票证的价值强制执行。

有关单位持有该项财物或票证的，人民法院应向其发出协助执行通知书，由有关单位转交。有关单位持有法律文书指定交付的财物或者票证，因其过失被毁损或灭失的，人民法院可责令持有人赔偿；拒不赔偿的，人民法院可按被申请执行财物的实际价值或者票据的实有价值裁定强制执行。

对于将财物或权证藏匿，经说服教育后仍拒不交出，或故意毁损该财物或权证的，可按被执行的财物或者票证的价值强制执行；如系具有纪念意义的财物或权证，可实施拘留等制裁措施。

(七) 强制迁出房屋或退出土地

强制迁出房屋，是人民法院根据生效法律文书确定的义务和权利人的申请，强制被执行人或居住人搬出非法占有、非法使用的房屋并交付申请执行人的一种执行措施。强制退出土地，是指人民法院根据生效法律文书确定的义务和权利人的申请，强制被执行人退还非法占用的土地并交付申请执行人使用和支配的一种执行措施。

(八) 强制被执行人加倍承担迟延履行债务利息和迟延履行金

《民事诉讼法》第 264 条规定："被执行人未按判决、裁定和其他法律文书指定的期间履行给付金钱义务的，应当加倍支付迟延履行期间的债务利息。被执行人未按判决、裁定和其他法律文书指定的期间履行其他义务的，应当支付迟延履行金。"

1. 加倍承担迟延履行债务利息。加倍承担迟延履行债务利息，是指被执行人未在法律文书指定的期限内履行金钱给付义务，对迟延履行期间的债务利息应当加倍支付给申请执行人的一种责任形式。该措施适用于给付金钱的民事案件。

迟延履行期间的债务利息，包括迟延履行期间的一般债务利息和加倍部分债务利息。迟延履行期间的一般债务利息，根据生效法律文书确定的方法计算；生效法律文书未确定给付该利息的，不予计算。加倍部分债务利息的计算方法为：加倍部分债务利息=债务人尚未清偿的生效法律文书确定的除一般债务利息之外的金钱债务×日万分之1.75×迟延履行期间。加倍部分债务利息自生效法律文书确定的履行期间届满之日起计算；生效法律文书确定分期履行的，自每次履行期间届满之日起计算；生效法律文书未确定履行期间的，自法律文书生效之日起计算。

2.迟延履行金。迟延履行金，是指被执行人未按法律文书指定的履行期间履行给付金钱以外的其他义务，而向申请执行人支付一定数额金钱的一种责任形式。承担迟延履行金的对象是给付金钱义务以外的其他义务。

迟延履行金的具体数额按照有关法律规定确定。没有规定的，可依当事人事先约定；无约定的，由执行法院视情况决定。如给申请执行人造成损失的，除支付迟延履行金外，还应当赔偿申请执行人的实际损失。

强制被执行人加倍承担迟延履行债务利息或迟延履行金，必须由申请人提出申请，人民法院经审查同意后，作出裁定并送达当事人。对迟延履行期间的债务利息或迟延履行金的强制执行措施与对金钱给付的执行措施相同。

（九）强制完成法律文书指定的行为

对于法律文书指定完成的行为，以该行为是否可替代完成而分别采用不同的执行方法。对可替代完成的行为，执行法院可以委托有关单位或个人完成，因此产生的费用由被执行人承担；拒绝承担的，可对其财产强制执行。对于不可替代的行为，执行法院可以采取支付迟延履行金等间接执行措施或者对其采取罚款、拘留等强制措施，迫使债务人履行义务，构成犯罪的，依法追究其刑事责任。

（十）失信惩戒

《民事诉讼法》第266条规定："被执行人不履行法律文书确定的义务的，人民法院可以对其采取或者通知有关单位协助采取限制出境，在征信系统记录、通过媒体公布不履行义务信息以及法律规定的其他措施。"

1.限制被执行人出境。被执行人不履行法律文书确定的义务的，人民法院可以对其采取或者通知有关单位协助采取限制出境措施。被执行人为单位的，可以对其法定代表人、主要负责人或者影响债务履行的直接责任人员限制出境。被执行人为无民事行为能力人或者限制民事行为能力人的，可以对其法定代理人限制出境。

在下列情形下，可以限制相关人员出境：①在境内有未了结的执行案件，出境可能影响执行进展的；②出境可能转移、隐匿财产或有关财产证据材料的；③出境可能造成无法查明有关情况且对案件执行影响重大的；④涉及国家、社会利益或社会稳定的。

限制出境的方式包括边控、法定不准出境人员通报备案和暂扣护照、港澳通行证、台胞证以及提请护照签发机关宣布护照作废等。①对持有护照、港澳通行证、台胞证的有关人员需要限制出境的，可采取边控措施。执行法院应收集限制出境人员的身份情况（包括身份证、护照、港澳通行证、台胞证等复印件或其证件号码）及近一年来的出入境记录；由执行人员作出限制出境决定后，报庭长审批后呈报院长签发裁定书；然后填写好边控对象通知书并加盖本院印章，制作报省高院商请省公安厅实施边控的报告；再将执行依据、限制出境裁定书、边控对象通知书、限制出境人员近一年来的出入境记录及给省高院的报告一并报省高院执行局，由省高院执行局统一向省公安厅办理边控手续；边控期限届满前需要延长边控期限的，应及时办理续控手续。对境外人员实施边控，除一般情况下需办理的手续外，还要在采取边控措施后的 36 小时内，将所涉案件及处理情况通知省高院外事办公室及同级人民政府外事办公室；②对于未持有但可能申领或不知是否持有出入境证件的被执行人、被执行人法定代表人或主要负责人、直接责任人员，可通过法定不准出境人员通报备案，查明其持有出入境证件的情况或限制其申领出入境证件。拟适用法定不准出境人员通报备案的，将报备通知书、报备人员基本情况、电子报备数据，附据以执行的生效法律文书等文件书面报所在县（市、区）公安机关；报备期限 1 年，最长不超过 5 年，报备期内案件执结的，应及时解除报备；③暂扣限制出入境证件的措施，只针对我国公民，对境外人员（含我国港、澳、台地区）一般不予扣留护照或港、澳、台通行证件。案件执结后应及时发还。

在限制出境期间，被执行人履行法律文书确定的全部债务的，执行法院应当及时解除限制出境措施；被执行人提供充分、有效的担保或者申请执行人同意的，可以解除限制出境措施。

2. 征信系统记录。被执行人不履行义务的，人民法院可以在征信系统记录其不履行义务的信息。《最高人民法院关于公布失信被执行人名单信息的若干规定》（以下简称《公布失信被执行人信息规定》）第 7 条第 1 款规定："各级人民法院应当将失信被执行人名单信息录入最高人民法院失信被执行人名单库，并通过该名单库统一向社会公布。"人民法院通过司法程序认定的被执行人失信信息是社会信用信息的重要组成部分。对失信被执行人进行信用监督、警示和惩戒，有利于促进被执行人自觉履行生效法律文书确定的义务，提高司法公信力，推进社会信用体系建设。2016 年中共中央办公厅、国务院办公厅公布了《中共中央办公厅、国务院办公厅关于加快推进失信被执行人信用监督、警示和惩戒机制建设的意见》，在意见中明确指出，对于失信被执行人将受到下列限制：①从事特定行业或项目限制，包括设立金融类公司限制、发行债券限制、合格投资者额度限制、股权激励限制、股票发行或挂牌转让限制、设立社会组织限制、参与政府投资项目或主要使用财政性资金项目限制；②政府支持或补贴限制，包括获取政府补贴限制、获得政策支持限制；③任职资格限制，包括担任国企高管限制，担任事业单位法定代表人限制，担任金融机构高管限制，担任社会组织负责人限制，招录（聘）为公务人员限制，入党或党员的特别限制，担任党代表、人大代表和政协委员限制，入伍服役限制；④准入资格限制，包括海关认证限制，从事药品、食品等行业限制，房地产、建筑企业资质限制；⑤荣誉和授信限制，包括授予文明城市、文明村镇、文明单位、文明家庭、道德模范、慈善类奖项限制，律师和律师事务所荣誉限制，授信限制；⑥特殊市场交易限制，包括从事不动产交易、国有资产交易限制，使用国有林地限制，使用草原限制，其他国有自然资源利用限制；⑦限制高消费及有关消费。

3. 公布失信被执行人名单。《民事诉讼法执行程序解释》第 26 条规定："依照民事诉讼法第二百五十五条的规定，执行法院可以依职权或者依申请执行人的申请，将被执行人不履行法律文书确定义务的信息，通过报纸、广播、电视、互联网等媒体公布。媒体公布的有关费用，由被执行人负担；申请执行人申请在媒体公布的，应当垫付有关费用。"为适应互联网时代信息公布的需要，2013 年 7 月 16 日最高人民法院公布的《公布失信被执行人信息规定》，进一步细化了对通过互联网公布失信被执行人名单信息的制度。

（1）公布失信被执行人名单信息的条件。被执行人未履行生效法律文书确定的义务，并具有下列情形之一的，人民法院应当将其纳入失信被执行人名单，依法对其进行信用惩戒：①有履行能力而拒不履行生效法律文书确定义务的；②以伪造证据、暴力、威胁等方法妨碍、抗拒执行的；③以虚假诉讼、虚假仲裁或者以隐匿、转移财产等方法规避执行的；④违反财产报告制度的；⑤违反限制消费令的；⑥无正当理由拒不履行执行和解协议的。具有下列情形之一的，人民法院不得将被执行人纳入失信被执行人名单：①提供了充分有效担保的；②已被采取查封、扣押、冻结等措施的财产足以清偿生效法律文书确定债务的；③被执行人履行顺序在后，对其依法不应强制执行的；④其他不属于有履行能力而拒不履行生效法律文书确定义务的情形。此外，被执行人为未成年人的，人民法院不得将其纳入失信被执行人名单。

（2）公布失信被执行人名单信息的启动。《公布失信被执行人信息规定》第 5 条规定："人民法院向被执行人发出的执行通知中，应当载明有关纳入失信被执行人名单的风险提示等内容。申请执行人认为被执行人具有本规定第一条规定情形之一的，可以向人民法院申请将其纳入失信被执行人名单。人民法院应当自收到申请之日起十五日内审查并作出决定。人民法院认为被执行人具有本规定第一条规定情形之一的，也可以依职权决定将其纳入失信被执行人名单。人民法院决定将被执行人纳入失信被执行人名单的，应当制作决定书，决定书应当写明纳入失信被执行人名单的理由，有纳入期限的，应当写明纳入期限。决定书由院长签发，自作出之日起生效。决定书应当按照民事诉讼法规定的法律文书送达方式送达当事人。"

（3）公布失信被执行人名单信息的内容。《公布失信被执行人信息规定》第6条规定："记载和公布的失信被执行人名单信息应当包括：（一）作为被执行人的法人或者其他组织的名称、统一社会信用代码（或组织机构代码）、法定代表人或者负责人姓名；（二）作为被执行人的自然人的姓名、性别、年龄、身份证号码；（三）生效法律文书确定的义务和被执行人的履行情况；（四）被执行人失信行为的具体情形；（五）执行依据的制作单位和文号、执行案号、立案时间、执行法院；（六）人民法院认为应当记载和公布的不涉及国家秘密、商业秘密、个人隐私的其他事项。"

（4）公布失信被执行人名单信息的载体。各级人民法院应当将失信被执行人名单信息录入最高人民法院失信被执行人名单库，并通过该名单库统一向社会公布。各级人民法院可以根据各地实际情况，将失信被执行人名单通过报纸、广播、电视、网络、人民法院公告栏等其他方式予以公布，并可以采取新闻发布会或者其他方式对本院及辖区人民法院实施失信被执行人名单制度的情况定期向社会公布。

（5）公布失信被执行人名单信息的信用惩戒。人民法院应当将失信被执行人名单信息，向政府相关部门、金融监管机构、金融机构、承担行政职能的事业单位及行业协会等通报，供相关单位依照法律、法规和有关规定，在政府采购、招标投标、行政审批、政府扶持、融资信贷、市场准入、资质认定等方面，对失信被执行人予以信用惩戒。人民法院应当将失信被执行人名单信息向征信机构通报，并由征信机构在其征信系统中记录。国家工作人员、人大代表、政协委员等被纳入失信被执行人名单的，人民法院应当将失信情况通报其所在单位和相关部门。国家机关、事业单位、国有企业等被纳入失信被执行人名单的，人民法院应当将失信情况通报其上级单位、主管部门或者履行出资人职责的机构。

（6）失信被执行人名单信息的删除和异议权。不应纳入失信被执行人名单的公民、法人或其他组织被纳入失信被执行人名单的，人民法院应当在3个工作日内撤销失信信息。记载和公布的失信信息不准确的，人民法院应当在3个工作日内更正失信信息。具有下列情形之一的，人民法院应当在 3 个工作日内删除失信信息：①被执行人已履行生效法律文书确定的义务或人民法院已执行完毕的；②当事人达成执行和解协议且已履行完毕的；③申请执行人书面申请删除失信信息，人民法院审查同意的；④终结本次执行程序后，通过网络执行查控系统查询被执行人财产两次以上，未发现有可供执行财产，且申请执行人或者其他人未提供有效财产线索的；⑤因审判监督或破产程序，人民法院依法裁定对失信被执行人中止执行的；⑥人民法院依法裁定不予执行的；⑦人民法院依法裁定终结执行的。有纳入期限的，不适用前款规定。纳入期限届满后 3 个工作日内，人民法院应当删除失信信息。

被纳入失信被执行人名单的公民、法人或其他组织认为有下列情形之一的，可以向执行法院申请纠正：①不应将其纳入失信被执行人名单的；②记载和公布的失信信息不准确的；③失信信息应予删除的。公民、法人或其他组织对被纳入失信被执行人名单申请纠正的，执行法院应当自收到书面纠正申请之日起 15 日内审查，理由成立的，应当在 3 个工作日内纠正；理由不成立的，决定驳回。公民、法人或其他组织对驳回决定不服的，可以自决定书送达之日起 10 日内向上一级人民法院申请复议。上一级人民法院应当自收到复议申请之日起 15 日内作出决定。复议期间，不停止原决定的执行。

4. 限制高消费。为进一步加大执行力度，推动社会信用机制建设，最大限度地保护申请执行人和被执行人的合法权益，最高人民法院在 2010 年 5 月 17 日通过（2015 年 7 月 6 日修正通过）《最高人民法院关于限制被执行人高消费及有关消费的若干规定》（以下简称《限制高消费规定》）。

（1）限制高消费的对象。被执行人未按执行通知书指定的期间履行生效法律文书确定的给付义务的，人民法院可以采取限制消费措施，限制其高消费及非生活或者经营必需的有关消费。纳入失信被执行人名单的被执行人，人民法院应当对其采取限制消费措施。人民法院决定采取限制消费措施时，应当考虑被执行人是否有消极履行、规避执行或者抗拒执行的行为以及被执行人的履行能力等因素。

（2）限制高消费的内容。被执行人为自然人的，被采取限制消费措施后，不得有以下高消费及非生活和工作必需的消费行为：①乘坐交通工具时，选择飞机、列车软卧、轮船二等以上舱位；②在星级以上宾馆、酒店、夜总会、高尔夫球场等场所进行高消费；③购买不动产或者新建、扩建、高档装修房屋；④租赁高档写字楼、宾馆、公寓等场所办公；⑤购买非经营必需车辆；⑥旅游、度假；⑦子女就读高收费私立学校；⑧支付高额保费购买保险理财产品；⑨乘坐 G 字头动车组列车全部座位、其他动车组列车一等以上座位等其他非生活和工作必需的消费行为。被执行人为单位的，禁止债务人及其法定代表人、主要负责人、影响债务履行的直接责任人员、实际控制人实施前述有关限制自然人所规定的行为。因私消费以个人财产实施前述规定行为的，可以向执行法院提出申请。执行法院审查属实的，应予准许。

（3）限制高消费的实施。限制消费措施一般由申请执行人提出书面申请，经人民法院审查决定；必要时人民法院可以依职权决定。人民法院决定采取限制消费措施的，应当向被执行人发出限制消费令。限制消费令由人民法院院长签发。限制消费令应当载明限制消费的期间、项目、法律后果等内容。人民法院决定采取限制消费措施的，可以根据案件需要和被执行人的情况向有义务协助调查、执行的单位送达协助执行通知书，也可以在相关媒体上进行公告。限制消费令的公告费用由被执行人负担；申请执行人申请在媒体公告的，应当垫付公告费用。

（4）限制高消费的解除。被限制消费的被执行人因生活或者经营必需而进行禁止的消费活动的，应当向人民法院提出申请，获批准后方可进行。在限制消费期间，被执行人提供确实有效的担保或者经申请执行人同意的，人民法院可以解除限制消费令；被执行人履行完毕生效法律文书确定的义务的，人民法院应当在《限制高消费规定》第6条通知或者公告的范围内及时以通知或者公告解除限制消费令。

（5）违反限制高消费的后果。被执行人违反限制消费令进行消费的行为属于拒不履行人民法院已经发生法律效力的判决、裁定的行为，经查证属实的，依照《民事诉讼法》的规定，予以拘留、罚款；情节严重，构成犯罪的，追究其刑事责任。有关单位在收到人民法院协助执行通知书后，仍允许被执行人进行高消费及非生活或者经营必需的有关消费的，人民法院可以依照《民事诉讼法》相关规定，追究其法律责任。

（6）限制高消费的监督。人民法院应当设置举报电话或者邮箱，接受申请执行人和社会公众对被限制消费的被执行人违反相关规定的举报，并进行审查认定。

本章小结

民事执行是国家机关以生效法律文书为依据，运用国家强制力，强制债务人履行义务，以实现债权人权利的活动。为保障民事执行的顺利进行，法律对民事执行程序作了详尽和严密的规定。本章介绍的就是民事执行程序中的一系列基本理论：包括民事执行主体，民事执行依据，民事执行标的，民事执行程序，财产的调查方法，民事执行措施的种类、适用对象与适用方式，失信惩戒，等等。

问题思考

1. 执行机构人员应如何配备？执行机构的职责是什么？
2. 对变更、追加执行当事人的裁定不服，有哪些救济方式？
3. 如何构建科学合理的失信惩戒体系？

二维码

第三章 二维码阅读

第四章　民事执行基本理论（下）

【本章引例】[1]

人民法院在申请执行人高某某提起的申请执行案件中，查封了被执行人张某某与其妻张某的夫妻共同财产。现张某提起案外人执行异议之诉，认为人民法院对夫妻共有财产进行查封无法律依据，并对其造成了实质损害。

本案的核心问题是：张某的主张是否足以排除强制执行。①根据 2008 年调整的《最高人民法院关于人民法院民事执行中查封、扣押、冻结财产的规定》（以下简称《查封扣押冻结规定》）第 14 条第 1 款的规定，对被执行人与其他人共有的财产，人民法院可以查封、扣押、冻结，并及时通知共有人。本案中，张某某作为生效判决的被执行人，人民法院查封张某某与张某的夫妻共同财产，符合相关规定，并无不当。②张某认为申请执行人高某某应该积极提起析产诉讼，现高某某未提起析产诉讼，违反法律规定。根据 2008 年《查封扣押冻结规定》第 14 条第 3 款的规定，共有人提起析产诉讼或者申请执行人代位提起析产诉讼的，人民法院应当准许。诉讼期间中止对该财产的执行。该条赋予共有人提起析产诉讼或者申请执行人代位提起析产诉讼的权利，而非提起析产诉讼的法定义务，故该主张缺乏法律依据。③张某认为法律未明确规定对提起析产后以及协商不成又无人提起析产诉讼时是否能够继续查封，现人民法院查封其夫妻共同财产违反法律规定。2008 年《查封扣押冻结规定》第 14 条第 1 款规定的是执行法院可以对被执行人与其他人共有的财产进行查封、扣押、冻结，第 2 款和第 3 款分别规定了在各方当事人协商一致分割共有财产以及提起析产诉讼情况下的执行方式，在不存在第 2 款和第 3 款规定的情形时，应适用第 1 款的规定。同时人民法院认定"在对张某某、张某夫妻共有财产进行拍卖时，应在夫妻共有财产范围内对张某某所享有财产份额进行处分，不得损害张某的财产份额"，可见判决已经对张某的财产权益给予了适当保护，故张某关于涉案的执行行为对其造成实质性损害理由不能成立。

---

[1]　案号：（2016）内民终 154 号。

第一节 民事执行竞合

一、民事执行竞合的涵义及构成要件

（一）民事执行竞合的涵义

民事执行竞合，是指在民事执行过程中，两个或两个以上的债权人根据数个执行依据，同时或先后对同一债务人的特定财产申请人民法院强制执行，而各债权人的权利难以同时获得完全满足，导致各债权人的请求之间既相互重合又彼此排斥的一种竞争状态。民事执行竞合的显著特点是被执行人特定财产的有限性导致多种给付请求之间既相互排斥又相互重合。其相互重合体现为各种给付请求都是针对债务人的同一特定财产提出的，相互排斥则是因为债权人的给付请求是相互对立、互不相容的，一部分债权人请求的部分或全部满足必然导致另一部分债权人部分或全部权利难以实现。

（二）民事执行竞合的构成要件

要构成民事执行竞合，必须满足以下条件：

1. 必须有两个或两个以上的债权人。如果债权人是单一执行权利主体，使债权人持有多个执行依据并且针对的是债务人的同一财产，且该财产不足以清偿全部债务，但由于利益主体同一，无论哪个执行依据得到实现，都不会违背债权人的意愿发生执行请求权相互排斥的状态，也就不会发生民事执行竞合。

2. 存在两个或两个以上的执行依据。只有多个执行依据确定的不同给付之间才可能存在相互排斥的现象。债务人依同一执行依据应为两种以上的给付或对数个债权人给付，是基于同一个不可分割的请求权而产生的义务，虽然其财产可能无法满足该执行依据的全部义务内容，但这涉及的只是债务人的履行能力问题，而不是执行请求权之间的相互排斥。

3. 执行标的是债务人的同一财产，且该财产价值不足以清偿全部债务，债务人又无其他财产可供执行。只有当债权人针对债务人的同一财产提出数个执行请求，即执行标的是债务人的同一财产时，才可能发生因财产有限无法满足全部给付请求导致的民事执行竞合。这里的执行标的既包括根据执行依据直接确定的执行标的，也包括经转化而成的执行标的。比如，执行依据原确定的执行标的是某一行为的履行，但被执行人拒不履行的，执行法院可以委托其他人代为履行，并强制被执行人支付相应的金钱给代履行人，此时，执行标的就从行为的履行转化成一种金钱的执行。当另一金钱债权与该转化的金钱债权同时或先后进入执行程序时，被执行人的金钱或可以变现为金钱的财物就成为了两个金钱债权竞合指向

的同一执行标的。反之，如果执行标的是债务人的不同财产，或者分别为行为和财产，或者均为行为，则不会发生民事执行竞合。

4. 同时或先后提出给付请求。只有当两个或两个以上的执行请求同时或先后提出，即两个或两个以上的给付具有时间上的关联时，才可能发生民事执行竞合。如果一个给付已经完成，另一个给付请求才提出，不会构成民事执行竞合。

二、民事执行竞合的类型

根据执行依据的种类及债权人请求的内容等构成要件，理论界将强制民事执行竞合划分为三种类型：终局执行之间的竞合、保全执行之间的竞合和保全执行与终局执行的竞合。

（一）终局执行之间的竞合

终局执行是指以终局裁决或其他终局处理的法律文书为依据，为了最终实现债权人的债权而实施的执行。终局裁决或其他终局处理的法律文书主要有：具有给付内容的判决书、调解书、仲裁裁决书，具有执行力的公证债权文书，经司法确认的调解协议，实现担保物权的裁定书等。对已开始实施终局执行的特定财产，其他债权人根据不同的终局执行依据对其申请强制执行，就形成终局执行与终局执行之间的竞合。根据执行依据的具体内容不同，我们还可以将终局执行之间的竞合细分为金钱债权终局执行之间的竞合、金钱债权与非金钱债权终局执行的竞合以及非金钱债权终局执行之间的竞合。

对于解决金钱债权之间的执行竞合，世界上各国法律一般都作出了比较明确而具体的规定。归纳起来主要有三种方法：①先行执行优先原则（优先清偿主义），也就是先采取执行措施的债权人都有优先于后采取执行措施的债权人受偿的权利，比如《德国民事诉讼法典》规定："扣押后，债权人在扣押物上取得质权，扣押在先所生质权优先于扣押在后所生的质权。"②执行平等原则（平等清偿主义），即因金钱债权请求发生执行竞合时，无论申请执行的先后，也无论债务人的财产是否足以清偿全部债务，债权人都有平等受偿的权利，后申请执行的视为参与分配申请。法国、意大利、我国台湾地区都实行这种办法。③限制优先原则（团体优先主义），即多个债权人对同一债务人享有金钱债权，申请执行的债权人与在一定期限内请求参与分配的债权人，成为一个优先受偿的团体，可以依债权额的比例平等受偿，此期限后申请参与分配的债权人只能就分配剩余额受偿。瑞士、日本实行此种原则解决金钱债权的执行竞合。我国现行立法对于金钱债权的竞合采取了法人和公民、其他组织区别处理的方式。企业法人资不抵债时走破产程序。公民和其他组织作为债务人，发生金钱债权之间的竞合时，债权人按照执行法院采取执行措施的先后顺序受偿，但债务人的财产不足以清偿全部债务的，他债权人可以请求参与分配。由此可见，我国法律对于金钱债权的执行竞合既不是实行完全的先行优先，也非无条件的执行平等原则。

关于金钱债权与非金钱债权终局执行的竞合，是指以金钱给付为内容的债权与交付物为内容的债权之间的终局执行竞合。对该种类型的执行竞合，各国法律一般都没有作出明确的规定。学理上主要有三种观点：一种认为应依申请执行的先后顺序依次受偿；另一种认为应根据权利的性质决定执行的先后，如果非金钱债权是基于物权发生的，该非金钱债权应优先执行；还有一种观点是原则上依申请执行的先后顺序受偿，但如果申请在后的债权是基于物权而生的非金钱债权，则应优先于申请在先的金钱债权执行。我国法律对于基于所有权和担保物权的债权与金钱债权的竞合进行了规定，前者具有优先权，对于基于合同产生的交付物之债权与金钱债权的竞合未明确解决办法。

非金钱债权之间的终局执行竞合，是指对同一债务人的同一财产，多个债权人分别依据非金钱债权终局执行依据请求执行而产生的竞合。比如乙基于所有权请求甲返还其占有的一幅名画，而丙基于买卖合同关系成立的债权请求交付该画，如果乙和丙的执行依据均是终局性的判决书，则构成非金钱债权间的终局执行竞合。对于非金钱债权之间的终局执行竞合解决办法，学理上主要有两种意见：一种认为应依申请执行的先后执行；另一种认为应根据权利的不同性质决定执行的先后，基于物权的债权优先于普通债权执行。[1] 根据我国现行法律规定，基于所有权和担保物权的债权较基于合同的交付物之债权具有优先性，但在都是基于合同产生的交付特定物债权之间发生执行竞合时该如何处理还有待明确。

（二）保全执行之间的竞合

保全执行是强制执行的一种，是指在取得终局的、确定的法律文书以前，为保证人民法院将来作出的生效判决能得到顺利执行，依据经过保全裁判程序作出的法律文书对债务人的财产采取查封、扣押、冻结等执行措施以维持财产现状，限制债务人处分其财产的法律行为。保全执行之间的竞合是指，针对债务人的同一财产，有多个保全裁定，而在强制执行时发生的互相排斥现象。例如，甲依据保全裁定请求人民法院对乙的财产进行查封之后，丙以另一保全裁定为依据，也请求人民法院对乙的同一财产进行查封，这时，甲的保全执行与乙的保全执行之间就产生了竞合。关于保全执行之间的竞合，我国有学者认为，财产保全执行所采取的措施都是临时性、控制性的，不能实施其他处分性措施，如变卖、拍卖、分配等。既然不能将财产在保全期间最终处分，也就不发生两个以上保全裁定执行排斥的问题。但如果其中某一保全的权利人在本案中获胜诉判决并申请执行，

---

〔1〕 谭秋桂：《民事执行原理研究》，中国法制出版社 2001 年版，第 334~336 页。

就产生该判决的执行与已有的保全执行的矛盾，这时，保全执行之间的竞合转化为保全执行与终局执行的竞合。[1] 也有的学者认为，由于我国《民事诉讼法》明确禁止重复查封、冻结，故在实践上排除了发生保全执行之间竞合的可能。[2]

（三）保全执行与终局执行的竞合

保全执行与终局执行的竞合是指，在债权人请求实施的保全执行过程中，其他债权人依据终局执行依据针对债务人的同一特定财产请求实施强制执行，或者在债权人请求实施的终局执行过程中，其他债权人依据保全裁定请求对债务人的同一特定财产实施保全执行所产生的执行竞合现象。

关于保全执行与终局执行竞合的解决办法，理论界主要有三种不同的学说，即终局执行优越说、保全执行优越说和折衷说。终局执行优越说认为终局执行的效力高于保全执行的效力，理由是保全执行的效力仅限于使债务人不得任意处分自己所占有的财产，而不能禁止其他债权人请求终局执行，保全权利人不能取得比终局执行债权人更优越的地位；保全执行依据只需债权人以简单的释明方法即可取得，而终局执行依据需要债权人以复杂的证明方法取得，后者比前者更难取得，难于取得的执行依据应当比容易取得的执行依据更应受到保护，所以终局执行应优先于保全执行。保全执行优越说则认为保全执行的目的在于禁止债务人对特定财产进行处分，以保全债权人的权利将来能够得到实现，保全执行禁止处分的效力应具有不特定的排他性，包括对终局执行的排除，否则保全执行的价值和功能就将丧失。折衷说的观点是保全执行和终局执行的效力无高低之分，二者竞合时，应待保全执行债权人获得终局裁判后，由保全执行债权人和终局执行债权人按比例受偿，理由是既然法律承认保全执行制度存在的价值，那么民事执行机关就应尊重保全执行的效力。[3]

三、我国民事执行竞合的解决原则

关于民事执行竞合的解决办法，我国《民事诉讼法》《执行工作规定（试行）》《民事诉讼法解释》等确立了物权优先原则、先行执行优先原则和平等分配原则。

（一）物权优先原则

物权是权利人在法律规定的范围内按照自己的意志支配自有物或者依照授权支配他人的物，而直接享受物之效益的排他性财产权利。物权的支配力决定了物权具有比标的物上的一般债权优先行使的效力，即物权具有优先力。所以，基于

---

〔1〕 常怡主编：《强制执行的理论与实务》，重庆出版社 1990 年版，第 35 页。

〔2〕 王娣：《论强制执行竞合及其解决》，载《北京科技大学学报（社会科学版）》2005 年第 1 期。

〔3〕 刘璐：《民事执行重大疑难问题研究》，人民法院出版社 2010 年版，第 422~424 页。

物权的债权应优先于一般债权受偿。

《执行工作规定（试行）》第 55 条第 2 款规定：“多个债权人的债权种类不同的，基于所有权和担保物权而享有的债权，优先于金钱债权受偿。有多个担保物权的，按照各担保物权成立的先后顺序清偿。”《民事诉讼法解释》第 506 条第 2 款也明确：“对人民法院查封、扣押、冻结的财产有优先权、担保物权的债权人，可以直接申请参与分配，主张优先受偿权。”上述规定是我国解决民事执行竞合的物权优先原则的法律依据。根据上述规定，在执行程序中，当基于所有权的债权或者有担保物权的债权与普通金钱债权发生民事执行竞合时，基于所有权或有担保物权的债权应优先于普通金钱债权执行；当同一执行标的上有数个担保物权时，应根据各个物权效力的强弱决定执行的先后顺序，如果有多个同类担保物权，则按照担保物权成立的先后顺序确定执行的顺序。

（二）先行执行优先原则

我国《民事诉讼法》第 106 条第 2 款规定：“财产已被查封、冻结的，不得重复查封、冻结。”《执行工作规定（试行）》第 55 条第 1 款规定：“多份生效法律文书确定金钱给付内容的多个债权人分别对同一被执行人申请执行，各债权人对执行标的物均无担保物权的，按照执行法院采取执行措施的先后顺序受偿。”此处体现的就是先行执行优先原则，即在金钱债权的执行竞合中，当债务人有完全清偿能力时，各债权人按照采取执行措施的先后顺序受偿。在我国，实行先行执行优先不是绝对的，而是有条件的，只有当债务人的财产足以清偿债权人的所有债权时，才能实行。否则就依据参与分配或破产程序按照平等原则按比例清偿。

另外，根据《执行工作规定（试行）》第 56 条的规定，对参与被执行人财产的具体分配，应当由首先查封、扣押或冻结的人民法院主持进行。首先查封、扣押、冻结的人民法院所采取的执行措施如系为执行财产保全裁定，具体分配应当在该院案件审理终结后进行。在终局执行与保全执行发生竞合时，我国法律并没有赋予终局执行优先的效力，而是明确先行采取执行措施的保全执行优先。这里我们需要注意的是，我国法律对于先采取控制性执行措施的终局执行与保全执行发生竞合时，该如何处理并没有明确。

（三）平等分配原则

平等分配原则是指当债务人是公民或其他组织，其财产不能清偿全部金钱债务时，先请求执行的普通债权人不能享有优先权，而应与已进入执行程序的其他债权人按比例平等受偿。

《执行工作规定（试行）》第 55 条第 3 款规定：“一份生效法律文书确定金钱给付内容的多个债权人对同一被执行人申请执行，执行的财产不足清偿全部债务的，各债权人对执行标的物均无担保物权的，按照各债权比例受偿。"

从上述规定我们可以看出，目前我国法律仅对基于所有权和担保物权而享有的债权与金钱债权的竞合以及金钱债权之间的竞合、部分终局执行与保全执行的竞合类型提供了解决之道，关于合同的特定物交付之债与普通金钱债权的竞合、先采取控制性执行措施的终局执行与保全执行的竞合以及保全执行之间的竞合等问题如何处理尚待立法明确。

四、参与分配制度

平等分配原则的具体制度就是参与分配。所谓参与分配是指因债务人的财产不足以清偿全部债务，申请执行人以外的其他债权人以生效的执行依据申请加入已开始的执行程序，要求从执行标的物变价中公平受偿的制度。

（一）参与分配的条件

债权人请求参与分配应符合以下条件：

1. 债务人是公民或其他组织。只有当债务人是公民或其他组织时，其他债权人才能请求参与分配。对未经清理或清算而撤销、注销或歇业的企业法人可以参照适用参与分配。对其他企业法人不适用参与分配，如果企业法人不能清偿全部债务，债权人应申请其破产，通过破产程序受偿。

2. 债务人没有其他财产可供执行或者其他财产不足以清偿全部债务。如果债务人还有其他财产可供执行且足以清偿全部债务，债权人之间的债权应依优先原则受偿，即采取执行措施在先的债权人的债权优先受偿。"债务人没有其他财产可供执行"是指，除了已被采取民事执行措施的财产之外，债务人已没有其他财产或者未发现债务人的其他财产。"其他财产不足以清偿全部债务"是指，除了已被采取执行措施的财产之外，债务人还有其他财产，但是其他财产不足以清偿其他债权人的全部债权。

3. 须有多个债权人对同一债务人的财产申请执行。一个债权人依据多份生效法律文书申请执行同一债务人的财产不会发生执行竞合，只有存在多个债权人针对同一债务人的财产请求受偿才能适用参与分配。

4. 债权人必须已取得执行依据或者是对执行的财产享有优先权或担保物权。执行依据是申请执行的唯一依据，只有已取得执行依据的其他债权人或者根据法律规定对执行财产有优先权或担保物权的债权人才能请求参与分配，其他债权人尚未取得执行依据，就不能参与分配。

5. 申请参与分配的债权必须都是金钱债权。实行参与分配的各债权，即已经开始执行程序的债权人的债权和请求参与分配的债权，必须都是金钱债权或者转化的金钱债权。

6. 其他债权人应在执行程序开始后，被执行人的财产执行终结前提出参与分配申请。如果执行机关尚未执行，其他债权人可以请求发动执行程序，而不是请求参与分配。对于已被清偿的财产也不能请求参与分配，被清偿的认定一般以执行所得金额分配完毕为准。

7. 请求必须采取书面形式。其他债权人请求参与分配，必须采取书面的形式，写明参与分配的理由，并提出有关的证据材料。

（二）参与分配的程序

其他债权人申请参与分配，应当向其原申请执行法院提交参与分配申请书，写明参与分配的理由，并附有执行依据。该执行法院应将参与分配申请书转交给主持分配的人民法院，并说明执行情况。主持分配的人民法院是首先采取查封、扣押、冻结的人民法院。主持分配的人民法院在分配财产前，应当先通知被执行财产的优先权人和担保物权人优先受偿，对剩余的财产在已申请参与分配的债权人之间制作财产分配方案，并送达各债权人和被执行人。债权人或者被执行人对分配方案无异议的，执行分配法院即根据参与分配表支付金额；如有异议的，应当自收到分配方案之日起 15 日内向执行法院提出书面异议，执行法院应当通知未提出异议的债权人或被执行人。未提出异议的债权人、被执行人自收到通知之日起 15 日内未提出反对意见的，执行法院依异议人的意见对分配方案审查修正后进行分配；提出反对意见的，应当通知异议人。异议人可以自收到通知之日起 15 日内，以提出反对意见的债权人、被执行人为被告，向执行法院提起诉讼；异议人逾期未提起诉讼的，执行法院依原分配方案进行分配。诉讼期间可以对无争议部分财产进行分配，与争议债权数额相应的款项予以提存。

第二节　民事执行异议

一、执行异议的涵义及分类

执行异议，是指执行当事人或利害关系人认为人民法院的执行行为违反了法律规定或者案外人对执行标的主张权属或其他足以排除执行的实体权利，从而向执行法院提出的要求变更或撤销执行行为的意思表示。执行异议是当事人、利害关系人或者案外人认为人民法院的强制执行侵害了其程序上或实体上的合法权益，从而提出保护或补救的一种执行救济手段。[1]

---

〔1〕 刘璐：《民事执行重大疑难问题研究》，人民法院出版社 2010 年版，第 387 页。

我国《民事诉讼法》第236条和第238条分别对针对执行行为和针对执行标的的异议内容、程序以及救济进行了规定，《最高人民法院关于人民法院办理执行异议和复议案件若干问题的规定》（以下简称《执行异议和复议若干问题的规定》）、《民事诉讼法解释》、《执行工作规定（试行）》等司法解释对执行异议的提出、审查、处理程序和结果进一步予以了细化和明确，为有关民事执行异议之法律依据。

二、执行行为异议

（一）执行行为异议的条件

执行行为异议，是指执行当事人或利害关系人认为执行行为违反法律的有关规定或存在不当，依法请求执行法院变更或撤销执行行为的主张。提起执行行为异议应当符合下列条件：

1. 主体是当事人或利害关系人。当事人一般指申请执行人、被执行人，也可以包括申请执行人及被执行人的权利、义务承受人。利害关系人指的是当事人以外的、其合法权益受到人民法院违法执行行为侵害的其他公民、法人和其他组织。这里的"合法权益"应是指程序性权益和不能排除执行的实体权益，如果是主张能够排除执行的实体权益，则其身份是案外人。《执行异议和复议若干问题的规定》第5条对常见的四种利害关系人进行了列举：一是轮候查封的他案债权人；二是拍卖程序的竞买人；三是优先购买权人；四是协助执行义务人。

2. 异议的事由是执行行为违反法律规定。如强制执行时未遵守法定程序、执行时应发而未发相应法律文书或错发法律文书、执行方法或手段不当或其他侵害当事人、利害关系人合法权益的行为。

3. 异议的时间必须是在执行程序过程中，即执行开始后执行程序终结前，但对终结执行措施提出异议的除外。执行异议旨在排除非法执行行为对执行异议人合法权益的侵害，倘若执行尚未开始，不可能存在执行行为侵害异议人的合法权益问题，倘若执行程序已经结束，执行异议的排除对象已经不存在，失去了异议之必要，可以通过其他相关法律途径来解决。

（二）处理执行行为异议的程序

1. 异议的提起。当事人或利害关系人对执行行为有异议的，应当向负责执行的人民法院提交符合异议条件的申请书、身份证明和相关证据材料。符合立案条件的，人民法院应当在3日内立案，并在立案后3日内通知异议人和相关当事人。不符合受理条件的，裁定不予受理；立案后发现不符合受理条件的，裁定驳回申请。异议人对不予受理或者驳回申请裁定不服的，可以自裁定送达之日起10日内向上一级人民法院申请复议。

2. 异议的审查。当事人、利害关系人提出书面异议的，人民法院应当自收到书面异议之日起 15 日内依法组成合议庭进行审查。指令重新审查的执行异议案件，应当另行组成合议庭，办理执行实施案件的人员不得参与相关执行异议案件的审查。人民法院对执行异议案件实行书面审查，案情复杂、争议较大的，应当进行听证。

3. 异议的处理结果。人民法院对执行行为异议，经依法审查后，应当按照下列情形分别处理：①异议不成立的，裁定驳回；②异议成立的，裁定撤销相关执行行为；③异议部分成立的，裁定变更相关执行行为；④异议成立或者部分成立，但执行行为无撤销、变更内容的，裁定异议成立或者相应部分异议成立。异议的裁定应当送达异议人及其他相关当事人。

4. 对异议裁定不服的救济。当事人、利害关系人对裁定不服的，可以自裁定送达之日起 10 日内向上一级人民法院申请复议。上一级人民法院应当自收到复议申请之日起 30 日内审查完毕，并作出裁定。有特殊情况需要延长的，经本院院长批准，可以延长，延长的期限不得超过 30 日。

执行异议审查和复议期间，不停止执行。被执行人、利害关系人提供充分、有效的担保请求停止相应处分措施的，人民法院可以准许；申请执行人提供充分、有效的担保请求继续执行的，应当继续执行。

三、案外人异议

（一）案外人异议的条件

案外人异议，是指案外人对执行标的主张所有权或者其他足以阻止执行标的转让、交付的实体权利，从而依法请求执行法院变更或撤销执行行为的请求。案外人之所以提出实体异议，目的在于排除执行法院对执行标的的执行，维护异议人的实体权利。针对的是执行标的，这是与执行行为异议的重要区别所在。案外人提出异议必须符合以下条件：

1. 提出实体异议之案外人，一般是指执行当事人以外，对执行标的享有所有权或其他足以阻止执行标的的让与的实体权利之权利人。如案外人以及对执行标的有管理权、处分权的财产管理人、遗嘱执行人、遗产管理人等。

2. 异议的事由是案外人对执行标的主张有足以阻止标的的让与的实体权利。这些实体权利主要包括所有权、用益物权、担保物权以及其他足以阻止标的的物让与的债权。通常情况下，债权不属于足以阻止标的的让与的权利，例如，案外人基于买卖、租赁、赠与等关系请求债务人交付房屋的，不能排除对该房屋的强制执行。但是在有些例外情况下，如果法律有特殊保护规定并且当事人完成了其要求的要件，则属于足以阻止执行标的的让与的实体权利，例如，案外人已经办理房屋买卖合同预告登记的房屋债权可以排除强制执行。

案外人对执行标的享有实体权利是实体异议的前提条件，但并非只要具有对执行标的的实体权利，实体异议就会成立，关键还在于该种实体权利是否足以阻止执行标的的让与。例如，案外人将自己所有的房屋市价卖给被执行人，被执行人已支付全款并占有该房屋，但尚未办理产权转移登记手续，案外人则不能以所有权为由提起实体异议。

3. 提起异议的时间应在执行开始后，异议指向的执行标的的执行终结之前提出；执行标的由当事人受让的，应当在执行程序终结之前提出。

4. 异议的形式为书面形式，并附相应的证据。案外人提起异议，应当提交申请书，申请书应载明具体的异议请求、事实和理由，提供身份证明和必要的证据，以便执行机构对异议的理由进行审查，对异议请求成立与否及时作出判断。

（二）案外人异议的程序

案外人异议的提起和审查程序与程序异议的程序基本相同。关于案外人异议审查后的处理，根据《民事诉讼法》《民事诉讼法解释》以及《民事诉讼法执行程序解释》的规定，对案外人异议经审查后，案外人对执行标的的不享有足以排除强制执行的权益的，应裁定驳回；案外人对执行标的的享有足以排除强制执行的权益的，应裁定中止执行。案外人、当事人对裁定不服，且认为执行标的的系原判决、裁定错误裁判的，可以依照审判监督程序办理或者提起第三人撤销之诉；倘若执行标的的与原判决、裁定无关的，可以自裁定送达之日起 15 日内向执行法院提起执行异议之诉。

在案外人异议审查期间，以及驳回案外人异议裁定送达案外人之日起 15 日内，人民法院不得对执行标的的进行处分。人民法院对执行标的的裁定中止执行后，申请执行人在法律规定的期间内未提起执行异议之诉的，应当自起诉期限届满之日起 7 日内解除对该执行标的的采取的执行措施。案外人执行异议之诉审理期间，人民法院不得对执行标的的进行处分。申请执行人请求人民法院继续执行并提供相应担保的，人民法院可以准许。

第三节 民事执行中的检察监督

《民事诉讼法》第 14 条规定："人民检察院有权对民事诉讼实行法律监督。"第 246 条规定："人民检察院有权对民事执行活动实行法律监督。"这明确了检察机关进行民事执行检察监督的法律依据。

一、民事执行监督范围

根据最高人民法院、最高人民检察院公布的《关于民事执行活动法律监督若干问题的规定》（以下简称《民事执行监督规定》），人民检察院对人民法院执行生效民事判决、裁定、调解书、支付令、仲裁裁决以及公证债权文书等法律文书的活动实施法律监督。如人民法院收到执行案款后超过规定期限未将案款支付给申请执行人的，有正当理由的除外；当事人、利害关系人依据《民事诉讼法》第 236 条之规定向人民法院提出书面异议或者复议申请，人民法院在收到书面异议、复议申请后，无正当理由未在法定期限内作出裁定的；人民法院自立案之日起超过 2 年未采取适当执行措施，且无正当理由的；被执行人提供了足以保障执行的款物，并经申请执行人认可后，人民法院无正当理由仍然执行被执行人其他财产，严重损害当事人合法权益的，当事人、利害关系人可以向人民检察院提出申请，对民事执行活动实施法律监督。

具有下列情形之一的民事执行案件，人民检察院应当依职权进行监督：①损害国家利益或者社会公共利益的；②执行人员在执行该案时有贪污受贿、徇私舞弊、枉法执行等违法行为，司法机关已经立案的；③造成重大社会影响的；④需要跟进监督的。

二、民事执行监督程序

（一）监督管辖

对民事执行活动的监督案件，由执行法院所在地同级人民检察院管辖。

上级人民检察院认为确有必要的，可以办理下级人民检察院管辖的民事执行监督案件。下级人民检察院对有管辖权的民事执行监督案件，认为需要上级人民检察院办理的，可以报请上级人民检察院办理。

（二）申请和审查

当事人、利害关系人、案外人认为人民法院的民事执行活动存在违法情形，向人民检察院申请监督，应当提交监督申请书、身份证明、相关法律文书及证据材料。提交证据材料的，应当附证据清单。申请监督材料不齐备的，人民检察院应当要求申请人限期补齐，并明确告知应补齐的全部材料。申请人逾期未补齐的，视为撤回监督申请。根据《民事执行监督规定》第 6 条的规定，当事人、利害关系人、案外人认为民事执行活动存在违法情形，向人民检察院申请监督，法律规定可以提出异议、复议或者提起诉讼，当事人、利害关系人、案外人没有提出异议、申请复议或者提起诉讼的，人民检察院不予受理，但有正当理由的除外。当事人、利害关系人、案外人已经向人民法院提出执行异议或者申请复议，人民法院审查异议、复议期间，当事人、利害关系人、案外人又向人民检察院申请监督的，人民检察院不予受理，但申请对人民法院的异议、复议程序进行监督的除外。可见只有当事人或利害关系人穷尽了执行救济途径，才能启动检察监督程序。

人民检察院认为人民法院在民事执行活动中可能存在怠于履行职责情形的，可以向人民法院书面了解相关情况，人民法院应当说明案件的执行情况及理由，并在 15 日内书面回复人民检察院。

人民检察院向人民法院提出民事执行监督检察建议，应当经检察长批准或者检察委员会决定，制作检察建议书，在决定之日起 15 日内将检察建议书连同案件卷宗移送同级人民法院。检察建议书应当载明检察机关查明的事实、监督理由、依据以及建议内容等。人民检察院提出的民事执行监督检察建议，统一由同级人民法院立案受理。

（三）处理后果

人民法院收到人民检察院的检察建议书后，应当在 3 个月内将审查处理情况以回复意见函的形式回复人民检察院，并附裁定、决定等相关法律文书。有特殊情况需要延长的，经本院院长批准，可以延长 1 个月。回复意见函应当载明人民法院查明的事实、回复意见和理由并加盖院章。不采纳检察建议的，应当说明理由。

人民法院收到检察建议后逾期未回复或者处理结果不当的，提出检察建议的人民检察院可以依职权提请上一级人民检察院向其同级人民法院提出检察建议。上一级人民检察院认为应当跟进监督的，应当向其同级人民法院提出检察建议。人民法院应当在 3 个月内提出审查处理意见并以回复意见函的形式回复人民检察院，认为人民检察院的意见正确的，应当监督下级人民法院及时纠正。

当事人、利害关系人、案外人申请监督的案件，人民检察院认为人民法院民事执行活动不存在违法情形的，应当作出不支持监督申请的决定，在决定之日起 15 日内制作不支持监督申请决定书发送给申请人，并做好释法说理工作。人民检察院办理依职权监督的案件，认为人民法院民事执行活动不存在违法情形的，应当作出终结审查决定。

人民法院认为检察监督行为违反法律规定的，可以向人民检察院提出书面建议。人民检察院应当在收到书面建议后 3 个月内作出处理并将处理情况书面回复人民法院；人民法院对于人民检察院的回复有异议的，可以通过上一级人民法院向上一级人民检察院提出。上一级人民检察院认为人民法院建议正确的，应当要求下级人民检察院及时纠正。

有关国家机关不依法履行生效法律文书确定的执行义务或者协助执行义务

的，人民检察院可以向相关国家机关提出检察建议。

本章小结

　　在民事执行程序进行过程中，会出现各种各样复杂的情况，如针对同一被执行人存在多个债权人以及财产不够清偿的情况，当事人、利害关系人或案外人对执行行为或执行标的有异议等等。这些问题是执行实践中常遇到的复杂难题，也是亟需解决的执行理论课题。本章针对上述问题介绍了民事执行竞合制度，民事执行竞合的解决原则，参与分配制度的适用条件和程序以及执行中的执行行为异议和案外人异议的处理办法。

问题思考

　　1. 我国处理民事执行竞合的原则及法律规定有哪些？
　　2. 如何区分执行行为异议和案外人异议？两者的处理程序是怎样的？

二维码

第四章　二维码阅读

第五章 法院行政执行基本理论

学习目标

　　了解行政执行的含义；理解法院行政执行的概念；掌握法院行政执行的范围、法院行政执行措施和程序，能够依法运用法院行政执行措施及具体实施行政裁判执行的程序；了解非诉行政执行程序。

本章重点

　　法院行政执行的概念；法院行政执行的范围；法院行政执行的措施。

【本章引例】

　　2015 年 4 月，杨某某及其奶奶刘某某在 A 县某某大道西侧建起二层框架楼房和附属平顶房，面积为 763.68 平方米。A 县政府于 2015 年 12 月 18 日对该建筑物进行强制拆除。杨某某等人不服，向 H 省某中院提起行政诉讼。因 A 县政府实施强制拆除行为的期限少于法定期限，构成程序违法，H 省某中院于 2016 年 12 月 19 日作出行政判决，确认 A 县政府强制拆除行为违法。但由于杨某某等人擅自建房没有报建许可，且在施工过程中，A 县政府责令其停止违法行为后仍继续施工，故杨某某等人对被拆楼房的损失承担相应责任，A 县政府应给予适当的赔偿。

　　2017 年 1 月 29 日，杨某某等人向 A 县政府申请行政赔偿，其被拒绝后于 6 月 16 日向 H 省某中院提起行政赔偿诉讼，请求 A 县政府给予行政赔偿。经鉴定，涉诉建筑物评估价格为 1 278 997 元。H 省某中院根据此前生效的行政判决，结合 A 县政府在强制拆除行为过程中的过错程度以及造成房主损害的情况，确认 A 县政府对杨某某等人的财产损失应当承担 50% 的赔偿责任，遂判决 A 县政府自判决生效之日起 30 日内赔偿杨某某等人 639 498.5 元。判决生效后，申请执行人杨某某、刘某某等人多次找 A 县政府索求赔偿均无果，无奈之下向 H 省某中院申请强制执行。

　　请问，人民法院应如何处理此案？

第一节 行政执行概述

一、行政执行的含义

行政执行的含义有一个逐步明确和清晰的过程。"行政执行"这一概念在我国第一本行政法教科书《行政法概要》中就已出现。该书解释道："在行政法律关系中，当事人不履行其行政法上的义务时，国家机关可以采用法定的强制手段，强制当事人履行其义务。这就是行政法上的强制执行，是一种具体的行政行为，又叫作行政执行。"[1] 此后，学者一般认为行政执行是行政强制执行的简称。[2] 行政法上的行政强制执行，是一种具体的行政行为，但在行政法学界中，我国学者大多使用"行政强制执行"一词，而不用"行政执行"。随着学者们研究的深入和我国法律体系的不断完善，特别是《中华人民共和国行政强制法》（以下简称《行政强制法》）的制定以及 2017 年《行政诉讼法》的修正，让"行政执行"的内涵更为明确。根据上述我国现行两部法律的相关规定及学界的观点分析，我们认为行政执行有广义和狭义之分。

广义的行政执行是指有关国家机关根据国家法律、法规的规定，对行政义务人采取强制措施，实现业已生效的具体行政行为和行政裁判所确定的内容的法律活动或法律制度。因此，广义的行政执行包括行政机关的行政强制执行和人民法院的行政强制执行，即包括对行政机关的行政决定的强制执行和人民法院的行政裁判的强制执行。

狭义的行政执行仅指行政法上的行政强制执行，是指行政机关在行政相对人不履行其应履行的行政义务时，依法采取强制措施，迫使其履行义务或达到与履行义务相同状态的活动。因此，狭义的行政执行包括享有行政强制执行权的行政机关对行政决定的自行强制执行和不享有行政强制执行权的行政机关申请人民法院对行政决定的强制执行。

二、行政执行与民事执行、刑事执行的区别

行政执行、民事执行和刑事执行是我国执行制度的三个组成部分，它们之间既有共同点，也存在显著的区别。就其共同性来说，它们都是国家有权机关实施的强制义务人履行义务的活动，都以国家公权力为后盾，都具有强制性，都应有

---

〔1〕 法学教材编辑部《行政法概要》编写组：《行政法概要》，法律出版社 1983 年版，第 125 页。

〔2〕 胡建淼主编：《行政强制法研究》，法律出版社 2002 年版，第 4 页。

一定的执行依据等。其区别主要表现如下：

（一）执行主体不同

依据我国法律规定，行政执行的执行主体既可以是行政机关，也可以是人民法院。具体来说，未经行政诉讼的，行政机关作出的行政行为，法律授权行政机关执行的，由行政机关采取执行行为，法律没有授权行政机关执行的，行政机关应向人民法院申请执行；经过行政诉讼的，人民法院维持原行政行为的，既可由行政机关执行，也可由人民法院执行，人民法院作出的变更原行政行为的，由人民法院执行。民事执行的执行主体是人民法院，只有人民法院才有民事执行权，其他任何机关都不得实施民事执行行为。刑事执行的执行机关既可以是人民法院，也可以是公安机关或监狱机关。具体来说，发生法律效力的刑事判决和裁定，视具体情况，主要由监狱机关或公安机关执行，罚金、没收财产、死刑等判决的执行，由人民法院执行。

（二）执行依据不同

行政执行的执行依据包括人民法院的行政判决书、裁定书，行政机关制作的行政决定书；民事执行的执行依据包括人民法院制作的民事判决书、裁定书、调解书、支付令以及仲裁机关制作的裁决书、公证机关制作的依法具有强制执行效力的债权文书等；刑事执行的执行依据只能是人民法院制作的刑事判决书和裁定书。

（三）执行对象不同

行政执行的执行对象，既可以是物、行为，也可以是被执行人的人身（如行政拘留等）；民事执行的对象只能是物和行为，不能对债务人的人身执行，更不能以对人身的执行代替对物或行为的执行；刑事执行的执行对象主要是被执行人的人身，如限制其人身自由、强制其劳动以及剥夺被执行人的生命等，在特定情形下也可以是物（如判处罚金或没收财产时）。

（四）执行主体的主动性程度不同

在行政执行中，人民法院必须经行政机关或行政相对人的申请才能采取执行措施，行政机关作为执行主体时，也应视相对人是否主动履行义务而定，如果相对人主动履行义务，行政机关就没有必要采取执行措施，如果相对人拒绝主动履行义务，行政机关就可以依法采取执行措施；在民事执行中，人民法院是比较被动的，没有债权人的申请，一般不能主动采取执行措施，只有债务人拒绝履行义务，并有债权人申请时，人民法院才能采取强制性的执行措施，迫使债务人履行义务；在刑事执行中，执行主体必须主动采取执行措施，因为不存在犯罪人自动履行刑罚的问题，更没有申请执行的问题，只有人民法院直接交付执行机关执行，执行机关的主动性程度比较高。

（五）有无执行和解不同

行政执行中不存在执行和解（行政赔偿案件除外），刑事执行也如此，而在民事执行中则可以进行执行和解。

（六）适用法律不同

行政执行受行政法约束，按《行政诉讼法》规定进行，只有在《行政诉讼法》没有规定的情况下，才可参照《民事诉讼法》有关规定执行；民事执行受《民事诉讼法》调整；刑事执行受《中华人民共和国刑事诉讼法》（以下简称《刑事诉讼法》）、《中华人民共和国监狱法》（以下简称《监狱法》）调整。

第二节 法院行政执行的概念和特征

一、法院行政执行的概念

法院行政执行是指人民法院依法定的职权或依当事人的申请，对行政义务人采取强制措施，实现发生法律效力的行政裁判和具体行政行为所确定的义务的法律活动。

法院行政执行的概念可以从以下三方面理解：

1. 法院行政执行的执行机关是人民法院。行政执行机关是指享有行政执行权，依法将已经发生法律效力的法律文书付诸实施的国家机关。根据我国《行政强制法》《行政诉讼法》的规定，行政执行机关有两类，一类是享有行政强制执行权的行政机关，另一类是人民法院。法院行政执行的执行机关当然仅指人民法院。

2. 法院行政执行的被执行人是行政相对人或行政机关。对于已经发生法律效力的人民法院的行政裁判所确定的义务，只要一方不履行，作为另一方的当事人，无论是行政相对人还是不享有行政强制执行权的行政机关都有权作为行政诉讼的申请执行人，向人民法院申请强制执行，被执行人是行政相对人或行政主体。行政相对人包括直接的行政相对人，也包括间接的行政相对人。

对于已经发生法律效力的行政机关作出的行政决定所确定的义务，只要公民、法人或者其他组织不履行行政义务，又不申请行政复议或者提起行政诉讼，不享有行政强制执行权的行政机关有权申请人民法院强制执行，由人民法院作为执行机关予以行政强制执行，此情形下的被执行人是行政相对人。

3. 法院行政执行程序的发动方式可以是依职权或依申请。法院行政执行程序的发动，可以是人民法院依法定的职权发动，简称移送发动；也可以是依当事人的申请发动，简称申请发动。法院行政执行程序的发动，以申请发动方式为主，只有当人民法院作出的判决裁定涉及当事人生产生活紧迫需要时，如给付医药费、赔偿金等紧急情况，才由审判庭直接将案件移送执行机构执行。

二、法院行政执行的特征

法院行政执行按执行案件是否经过诉讼可分为法院行政裁判的执行与非诉行政案件的执行两大类型。这两类执行案件具有不同特征。

（一）法院行政裁判执行的特征

法院行政裁判的执行是指经过诉讼程序后，行政案件的当事人逾期拒不履行人民法院作出的生效法律文书所确定的义务，人民法院依法采取强制手段促使当事人履行义务，从而使生效法律文书的内容得以实现的法律活动。

法院行政裁判的执行具有以下特征：

1. 强制执行机关是人民法院。

2. 申请执行人是行政相对人、行政机关或利害关系人。

3. 被执行人是行政机关或行政相对人。

4. 强制执行的依据须为已经发生法律效力并由人民法院制作的行政裁判。

5. 强制执行的目的是使已经发生法律效力并由人民法院制作的行政裁判所确定的义务最终得以实现。

（二）非诉行政案件执行的特征

非诉行政案件的执行，简称非诉执行，是指公民、法人或者其他组织既不履行行政义务，又不申请行政复议或者提起行政诉讼，由不享有行政强制执行权的行政机关申请人民法院采取强制执行措施，以实现行政机关所作的行政行为的内容的法律活动。

非诉行政案件的执行具有以下特征：

1. 执行机关是人民法院，而非行政机关。虽然非诉行政案件的执行对象是具体行政行为，执行申请人也为行政机关，但非诉行政案件强制执行权的享有者不是行政机关，而是人民法院。

2. 执行依据是行政机关作出的具体行政行为，该具体行政行为没有进入行政诉讼，没有经过人民法院的裁判，而且已经发生法律效力。

3. 申请执行人是行政机关或行政裁决确定的权利人。被执行人只能是公民、法人或者其他组织。通常情况下，非诉行政案件的申请执行人应为行政机关。在特殊情况下，非诉行政案件的申请执行人也可以是生效行政裁决所确定的权利人或者其继承人、权利承受人。

4. 执行的前提是公民、法人或者其他组织在法定期限内，既不申请复议或者提起行政诉讼，又不履行具体行政行为所确定的义务。

三、法院行政执行与行政执行的关系

法院行政执行是人民法院的一大执行任务，对行政机关依法行政、实现行政管理目的和保护行政相对人合法权益都有重要意义。行政执行与法院行政执行是法学术语，行政强制执行既是法学术语，也是法律术语。在许多情形下往往将行政执行理解为行政强制执行或法院行政执行的简称。"行政执行"在不同的语境、不同的体系中，其具体内涵会有所区别，标题中"行政执行"是指广义的行政执行。

行政执行与法院行政执行是包含与被包含的关系：

1. 从执行依据的角度分析，行政执行的执行依据包括行政机关作出的行政决定[1]和人民法院作出的行政裁判；法院行政执行的执行依据包括不享有强制执行权的行政机关作出的行政决定和人民法院作出的行政裁判。[2]

2. 从执行案件是否经过诉讼的角度分析，行政执行包括经过诉讼的行政案件的执行和非诉行政案件的执行；法院行政执行也包括经过诉讼的行政案件的执行和非诉行政案件的执行。但是结合《行政强制法》和《行政诉讼法》相关规定分析可知，前者"行政执行"中的"经过诉讼的行政案件的执行"和后者"法院行政执行"中的"经过诉讼的行政案件的执行"的范围是不同的，前者范围大于后者，后者"法院行政执行"中的"经过诉讼的行政案件的执行"，不含享有行政强制执行权的行政机关依照《行政诉讼法》的规定自行强制执行经过诉讼的案件的判决和裁定。同样，前者"行政执行"中的"非诉行政案件的执行"和后者"法院行政执行"中的"非诉行政案件的执行"的范围也是不相同的，前者大于后者，后者"法院行政执行"中的"非诉行政案件的执行"，不含享有行政强制执行权的行政机关自行实施的行政强制执行。

无论是从执行根据的角度分析，还是从执行案件是否经过诉讼的角度分析，同样都是行政执行包含法院行政执行。

四、法院行政执行与行政强制执行的区别

我国行政案件强制执行制度由法院行政执行与行政机关的行政强制执行两部分组成。行政机关与人民法院都具有行政执行主体的资格，都有权依法将已经发生法律效力的法律文书付诸实施。法院行政执行和行政强制执行之间既有共同

---

〔1〕 此处的行政决定含行政机关自行强制执行的行政决定和行政机关申请法院强制执行的行政决定。

〔2〕 此处的行政裁判不包含享有强制执行权的行政机关自行强制执行人民法院作出的行政裁判。

点，也存在显著的区别。就其共性来说，它们都是国家有权机关实施的强制义务人履行义务的活动，都以国家公权力为后盾，都具有强制性，都应有一定的执行依据，都应依照法定程序实施强制执行等。其区别主要表现如下：

1. 执行依据范围不同。依据《行政强制法》第53条、第54条、第55条和《行政诉讼法》第95条的规定，可知法院行政执行的执行依据应当是不享有强制执行权的行政机关制作的行政决定书、人民法院制作的行政判决书、裁定书以及调解书。[1] 行政强制执行的执行依据只能是享有强制执行权的行政机关制作的行政决定书。我们认为，虽然享有强制执行权的行政机关有权依法自行强制执行人民法院制作的生效裁判所认可的行政行为，但是该强制执行行为的执行依据是经过诉讼的生效裁判，不是由行政机关直接制作的行政决定，如果将行政机关的这种强制执行行为界定为行政强制行为是不严谨的，故行政强制执行的执行依据不能包含人民法院制作的行政判决书和裁定书。

2. 执行对象不同。法院行政执行的执行对象，即被执行人可能是行政相对人，也可能是行政机关或法定的授权组织。行政强制执行则是行政机关自行强制执行行政决定或行政机关申请人民法院强制执行的行政决定，其被执行人都是作为被管理一方的行政相对人。

第三节 法院行政执行的范围

法院行政执行的范围是指人民法院负责执行的行政案件的范围。法院行政执行的范围由法院行政执行的执行依据决定。法院行政执行按执行案件是否经过诉讼分为法院行政裁判执行案件与法院非诉行政执行案件两大类型，这两类法院行政执行案件的执行依据不同。

一、法院行政裁判执行案件

如前所述，法院行政裁判执行不能等同于行政诉讼的执行，行政诉讼的执行主体包括人民法院和享有行政强制执行权的行政机关，无论是人民法院对行政裁判的执行，还是享有行政强制执行权的行政机关对行政裁判的执行，其执行依据都是人民法院作出的生效法律文书，具体包括行政判决书、行政裁定书和行政赔偿调解书。但不是所有的行政判决书和行政裁定书都可以成为法院行政裁判执行的执行依据，而是视具体情况来决定。

---

[1] 法院行政执行的执行依据不包括享有强制执行权的行政机关是胜诉一方的行政判决书、裁定书。

（一）行政判决

根据《行政诉讼法》的规定，行政判决有以下几种：

1. 驳回诉讼请求的判决。驳回诉讼请求判决是指人民法院经过对行政案件的实体性审查，认为行政行为证据确凿，适用法律、法规正确，符合法定程序的，或者原告申请被告履行法定职责或者给付义务理由不成立的，从而作出否定原告诉讼请求的一种判决形式。

《行政诉讼法》第69条规定："行政行为证据确凿，适用法律、法规正确，符合法定程序的，或者原告申请被告履行法定职责或者给付义务理由不成立的，人民法院判决驳回原告的诉讼请求。"依该条规定，驳回诉讼请求判决的适用情形有二：一是被诉行政行为合法，具体是指被诉行政行为证据确凿，适用法律、法规正确，符合法定程序；二是原告起诉被告不作为但理由不成立的，具体是指原告申请被告履行法定职责或者给付义务，但原告的理由不成立的。

第一种情形的判决是对原具体行政行为合法性审查后予以司法肯定的结果，判决本身不产生新的行政权利义务关系，当事人之间的实体权利义务内容仍依原具体行政行为的效力确定，产生以相对人为被执行人的原具体行政行为确定的财产给付或义务履行为内容的执行，故该种驳回诉讼请求判决书可成为执行依据。

2. 撤销判决。撤销判决是指人民法院经过对行政行为的审查，认定相应行政行为具有《行政诉讼法》第70条规定的情形之一的，作出满足原告的请求，撤销被告作出的行政行为的一种判决形式。撤销判决有三种形式：其一，判决全部撤销；其二，判决部分撤销；其三，判决撤销并判决被告重新作出行政行为。

撤销判决书是否能作为执行依据应根据判决内容认定。一是判决撤销但没有判决被告重新作出行政行为的判决书。人民法院判决撤销行政机关具体行政行为，不产生对行政相对人的执行问题，则该判决书不需要执行，故不能成为执行依据；二是判决撤销并判决被告重新作出具体行政行为的判决书。该种撤销判决具有要求被告为一定行为的内容，如不履行有强制执行之必要和可能。因而，该种撤销判决书可成为执行依据。

3. 履行判决。履行判决是指人民法院经过对行政案件的审查，确认被告存在应当履行而不履行法定职责的行为，而作出判决行政机关在一定期限内履行其法定义务和职责的一种判决形式。

《行政诉讼法》第73条规定："人民法院经过审理，查明被告依法负有给付义务的，判决被告履行给付义务。"第78条第1款规定："被告不依法履行、未按照约定履行或者违法变更、解除本法第十二条第一款第十一项规定的协议的，人民法院判决被告承担继续履行、采取补救措施或者赔偿损失等责任。"在实践中，人民法院作出给付判决，不仅要在判决中明确被告给付义务的存在，还要进一步明确给付的履行方式，将给付的内容，包括给付的客体、数额、方式等在判决主文中表达出来。等给付判决生效后，作为给付判决义务主体的行政机关在履行期限到来之际，应当自觉履行给付义务。

该类判决只会产生对行政主体的执行问题，而不产生对行政相对人的执行问题。被告如果超出判决规定的期限没有履行，则原告可以依法申请人民法院强制执行。故履行判决可成为执行依据。

4. 确认判决。确认判决是指人民法院经过对行政案件的审查，对某种行政法律关系是否存在，以及行政行为是否有效、是否违法予以确认的一种判决形式。《行政诉讼法》第 74 条、第 75 条、第 76 条均规定了确认判决。

确认判决书是否能作为执行依据应根据判决内容认定。一是根据《行政诉讼法》第 74 条第 1 款情形和第 76 条作出确认判决的，属于确认违法但行政行为仍然维持的情形，此种情况的确认判决有要求行政机关履行一定行为的内容，有的还有赔偿给付内容，因而具有可执行性，可以成为执行依据。二是根据《行政诉讼法》第 74 条第 2 款作出确认判决的，属于确认违法但撤销或要求履行已经没有实质意义的情形，该情形的确认判决因确认违法或无效而不需要执行，故其不存在执行问题，不能作为执行依据。三是根据《行政诉讼法》第 75 条作出确认判决的，属于确认实施行政行为主体不具有行政主体资格或者实施的行政行为没有依据等重大且明显违法情形，人民法院确认行政行为无效而不需要执行，故其也不存在执行问题，也不能作为执行依据。

5. 变更判决。变更判决是指人民法院经过对行政案件的审查，作出直接改变被诉行政行为内容的一种判决形式。《行政诉讼法》第 77 条第 1 款规定了两类情形可以适用变更判决。一是行政处罚明显不当。明显不当主要表现为行政处罚决定的畸轻畸重等情形。二是其他行政行为中对款额的确定或认定确有错误的。主要是指涉及金钱数量的确定和认定的除行政处罚外的其他行政行为。

变更判决书是人民法院经审查，认为被诉行政处罚明显不当或其他行政行为中对款额的确定或认定确有错误，从而改变行政处罚结果或对款额的确定或认定的判决形式。原行政处罚因明显不当而改变处罚结果后，形成了新的行政处罚法律关系，产生以行政相对人为被执行人，以判决确定的财产给付或义务履行为内容的执行。而改变其他行政行为中对款额的确定或认定后，其涉及金钱数量的确定和认定的除行政处罚外的其他行政行为是否能作为执行依据应根据变更判决内容认定。

（二）行政裁定

根据《行政诉讼法》及《行政诉讼法解释》第 101 条的规定，行政裁定适用范围共有 15 种情形，但由于行政裁定是人民法院在审理行政案件过程中，为保证审判和执行活动的顺利进行，而对诉讼程序事项所作的一种裁断，其目的是解决程序性问题，所以，绝大多数行政裁定不具有可执行性，如不予立案、驳回起诉、管辖异议、终结诉讼、中止诉讼、移送或者指定管辖、驳回停止执行的申请、准许或不准许撤诉、补正裁判文书中的笔误、中止或终结执行、提审、指令再审或发回重审等裁定，不存在强制执行问题。而具有执行性的行政裁定有以下几种：

1. 财产保全裁定。财产保全裁定是指人民法院对于因一方当事人的行为或者其他原因，可能使具体行政行为或人民法院生效判决不能或难以执行的案件，根据对方当事人的申请或依据职权，作出禁止一方当事人处分其财产的一种裁断。该种裁定的执行由人民法院实施，以保全案件最终得以执行为目的，尚未直接涉及原具体行政行为的执行问题。

2. 先予执行裁定。先予执行裁定是指审判机关基于一方当事人的请求，对于法律规定的某些案件，作出的由被告先行给付一定金钱、财物或先为一定行为或不为一定行为的裁断。在我国，对起诉行政机关没有依法发给抚恤金、社会保险金、最低生活保障费等案件，可依法作出先予执行裁定。

3. 准许或不准许执行行政机关的具体行政行为裁定。准许或不准许执行行政机关的具体行政行为的裁定是指人民法院受理行政机关申请执行其具体行政行为的案件，对具体行政行为的合法性进行审查后，就是否准予强制执行所作的一种裁断。此种裁定是对具体行政行为合法性审查的结果，本身不具有实体内容，但会产生是否执行具体行政行为的直接后果，准许裁定成为执行具体行政行为的前提条件，是行政执行的依据。

4. 诉讼期间停止具体行政行为的执行裁定。诉讼期间停止具体行政行为的执行裁定是指人民法院在审理行政诉讼案件过程中，根据当事人的请求或依职权对具体行政行为暂停执行的一种裁断。此种裁定是对行政主体在诉讼期间内执行具体行政行为的禁令，对行政主体产生不行为的约束力，如行政主体继续实施，则产生对裁定的执行问题。

综上所述，法院行政裁判执行的执行依据，具体包括行政判决书、行政裁定书和行政赔偿调解书。由于行政赔偿调解书有赔偿给付内容，因而具有可执行性，可以成为执行依据；而行政判决书、行政裁定书是否可以成为法院行政裁判执行的执行根据，应视具体情况来决定。人民法院制作的各种行政判决书、行政裁定书是否可以成为执行依据，上面已分别进行初步解析，在具体认定人民法院制作的这些法律文书能否作为法院行政执行依据，必须同时满足三个条件：一是须为发生法律效力的法律文书；二是法律文书具有可供执行内容；三是可执行的事项应当具体明确。

二、法院非诉行政执行案件

法院非诉行政执行案件是指行政主体作出的已生效的具体行政行为，行政相对人在法律规定的期限内既不申请行政复议，也不向人民法院提起诉讼，又不履行行政处理决定的，行政机关向人民法院申请执行的案件，其执行依据是有执行内容的行政决定书。

非诉行政案件执行的适用范围，解决的是在何种情况下行政机关可以申请人民法院强制执行具体行政行为，在何种情况下行政机关不能申请人民法院强制执行具体行政行为的问题。它事实上涉及人民法院与行政机关对具体行政行为强制执行的分工和对二者行政强制执行权的划分。

我国《行政强制法》和《行政诉讼法》规定了非诉行政案件执行的适用范围是：凡行政机关对具体行政行为没有强制执行权，行政机关都可以申请人民法院强制执行该具体行政行为。

具体适用范围如下：

1. 法律没有赋予行政机关对该具体行政行为的强制执行权，公民、法人或者其他组织在法定期限内既不提起行政诉讼又不履行义务的，行政机关申请人民法院强制执行，人民法院应当依法受理。

2. 行政机关依法律规定部分享有强制执行权，部分没有强制执行权，行政机关对没有强制执行权部分申请人民法院强制执行的，也属于非诉执行范围。

3. 法律规定应当由行政机关依法强制执行的，行政机关应当依法自行强制执行，不得申请人民法院强制执行，此类具体行政行为的执行，不能纳入到非诉行政行为执行范畴，不属非诉行政案件的执行。

第四节　法院行政执行措施和程序

一、法院行政执行措施

法院行政执行措施是指人民法院依照《行政诉讼法》和有关法律的规定，强制实现生效行政裁判和具体行政行为所确定的义务的具体方式或手段。人民法院行政执行措施的种类和适用条件，与民事执行措施基本相同。但对不同的被执行人所采取的强制执行措施各不相同。被执行人有行政机关和行政相对人两类。

（一）对行政机关的强制执行措施

《行政诉讼法》第96条规定了，行政机关拒不履行人民法院行政判决、裁定、调解书所确定的义务，执行法院可以适用的五种执行措施：

1. 强制划拨存款。执行法院对行政机关采取的划拨，是执行法院在行政机关拒不履行金钱给付义务时，通知金融机构对行政机关存款强制拨付给行政相对人的一种直接执行措施。

人民法院判令行政机关向行政相对人给付金钱，行政机关拒不履行，执行法院采取强制划拨措施，只适用两种情况：一是行政机关应当归还罚款的；二是行政机关应给付赔偿金的。人民法院通知金融机构划拨时，应当向金融机构提供强制划拨裁定书、协助执行通知书、据以执行的法律文书副本等有关材料。金融机构接到通知和上述材料后，经审查无异的，必须按执行法院的要求给予办理。如无故不协助划拨，执行法院可以根据《行政诉讼法》第59条的规定，以妨碍行政诉讼论处，追究其单位主要负责人或者直接责任人员的法律责任。

2. 迟延罚款。执行法院对行政机关的迟延罚款，是行政机关因拖延行政裁判指定的期限，而对其处罚一定金钱，促使其履行义务的一种临时性强制措施。《行政诉讼法》第96条第2项规定："在规定期限内不履行的，从期满之日起，对该行政机关负责人按日处五十元至一百元的罚款。"人民法院在这个幅度内根据具体情况决定一个具体的数额，通知被罚行政机关负责人交纳。

关于迟延罚款的具体办理程序，行政法律、法规没有明确规定，也无司法解释。司法实践中，对行政机关采取罚款，要制作罚款决定书，经院长批准，送达被执行的行政机关。如果被执行的行政机关拒不交纳，可以通知银行划拨。

3. 提出司法建议。提出司法建议，是指执行法院在行政执行中向被执行行政机关的上级行政机关或者监察、人事机关提议采取措施或进行处理，促使被执行行政机关履行义务的一项辅助性执行措施。

这种司法建议的性质仅仅是"建议"，并非决定，接受司法建议的机关也不是法定的协助执行单位，因而，是否采纳由接受司法建议的机关决定。它不是直接有效的强制执行措施，而只能作为辅助性执行措施。

设立该辅助性执行措施的理由：一是对行政机关的执行因行政机关的特殊地位，不可能单凭司法手段解决，还可以通过行政手段来辅助，且在实践中，实施这种方法往往效果较好；二是上级行政机关、监察机关和人事机关有监督下级或同级行政机关依法行政的责任。

司法建议的内容主要有两类：一是建议有关机关直接督促行政机关履行义务，如通过其上级行政机关直接通知其履行义务；二是通过处理手段促其履行义务，如建议有关机关对行政机关的主管人员和直接责任人员予以批评教育、警告、记过直至撤职的行政纪律处分，促使行政机关履行义务。有关机关接到司法建议后，要根据各自的职责和规定进行处理，并将处理结果告知执行法院。

4. 将拒绝履行的情况予以公告。人民法院的生效判决、裁定和调解书，任何人、任何单位都必须履行，作为执法机关的行政单位，在败诉后，尤其要带头履行，树立执法机关的良好形象。行政机关拒绝履行人民法院生效的判决、裁定、调解书的，第一审人民法院可以将行政机关拒绝履行的情况予以公告。

5. 追究刑事责任。《行政诉讼法》第 96 条第 5 项规定："拒不履行判决、裁定、调解书，情节严重构成犯罪的，依法追究主管人员和直接责任人员的刑事责任。"对行政机关主管人员和直接责任人员出现这种犯罪行为的，应按《中华人民共和国刑法》（以下简称《刑法》）第 313 条规定，以拒不执行人民法院判决、裁定罪论处。

此外，如行政机关非法扣押行政相对人的物品、证照、票据等，行政裁判判令行政机关归还原告，如果其条件符合民事执行中指定交付或转交要求的，也可责令被执行行政机关将特定财物或者票证当面交付给行政相对人，或者交付给执行员，再由执行员转交给行政相对人。

（二）对行政相对人的强制执行措施

对行政相对人的执行措施，是指执行法院依照有关法律规定，强制执行相对人履行生效的行政裁判文书和具体行政行为确定的义务的具体执行方法和手段。它与对行政机关强制执行措施有明显区别：一是强制执行措施所指向的对象是行政管理中的相对人，其中有的是行政诉讼中的原告；二是《行政诉讼法》没有规定而《民事诉讼法》有规定的执行措施均可适用；三是具体强制执行措施相对多一些。

行政相对人作为行政义务人时，不自动履行人民法院的行政判决、裁定和具体行政行为的，行政机关可以依据《行政诉讼法》第 95 条和第 97 条的规定，向有管辖权的人民法院提出执行申请。人民法院在执行中可以对行政相对人采取强制执行措施。对行政相对人的具体执行措施与民事执行的具体执行措施，在种类、适用范围、条件、办理程序等方面基本相同。

二、法院行政执行程序

法院行政执行程序一般包括执行发动、执行进行、执行阻却和执行完结等环节。

（一）执行发动

执行发动包括申请发动和移送发动。

1. 申请发动。对发生法律效力的行政判决书、行政裁定书、行政赔偿判决书和行政赔偿调解书，负有义务的当事人拒绝履行的，对方当事人在法定期限内可以向人民法院提出申请，这是行政裁判执行发动的主要方式。

2. 移送发动。判决裁定生效后，由审判庭直接将案件移送执行机构执行，由执行机构主动依职权采取执行措施。这是对申请执行的补充，一般适用于判决裁定涉及当事人生产生活紧迫需要，如给付医药费、赔偿金等紧急情况。

（二）执行进行

从执行法院采取执行措施到执行程序终结，就是执行进行过程。它主要包括向义务人发出执行通知书、进行财产调查和采取执行措施三个环节。这三个环节如何运行和操作参见民事执行的相关章节，此处不再赘述。

（三）执行阻却

行政裁判执行中可能会出现暂时停止执行的情况，主要是指执行中止和执行和解。

1. 执行中止。执行中止的事由主要包括：

（1）执行申请人表示可以延期的。在申请执行中，如果被执行人无财产可供执行且提供担保申请延期，执行申请人表示可以延期的，人民法院应当中止执行。

（2）案外人对执行标的提出异议确有理由的。为避免执行错误，执行员应对案外人异议进行调查了解，确认异议成立的，交行政庭裁定中止。

（3）公民死亡，需要等待继承人继承权利或承担义务的，以及法人或其他组织终止尚未确定权利义务承受者的，中止执行。

（4）人民法院认为应当中止执行的其他情形。如被执行人下落不明的，暂时丧失行为能力的，或无财产可供执行的等。

2. 执行和解。行政裁决执行和解仅适用于行政判决书的行政赔偿部分和行政赔偿判决书，而不能涉及具体行政行为。和解不得违反法律规定侵害第三人利益或损害公共利益。执行和解双方应在平等协商的基础上达成和解协议并交执行机构附卷或记录在案，经签名盖章后生效。

（四）执行完结

执行完结包括执行完毕、和解协议履行完毕、执行撤销和执行终结等形态。行政裁判执行中行政机关作为执行申请人向人民法院申请执行生效的判决、裁定不仅仅是执行请求权利，也是行政职权，同时也是职责和义务，是不可放弃的。而相对人作为执行申请人要求撤销执行申请的，需要人民法院审查申请是否损害公共利益，依职权来决定是否准许终结执行。所以，执行申请人撤销申请不是行政裁判执行终结的法定事由。[1]

---

〔1〕 参见马怀德主编：《行政诉讼原理》，法律出版社2003年版，第472页。

三、法院非诉行政执行程序

法院非诉行政执行程序一般包括申请、受理与审查、告知履行和强制执行等环节。

（一）申请

非诉行政执行自行政机关及行政裁决所确定的权利人或其继承人、权利承受人的申请开始。行政机关向人民法院提出强制执行其具体行政行为的申请是非诉行政执行开始的发动方式，人民法院无权自行开始非诉行政案件的执行。根据相关法律规定，行政机关申请人民法院执行需要符合一系列条件。

1. 非诉行政执行申请的适用条件。根据《行政强制法》第 53 条、第 54 条及《行政诉讼法》第 95 条、第 97 条的相关规定，行政机关申请人民法院强制执行具体行政行为必须具备下列条件：

（1）申请主体为没有行政强制执行权的行政机关。

（2）公民、法人或者其他组织在法定期限内，对该具体行政行为不申请行政复议或者提起行政诉讼。

（3）公民、法人或者其他组织拒不履行该具体行政行为所确定的义务。行政机关申请人民法院强制执行前，应当催告当事人履行义务。催告书送达 10 日后当事人仍未履行义务的，行政机关可以申请人民法院强制执行。

只有同时具备上述条件，行政机关才能向人民法院提出强制执行行政机关作出的具体行政行为的申请。如果公民、法人或者其他组织已经向人民法院提出了行政诉讼，人民法院已经受理，即使其没有履行该具体行政行为所确定的义务，行政机关也不能向人民法院申请强制执行该具体行政行为。

2. 申请提供的材料。行政机关在向人民法院提出申请时，必须向人民法院递交有关材料。行政机关向人民法院申请强制执行应当提供下列材料：

（1）强制执行申请书（强制执行申请书应当由行政机关负责人签名，加盖行政机关的公章，并注明日期）。

（2）行政决定书及作出决定的事实、理由和依据。

（3）当事人的意见及行政机关催告情况。

（4）申请强制执行标的情况。

（5）法律、行政法规规定的其他材料。

享有权利的公民、法人或者其他组织申请人民法院强制执行的，人民法院应当向作出裁决的行政机关调取有关材料。对于享有权利的公民、法人或者其他组织而言，由于能力有限而不能或难以提供有些材料，但这些材料又是人民法院审查具体行政行为是否应当受理和执行具体行政行为不可或缺的条件。因此，权利人申请人民法院强制执行的，除申请执行书和有能力提供的有关材料外，其他的必要材料人民法院应当要求行政机关负责提供。

（二）受理与审查

行政机关提出申请后，人民法院应当对行政机关的申请进行审查，以确定行政机关的申请是否符合非诉行政案件的执行条件。对于符合非诉行政案件立案执行条件的申请，人民法院应当立案执行；对不符合非诉行政案件立案执行条件的申请，人民法院应裁定不予受理。

1. 立案执行的条件。根据《行政诉讼法》第 97 条和《行政诉讼法解释》第 155 条的规定，非诉行政执行案件的立案执行条件包括：

（1）相对人对具体行政行为在法定期限内既不提起诉讼又不履行义务。

（2）具体行政行为依法可以由人民法院执行。按照目前我国法律规定，可以由人民法院强制执行的情况有以下几种：一是法律规定行政机关无强制执行权，须申请人民法院执行的；二是法律未明确由谁执行，可以由人民法院执行。

（3）具体行政行为已生效并具有可执行内容。申请执行的具体行政行为应当是可执行的，即存在金钱财物的给付义务，或者是作为或不作为的义务。

（4）申请人是作出该具体行政行为的行政机关或者法律、法规、规章授权的组织。另外，《行政诉讼法解释》第 158 条第 1 款还规定："行政机关根据法律的授权对平等主体之间民事争议作出裁决后，当事人在法定期限内既不起诉又不履行，作出裁决的行政机关在申请执行的期限内未申请法院强制执行的，生效行政裁决确定的权利人或者其继承人、权利承受人在六个月内可以申请人民法院强制执行。"这扩大了非诉行政执行原有的申请人和被申请人的范围，在一定程度上改变了非诉行政执行原有的"边界"。

（5）被申请人是该具体行政行为所确定的义务人。

（6）申请人在法定期限内提出。行政机关申请人民法院执行，应当自被执行人的法定起诉期限届满之日起 3 个月内提出。行政裁决确定的权利人提出执行申请，应当在行政机关申请执行期限届满之日起 6 个月内提出。

（7）被申请执行的行政案件属于受理申请执行的人民法院管辖。行政机关申请人民法院强制执行其具体行政行为的，由申请人所在地基层人民法院受理，如果执行对象为不动产，由不动产所在地的基层人民法院受理。基层人民法院认为执行确有困难的，可以报请上级人民法院执行。上级人民法院可以决定由其执行，也可决定由下级人民法院执行。

2. 审查结果。《行政诉讼法解释》第 155 条第 3 款明确规定："人民法院对符合条件的申请，应当在五日内立案受理，并通知申请人；对不符合条件的申请，应当裁定不予受理。行政机关对不予受理裁定有异议，在十五日内向上一级人民法院申请复议的，上一级人民法院应当在收到复议申请之日起十五日内作出裁定。"

（三）告知履行

《最高人民法院关于执行〈中华人民共和国行政诉讼法〉若干问题的解释》（已失效）第93条规定："人民法院受理行政机关申请执行其具体行政行为的案件后，应当在30日内由行政审判庭组成合议庭对具体行政行为的合法性进行审查，并就是否准予强制执行作出裁定；需要采取强制执行措施的，由本院负责强制执行非诉行政行为的机构执行。"对于行政审判庭裁定准予执行的非诉行政案件，需要采取强制执行措施的，行政审判庭应当将案件交由本院负责强制执行非诉行政行为的机构具体执行。负责强制执行非诉行政行为的机构，在实施强制执行前，应当再次书面通知被执行人履行义务，告诫被执行人如拒不履行义务的，将由执行机构实施强制执行。

（四）强制执行

经告诫，被执行人仍拒不履行义务的，则可予以强制执行。在此阶段，人民法院应出具强制执行手续，填写强制执行文书，制定强制执行方案等。人民法院在执行中采取执行措施，可以根据《行政诉讼法》和参照《民事诉讼法》《行政诉讼法解释》《关于适用〈中华人民共和国民事诉讼法〉若干问题的意见》（已失效）的有关规定执行。

执行任务完成后，人民法院应将案卷材料整理归档，并结清各种手续、清单及费用，书面通知申请强制执行的行政机关，宣告执行程序结束。

本章小结

法院行政执行是人民法院的一大执行任务，对行政机关依法行政、实现行政管理目的和保护行政相对人合法权益都有重要意义。法院行政执行按执行案件是否经过诉讼可分为法院行政裁判执行案件的执行与法院非诉行政执行案件的执行两大类型。本章介绍了行政执行的含义；法院行政执行措施；法院行政执行的概念、特征、范围和程序；法院非诉行政执行程序。

问题思考

1. 法院行政执行的概念及法律依据是什么？
2. 如何理解法院非诉行政执行的性质？
3. 法院行政执行措施具体有哪些？
4. 法院行政执行程序规定是什么？

5. 人民法院对非诉行政执行的审查包括哪些内容?

二维码

第五章　二维码阅读

第六章 法院刑事执行基本理论

学习目标

　　了解法院刑事执行的含义、依据和类型；了解死刑执行的含义、方式、组织实施及情况处置；熟知涉财产刑执行的范围；掌握没收财产的执行原则，能够依法执行赃款赃物的追缴；了解涉财产执行的顺位，能够正确处理涉财产执行的案外人异议。

本章重点

　　法院刑事执行的依据；法院刑事执行的类型；死刑执行的组织与实施；没收财产的执行；涉财产执行的顺位；赃款赃物的追缴。

【本章引例】

　　2005 年 5 月，被告人尹某以做基建生意为由，向杨某借款 10 万元，然而尹某将钱用于赌博挥霍掉了，2011 年 10 月，人民法院以尹某构成诈骗罪判处其有期徒刑 3 年，并处罚金 1000 元，赃款 2 万元追缴后予以退赔，继续追缴尹某非法所得 8 万元。判决生效后 10 天，被害人杨某申请人民法院强制执行判决中"继续追缴非法所得"的内容，查封、拍卖被告人的现有房产。

　　问：本案能否立案强制执行？

第一节 法院刑事执行的基础知识

一、法院刑事执行的含义

　　法院刑事执行是指人民法院依照法定程序，运用国家强制力，将已经发生法律效力的相关刑事判决和裁定所确定的内容予以实现的各种活动或制度。

　　根据我国《刑事诉讼法》《人民法院组织法》《监狱法》《中华人民共和国人民警察法》等法律的规定，判决和裁定发生法律效力后，即由人民法院执行或交付有关部门执行。其中绝大多数刑事案件由专门的刑罚执行机关——监狱执行（如有期徒刑、无期徒刑、缓期二年执行的死刑）。另外部分由公安机关执行

（如拘役、余刑 3 个月以内的有期徒刑）；部分由社区矫正机构执行（如管制、剥夺政治权利、缓刑、假释和监外执行等非监禁刑）；部分由人民法院执行（如死刑、罚金和没收财产等财产刑）。

二、法院刑事执行的依据

法院刑事执行的依据，就是指法院刑事执行名义，即已经发生法律效力的刑事判决书和刑事裁定书。根据《刑事诉讼法》第 259 条第 2 款的规定，下列判决和裁定是发生法律效力的判决和裁定：（一）已过法定期限没有上诉、抗诉的判决和裁定；（二）终审的判决和裁定；（三）最高人民法院核准的死刑的判决和高级人民法院核准的死刑缓期二年执行的判决。上述三种情况是刑事执行名义。

需要指出的是，2007 年之前，人民法院死刑执行的依据还包括一种：高级人民法院依据最高人民法院授权核准死刑的判决书和执行死刑命令书。2006 年12 月 13 日最高人民法院审判委员会召开第 1409 次会议讨论通过了《最高人民法院关于统一行使死刑案件核准权有关问题的决定》，明确废止过去发布的关于授权高级人民法院和解放军军事法院核准部分死刑案件的通知，此举表明死刑案件核准权从 2007 年 1 月 1 日起由最高人民法院统一行使。

三、法院刑事执行的类型

（一）死刑的执行

我国人民法院对死刑的执行即指对判处死刑立即执行的判决的执行。死刑是一种最严厉的剥夺犯罪分子生命的刑罚。为了防止发生无可挽回的错杀，保证正确无误地执行死刑，《刑事诉讼法》及最高人民法院有关规定，对死刑的执行作了较详尽和周密的规定。

（二）罚金刑的执行

罚金是强制罪犯在一定的时限内向国家缴纳一定数额金钱的刑罚。罚金刑具有自由刑所没有的优点，既可以给罪犯一定的惩戒教育，又可以避免罪犯在关押中受其他罪犯恶习的影响，特别适用于处罚经济犯，因而罚金刑的适用有代替短期自由刑且日益扩大的趋势。在西方国家有的适用纯罚金刑（作为主刑适用）最高定案率高达 70% 以上，包括作为附加刑的定案适用率高达 90% 以上；在我国台湾地区罚金刑也高达初审判决的 60% 以上，包括附加刑的判决高达 70% 以上。[1]

罚金刑是我国刑罚制度的重要内容，《刑法》中大量罪名都有并处或者单处

---

〔1〕 参见甘雨沛：《比较刑法学大全（下册）》，北京大学出版社 1997 年版，第 1083、1084 页。

罚金的规定。如《刑法》分则第三章破坏社会主义市场经济秩序罪中90多个罪名规定了单处或附加适用罚金刑，第五章侵犯财产罪中涉及罚金刑条文占60%以上等。近年来，对被告人处以罚金刑的裁判日益增多，但执行情况差强人意，实际被执行人数和执行金额均处于较低水平。究其原因，主要是因为对罚金刑重视程度不够，执行力量薄弱，执行机构缺位等。此种情况严重损害了刑法尊严，影响了裁判权威。

(三) 没收财产刑的执行

没收财产刑在中国虽是古老的刑罚种类，但在晚清及民国时期曾一度被废止。1949年后，我国在社会主义法治建设方面，苏联和革命根据地的立法经验可供借鉴。1922年《苏俄刑法典》明确规定"没收财产的全部或一部分"是刑罚的种类之一，该法典第38条规定："没收财产，是把被判刑个人所有财产的全部或者经人民法院明确指定的一部分强制无偿地收归国有。"加上革命战争时期革命根据地法令中一直都有没收财产刑，结合当时国内的实际情况，没收财产刑被我国沿用至今，且立法上还有扩大化适用的倾向。作为惩治严重犯罪的附加手段，没收财产刑的根本用意在于彻底消灭犯罪人的经济基础，使其为积累财富而做出的一切努力付之东流，从而最大限度地发挥刑罚的惩罚和威慑效果。

第二节 死刑执行

一、死刑执行的含义

(一) 死刑执行的概念

死刑又称生命刑或极刑，是剥夺犯罪分子生命的刑罚方法。死刑执行是指人民法院司法警察依据最高人民法院院长签发的执行死刑命令，采取枪决或注射方式，依法剥夺已判死刑罪犯生命的一项重要的执法活动。

(二) 死刑执行的特点

1. 合法性。死刑执行的依据是最高人民法院院长签发的执行死刑命令，是法律赋予人民法院合法地、公开地剥夺犯罪分子生命的神圣权力。死刑执行经过了严格的法律程序，具有充分的法律保障。法律还同时规定了直至对被执行死刑罪犯执行前可能出现的例外情况的处理方法：发现判决可能有错误的，或被执行的女罪犯正在怀孕的，或是在执行前罪犯揭发重大犯罪事实，或者有其他重大立功表现的，应当停止执行，并立即报告最高人民法院。这些规定，都充分体现了死刑执行在法律上具有严密的法律程序和法律依据，确保死刑执行的合法性。

2. 严厉性。死刑执行是法律赋予人民法院依法剥夺犯罪分子生命的最严厉的刑罚的实现，它是刑罚中最严厉的刑种。死刑执行一旦实施，就不可回转。因此，无论判处还是死刑执行，都必须十分慎重，严格防止发生错杀，造成无法弥补的错误。为了从司法程序的最后一关保证正确地适用死刑，《刑事诉讼法》对判处死刑立即执行的判决的执行程序作了特别周密、严谨的规定。

3. 目的性。死刑执行的目的是对犯罪分子死刑生效判决的立即执行，最终完成对被执行死刑罪犯的审判任务，从而达到惩罚犯罪分子，保护公民合法权益，维护社会主义法治的最终目的。

4. 文明性。对犯罪分子执行死刑，既是最严厉的刑罚处罚，又应当体现文明执法。我国法律明确规定的"不得对判处死刑立即执行的犯罪分子游街示众；不得虐待罪犯；尊重少数民族风俗"等制度都较好体现了文明行刑和社会主义法治的人道主义精神。目前死刑执行一般采用枪决和注射两种方式。无论采用哪种方式，都必须符合法律规定的程序，体现文明死刑执行，不得随意改变执行方式。随着注射行刑方式的普及，今后死刑执行的方式将朝着更加简便和文明的方向发展。

5. 综合性。死刑执行是一项涉及面很广的工作，需要人民法院、人民检察院、公安机关、武警部队、民政机关及殡仪部门等多方配合，有时需要同时调用几个人民法院的法警警力统一实施。人员多，时间紧，组织协调工作要求更加严密，不能出差错，以确保执行死刑任务的顺利完成。

二、死刑执行的方式

死刑执行的方式在不同历史时期及不同国家有所不同。目前，世界各国采用的死刑方式主要有以下几种：[1]

（一）电刑

电刑源于美国。执行时，受刑者被固定在特殊的电椅上，死刑执行人将湿润的铜电极贴附在受刑者的头部和脚部，接通 1700 伏的电流 20 秒，600 伏 50 秒，然后再用 1700 伏通电 10 秒。也有的州使用 1700 伏的电流 1~2 分钟后，降低电压再通电数分钟致死。

（二）绞刑

绞刑是一种最古老的行刑方式。是将绳索套在死刑罪犯的脖子上，然后撤掉死刑罪犯脚下的支撑物使死刑犯窒息而死的方式。绞刑行刑前，死刑罪犯必须量体重，然后根据体重给犯人的腿部绑上重物，这是为确保其能够立即被绞死。

---

[1] 师宕编著：《司法警察必备》，海南出版社 2001 年版，第 74 页。

（三）毒气刑

毒气刑起源于 20 世纪 20 年代。犯人被固定在一间不锈钢制密室的椅子上，然后氰化物气体被释放出来，使死刑罪犯的血液迅速丧失处理血红蛋白的能力而死亡。但如果死刑罪犯屏住呼吸或缓慢呼吸，行刑过程会相应延长。

（四）枪决

枪决通常由执行队或单人执行，枪击部位为心脏、大脑等维持人体生命活动不可缺少的器官。由执行队实施的枪决，往往选择心脏作为射击目标，罪犯通常要经过较长的时间才能死亡。现在枪决执行多选择射击罪犯脑干部位，以达到罪犯迅速死亡的目的。

（五）石砸刑

石砸刑执行时，受刑者被埋入预先挖掘好的坑内，颈部以上部分暴露，用大于拳头小于脑袋的石块砸击受刑者的头部及身体，最后因颅脑损伤死亡。石砸刑从受刑者意识清晰开始直至气绝身亡要花费很长时间。伊朗法律明确规定，采用石砸刑时受刑人不能被一次砸死。中东地区的一些国家规定通奸等性犯罪以石砸刑击毙。

（六）注射刑

注射执行死刑方式是指静脉注射致命的药物在人体里超快速发生作用，致人催眠，肌肉松弛，呼吸麻痹，心脏停止跳动，大脑缺氧死亡。

根据我国《刑事诉讼法》第 263 条第 2 款的规定，死刑采用枪决或者注射等方法执行。相对历史上的酷刑，枪决方式是比较文明的，而注射方式让受刑人痛苦更小一些。按照《最高人民法院关于采用注射方式执行死刑若干问题的规定（试行）》的要求，全国普遍适用注射执行死刑方式。另外，依据《刑事诉讼法》的规定，还可采取其他方法执行死刑，这为死刑执行方式的发展保留了空间。要采取其他方法执行的，必须报最高人民法院批准。

第三节 涉财产执行

2014 年 10 月 30 日，最高人民法院公布了《最高人民法院关于刑事裁判涉财产部分执行的若干规定》（以下简称《刑事裁判财产执行的规定》），对人民法院财产刑及其他刑事裁判涉财产部分执行问题予以了详细规定。

一、涉财产刑执行的范围

关于财产刑，现行司法解释已经明确由人民法院执行机构负责执行。但是，

《刑法》第 64 条所规定的非刑罚类强制措施的执行，尚无明确规定。长期以来司法机关及人民法院各部门之间对该类案件的执行分工不明、权限不清，该类刑事裁判未能得到有效执行。

《刑事裁判财产执行的规定》从维护生效法律文书权威的大局出发，兼顾审判、执行现有协作机制，明确规定以下刑罚或案件由人民法院执行机构负责执行：①罚金；②没收财产；③责令退赔；④处置随案移送的赃款赃物；⑤没收随案移送的供犯罪所用本人财物；⑥具备继续追缴条件的案件。

刑事附带民事诉讼案件是在刑事诉讼程序中解决民事赔偿问题，本质上应归类于民事案件，适用民事执行的相关规定，《民事诉讼法》和相关民事执行规定已将其纳入其中，故《刑事裁判财产执行的规定》未将其列入刑事裁判涉财产部分的执行范围。

二、没收财产的执行

没收财产的执行，应当把握以下原则：

1. 没收财产，应当执行被执行人个人所有的合法财产，不得没收属于被执行人家属所有或者应有的财产。被执行人在共有财产中的应有份额，应当依据有关民事法律的规定确定。

2. 没收财产，应当执行刑事裁判生效时被执行人已有的财产，对被执行人的现有财产实行一次性没收，不得将被执行人服刑期间或是刑满释放后所取得的财产予以没收，否则不利于被执行人刑满释放后回归社会，重新生活。

3. 对被执行人的财产，如果刑事裁判没有认定为违法所得，原则上都应当推定为合法财产。执行机构应当严格依照生效刑事裁判所认定的事实和判项内容予以执行，不能以执代审。

4. 《刑法》第 59 条第 1 款规定："……没收全部财产的，应当对犯罪分子个人及其扶养的家属保留必需的生活费用。"这是我国刑罚人道主义的体现。为贯彻"人道执行"的理念，《刑事裁判财产执行的规定》第 9 条第 2 款明确规定："执行没收财产或罚金刑，应当参照被扶养人住所地政府公布的上年度当地居民最低生活费标准，保留被执行人及其所扶养家属的生活必需费用。"

5. 关于"必需的生活费用"标准，参照《查封扣押冻结规定》第 5 条关于"保障被执行人及其所扶养家属最低生活标准所必需的居住房屋和普通生活必需品"的规定，应当按照被扶养人住所地政府公布的上年度居民最低生活费标准掌握。涉及保留的年限及是否保留被执行人生活必需品等问题，因情况较为复杂，具体适用的标准难以统一，可由执行法院视具体案情灵活掌握，待总结经验后再作规范。

三、赃款赃物的追缴

《刑法》第 64 条对违法所得的追缴、返还被害人，仅作了原则性规定，执行中的标准难以把握，《刑事裁判财产执行的规定》第 10 条进一步明确了以下内容：

1. 对赃款赃物及其收益，人民法院应当一并追缴。此为刑事追缴的基本原则，其中"收益"包括赃款赃物的自然孳息、法定孳息，以及将赃款赃物置业、投资所获取的租金、股金分红等物质利益。

2. 在被执行人将赃款赃物单独投资或者置业，在赃款赃物已经转化形态的情况下，不能仅将投资或置业的赃款赃物本金追缴，应当对因此形成的资产及其收益予以追缴。

3. 被执行人将赃款赃物与本人或者他人的合法财产共同投资或者置业，不能仅将投资或置业的赃款赃物本金追缴，也不能对所投资或置业形成的资产直接追缴，应当对因此形成的财产中与赃款赃物所对应的份额及其收益予以追缴。

4. 对于赃款赃物的收益部分，适当返还被害人具有一定合理性。但由于刑事财产执行适用民事执行的迟延履行责任无法律依据，同时，《刑法》第 64 条规定的退赔，仅是对被害人被非法侵占、处置财产的等价赔偿，而不包括其他损失的赔偿，执行中应当按照审判中的标准予以处理，即依据刑事裁判认定的被害人实际损失予以返还或赔偿。赃款赃物产生的收益则上缴国库。

四、涉财产执行的顺位

《刑法》《刑事诉讼法》及相关司法解释均已明确规定，民事债务的执行优先于财产刑的执行。相关规定体现了在民事责任、刑事责任出现竞合时，民事责任优先的原则。对于民事债务、民事赔偿或刑事赔偿，实践中也需要进一步确定其顺位。

1. 人身损害赔偿中的医疗费用。该费用是用于受害人抢救、治疗而支出的费用，为体现对受害人生命权、健康权的特别保护，按照权利实现的紧急程度和必要程度，应当优先支付。

2. 抵押权优先问题。债权人对执行标的享有抵押权的，对其抵押权应优先予以保护，但是，其优先受偿权不得优先于医疗费用的支付。

3. 刑事退赔。由于刑事案件的被害人对于遭受犯罪侵害的事实无法预测和避免，被害人对被非法占有、处置的财产主张权利只能通过追缴或者退赔予以解决，在赃款赃物追缴不能的情况下，被执行人在赃款赃物等值范围内予以赔偿，该赔偿优先于其他民事债务。

关于罚金与没收部分财产的执行顺位，《中华人民共和国刑法修正案（八）》第10条规定："将刑法第六十九条修改为……'……其中附加刑种类相同的，合并执行，种类不同的，分别执行。'"依据有关司法解释的规定，罚金和没收全部财产的合并执行，只执行没收全部财产刑。对于判处罚金和没收部分财产的情况，如果先执行没收部分财产，后执行罚金，将会导致轻罪刑罚的执行反而更重，重罪重罚难以体现。从量刑与执行的平衡考虑，在被执行人有限的财产范围内，先执行罚金刑，后执行没收部分财产刑，更能体现公平原则，如果现有财产能够满足罚金刑的执行，也避免了在被执行人刑满释放后对其罚金的随时追缴。

五、涉财产执行的案外人异议

对刑事案件案外人异议如何审查处理，一直是执行中的难点、重点问题。在民事执行中，如果案外人对执行标的提出异议的，应适用《民事诉讼法》第238条的规定，先由执行机构审查并作出裁定，申请执行人或案外人对裁定不服的，可以向执行法院提起债权人异议之诉或者案外人异议之诉。因此，异议之诉必须由申请执行人作为原告或者被告参加诉讼。由于有些刑事财产执行案件中无申请执行人，如果要进入异议之诉，也缺乏相应的诉讼当事人。虽然在理论上可由检察机关或财政部门代表国家作为申请执行人，但在目前尚无明确法律规定的情况下，最高人民法院的司法解释难以作出相应规定。而对该问题适用《民事诉讼法》第238条的规定，不需要区分有无被害人，可一律通过异议、复议程序审查处理，程序简便、统一。鉴于此，《刑事裁判财产执行的规定》对刑事裁判涉财产部分执行案件中的案外人异议，设计了不同于民事执行案件的处理程序，是在现行法律框架之下，相对较为合理的选择。为确保程序公正，为各方当事人提供充分的程序保障，《刑事裁判财产执行的规定》要求人民法院审查处理案外人异议、复议，应当公开听证。

本章小结

法院刑事执行是人民法院承担的执行任务之一。本章介绍了法院刑事执行的含义、类型，死刑执行的含义、方式，涉财产刑执行的范围、没收财产的执行等刑事裁判涉财产执行的管辖、时限及基本要求。

问题思考

1. 人民法院进行法院刑事执行的依据有哪些？
2. 死刑执行的方式有几种？

3. 涉财产执行的刑罚或案件范围是什么?

4. 当没收财产和罚金刑同时适用于一个被执行人时,应当如何选择执行顺位?

5. 针对涉财产执行中的案外人异议,应当如何处理?

二维码

第六章　二维码阅读

第七章　司法警察实施强制措施

> **学习目标**
>
> 　　了解强制措施的概念和特点；掌握司法警察实施强制措施的种类。
>
> **本章重点**
>
> 　　司法警察实施强制措施的种类。

【本章引例】

　　邵某系甲公司法定代表人，申请人王某以乙公司的名义与甲公司签订了《建设工程施工合同》，合同约定甲公司将该公司的土建、装饰及水电安装交由申请人承包。2013年6月甲公司注销，王某按被执行人邵某要求向其指定账户上交纳200万元保证金后于2012年1月至2013年8月垫资将甲公司的建设工程建完，但邵某仅支付了工程款206万元。后双方进行结算，被执行人邵某尚欠申请人王某工程款2 619 878元，并于2014年4月向王某出具一张欠条。经多次催讨无果，王某向人民法院提起诉讼，人民法院判决邵某支付王某工程款2 619 878元。邵某未履行判决义务，申请人遂向人民法院申请强制执行。

　　案件进入执行程序后，邵某早已离开住所下落不明。执行法官根据多处打探来的消息，猜想被执行人应该还在P县，故赶往被执行人迁址之前的老家去寻找线索。经执行法官多方走访，得到消息称，被执行人邵某可能居住在某小区内。执行干警当即驱车前往，经过连续蹲守，终于在1月31日清晨，成功控制了邵某，并将其拘传到人民法院。然而，邵某态度坚决，以无执行能力为由拒绝执行。为维护法律尊严，督促邵某早日履行义务，人民法院决定对其司法拘留15日。

　　请问，司法警察实施强制措施的种类有哪些？适用司法拘留的条件是什么？

第一节　强制措施的概念和特点

　　强制措施分为司法机关采取的强制措施和行政机关采取的强制措施。根据《行政强制法》第2条第2款的规定，行政强制措施，是指行政机关在行政管理过程中，为制止违法行为、防止证据损毁、避免危害发生、控制危险扩大等情形，依法对公民的人身自由实施暂时性限制，或者对公民、法人或者其他组织的财物实施暂时性控制的行为。本章对强制措施的论述，仅指司法机关采取的强制措施，不包括行政机关采取的行政强制措施。

一、强制措施的概念

强制措施，是指在诉讼过程中，人民法院、人民检察院、公安机关为了保证诉讼活动的顺利进行，依法对被告人、犯罪嫌疑人所采取的在一定期限内暂时限制或剥夺其人身自由，以及对实施妨害诉讼行为或妨害执行行为的行为人采取的排除其妨害行为的强制手段。

强制措施概念中的关键术语，其基本内涵如下：

（一）诉讼活动

诉讼活动既包括刑事诉讼中的侦查、起诉、审判和执行等阶段的活动，也包括民事诉讼、行政诉讼中的审判、执行活动。

（二）行为人

妨害诉讼行为的行为人，既可以是当事人，也可以是其他诉讼参与人或案外人，还可以是旁听人员。

（三）妨害诉讼的行为

妨害诉讼的行为主要是指故意阻碍或破坏司法工作人员正常履行职责，扰乱诉讼秩序，妨害诉讼活动正常进行的行为。行为主体构成妨害诉讼行为，必须同时具备以下三个条件：

1. 行为人实施了妨害诉讼活动正常进行的行为。妨害诉讼的行为包括作为与不作为。作为，即积极的行为，是指积极实施法律法规所禁止的行为。如《民事诉讼法》第113条第1款规定："诉讼参与人和其他人应当遵守法庭规则。"但有些旁听人员违反此规定积极实施了哄闹、冲击法庭等行为。不作为，即消极的行为，是指不履行或消极履行其依法有义务实施的行为。如《民事诉讼法》第70条第1款规定："人民法院有权向有关单位和个人调查取证，有关单位和个人不得拒绝。"但一些单位的主要负责人或直接责任人员拒绝履行或消极履行。

2. 行为人实施妨害诉讼的行为主观上存在故意。行为人实施行为时主观上明知自己的行为会发生妨害诉讼活动正常进行的结果，并且希望或放任这种结果发生。希望妨害结果的发生，是指行为人对结果抱着积极追求的心理态度，该结果的发生正是行为人通过言行所意欲达到的目的。放任妨害结果的发生，是指行为人虽然不希望、不积极追求妨害结果的发生，但也不反对和不设法阻止这种结果的发生，而是对结果的是否发生采取听之任之的心理态度。如果某一行为的实施不是基于行为人的故意，而是出于过失，则不能将这一行为认定为妨害诉讼的行为，即使这一行为在客观上可能会给诉讼的正常进行造成一定程度的影响。

3. 行为人实施妨害诉讼的行为发生在诉讼期间。行为人的妨害行为是在诉讼过程中实施的，而不是在诉讼程序之外实施的。行为人实施妨害诉讼的行为常见于审判活动中，即从人民法院受理起诉、立案到执行终止的整个过程。如果不是这个过程中的违法行为，应当按照其他法律的有关规定处理，而不能以妨害诉讼的名义适用强制措施。

二、强制措施的特点

司法机关采取的强制措施，就是排除妨害诉讼或执行的强制措施，其具有以下特点：

（一）适用主体的法定性

采取强制措施的主体是诉讼法规定的人民法院、人民检察院和公安机关（包括法律规定的其他侦查机关），其他机关、团体或个人无权采取强制措施。

（二）适用对象的特定性

刑事强制措施主要适用于被告人、犯罪嫌疑人，也可适用于妨害诉讼活动的其他诉讼参与人或旁听人员；民事、行政强制措施适用于当事人、其他诉讼参与人、妨害民事、行政诉讼的案外人以及旁听人员。

（三）适用方法的强制性

强制措施是人民法院、人民检察院和公安机关行使公权力的表现，是以国家强制力为后盾的，适用对象必须服从。其后果就是使适用对象的人身自由、财产受到不同程度的剥夺或限制。

（四）适用目的的预防性

适用强制措施的目的是保障诉讼活动顺利进行，防止犯罪嫌疑人、被告人逃避侦查、起诉和审判，或制止当事人、其他诉讼参与人、案外人和旁听人员实施妨害诉讼的行为。

（五）适用程序的合法性

强制措施的采用直接涉及公民的人身权利和财产权利，诉讼法及相关规范性文件对各种强制措施的适用机关、适用条件和适用程序都作了严格的规定，人民法院、人民检察院和公安机关必须严格遵守，防止出现因滥用强制措施而产生的问题。

（六）适用期限的可变性

强制措施可以随着诉讼活动的进展，根据案件的具体情况予以变更或解除。

三、强制措施与相关概念的区别

（一）强制措施与强制执行措施的区别

强制执行措施，是指人民法院根据生效法律文书所确定的内容，运用国家强制力量，依法强制负有义务的当事人完成特定义务，以实现权利人权益而采取的执行措施。

通常所说的强制执行措施主要是指民事强制执行案件（包括刑事附带民事判决中民事部分的强制执行案件）、行政强制执行案件（包括行政裁判执行和行政机关向人民法院申请执行行政决定的案件）和刑事判决中财产部分如罚金刑、没收财产刑、退赔或追缴违法所得的强制执行案件中适用于被执行人的强制手段，执行主体是人民法院。[1] 强制执行措施与强制措施都是国家机关实施的具有强制力的行为，但两者有明显区别：

1. 适用依据不同。强制措施是根据诉讼法规定的条件和程序适用的；强制执行措施的依据是生效法律文书，比如，民事强制执行案件实施强制执行措施的依据包括发生法律效力的并且具有给付内容的民事判决、裁定书，支付令，刑事判决、裁定书中具有给付内容的财产部分，仲裁裁决书和公证债权文书，也包括人民法院制作的承认和执行外国法院判决或仲裁机构裁决的裁定书等。

2. 适用对象不同。强制措施是人民法院、人民检察院和公安机关主动适用的，适用的对象是被告人、当事人、其他诉讼参与人、妨害诉讼的案外人、旁听人员以及犯罪嫌疑人；强制执行措施适用的对象一般是民事强制执行案件（包括刑事附带民事判决中民事部分的强制执行案件）、行政强制执行案件（包括行政裁判执行和行政机关向人民法院申请执行行政决定的案件）和刑事判决中财产部分如罚金刑、没收财产刑、退赔或追缴违法所得的强制执行案件中的被执行人。

3. 适用机关不同。强制措施可以由人民法院、人民检察院和公安机关适用；强制执行措施主要由人民法院适用。

4. 具体措施种类不同。强制措施包括拘传、训诫、取保候审、监视居住、罚款、拘留和逮捕等；强制执行措施主要有冻结、划拨被执行人的存款，扣留、提取被执行人的收入，查封、扣押、冻结、拍卖、变卖被执行人的财产，强制交付法律文书指定的财物或票证，强制被执行人迁出房屋或退出土地，强制执行法律文书所指定的行为等。

（二）强制措施与行政处罚的区别

行政处罚，是行政机关或其他行政主体依法定职权和程序对违反行政法规但

---

〔1〕 参见郭兵主编：《强制执行论》，人民法院出版社 2010 年版，第 34 页。

尚未构成犯罪的相对人给予行政制裁的行政行为。强制措施在强制力上同某些行政处罚（如罚款、行政拘留）有相似之处，但两者也有明显区别：

1. 法律性质不同。强制措施是诉讼保障性措施，被采取强制措施的人不能视为受过处罚；行政处罚则是对行政违法人的行政制裁。

2. 适用依据和对象不同。强制措施是根据诉讼法规定的条件和程序适用的，适用于犯罪嫌疑人、被告人、当事人、其他诉讼参与人、妨害诉讼的案外人以及旁听人员，适用对象主要是自然人；行政处罚是根据《中华人民共和国行政处罚法》或其他法律法规适用的，适用对象是行政相对人，既包括自然人，也包括法人和其他组织。

3. 适用机关不同。强制措施可以由人民法院、人民检察院和公安机关适用；行政处罚只能由行政机关或其他行政主体适用。

4. 稳定性不同。强制措施可以根据案件情况变更或撤销，相对而言不是很稳定；行政处罚作为一种行政制裁手段，一旦作出一般不再变更。

（三）强制措施与刑罚的区别

刑罚，是人民法院依法对犯罪分子所适用的限制或剥夺其某种权益的强制性法律制裁方法。从形式上看，某些强制措施如拘留同刑罚在限制或剥夺人身自由方面有相似之处。但两者有着本质的区别：

1. 适用时间和法律性质不同。强制措施是诉讼保障措施，是在诉讼过程中适用的，其目的是保证诉讼和执行活动的顺利进行，而不是对犯罪的处罚；刑罚则只有人民法院审判以后才能确定，是对犯罪分子的一种制裁，其目的是通过惩罚和改造犯罪分子，使之不再犯罪，并警示其他社会上可能犯罪的人员。

2. 适用依据和对象不同。强制措施主要是根据诉讼法规定的条件和程序适用，适用于犯罪嫌疑人、被告人、当事人、其他诉讼参与人、妨害诉讼的案外人以及旁听人员；刑罚则是根据《刑法》有关犯罪构成和刑事责任的规定适用，只适用于经人民法院审判确定为有罪并应予以处罚的罪犯。

3. 适用机关不同。强制措施的适用机关主要是人民法院、人民检察院和公安机关；刑罚只有人民法院才有权适用。

4. 稳定程度不同。强制措施是一种暂时性措施，随着诉讼的进展可以发生变化；刑罚一经人民法院终审判决确定，非经法定程序不得随意变更。

第二节　司法警察实施强制措施的种类

强制措施广泛适用于司法活动之中，为了保护公民的人身权利和财产权利，防止出现滥用强制措施的情形，人民法院、人民检察院、公安机关应严格依照诉讼法及相关规范性文件的规定，对违法行为人采取和实施强制措施。

一、强制措施的种类

（一）诉讼法规定的种类

我国《刑事诉讼法》《民事诉讼法》《行政诉讼法》均有关于强制措施的规定，但具体内容却不尽相同。

1. 《刑事诉讼法》规定的强制措施的种类。《刑事诉讼法》规定的强制措施，我们称为刑事诉讼强制措施，是指人民法院、人民检察院和公安机关为了保证刑事诉讼的顺利进行，依法对被告人、犯罪嫌疑人采取的暂时限制或剥夺其人身自由的强制性方法。《刑事诉讼法》第66条~第100条规定了刑事诉讼强制措施的种类、适用条件和程序。《刑事诉讼法》规定的强制措施有五种，即拘传、取保候审、监视居住、拘留和逮捕。此外，根据《刑事诉讼法》及相关司法解释，人民法院在刑事审判过程中，为了制止和排除其他诉讼参与人或旁听人员对刑事诉讼的妨害，维护正常的诉讼秩序，保证诉讼活动的顺利进行，可以依法采取强制证人到庭、训诫、强行带出法庭，暂扣存储介质或相关设备、罚款、拘留等强制手段。

2. 《民事诉讼法》规定的强制措施的种类。《民事诉讼法》规定的强制措施的种类，我们称为民事诉讼强制措施，是指在民事诉讼中，人民法院为了制止和排除当事人、其他诉讼参与人、案外人或旁听人员对民事诉讼的妨害，维护正常的诉讼秩序，保证诉讼活动的顺利进行或执行工作的顺利完结，而依法对行为人所采取的各种强制手段的总称。《民事诉讼法》第112条~第120条规定了民事诉讼强制措施的种类、适用条件和程序。《民事诉讼法》规定的强制措施有五种，即拘传、训诫、责令退出法庭、罚款和拘留。

3. 《行政诉讼法》规定的强制措施的种类。《行政诉讼法》规定的强制措施的种类，我们称为行政诉讼强制措施，是指人民法院为了保证行政诉讼活动的正常进行或执行工作的顺利完结，依法对有故意妨害诉讼秩序行为或妨害执行行为的人所采取的强制手段。《行政诉讼法》第59条规定了行政诉讼强制措施的种类、适用条件和程序。《行政诉讼法》规定的强制措施有四种，即训诫、责令具结悔过、罚款和拘留。

（二）其他法律规范性文件规定的强制措施的种类

根据《中华人民共和国人民法院法庭规则》（以下简称《人民法院法庭规则》）、《人民法院司法警察条例》、《人民法院司法警察刑事审判警务保障规则》、《人民法院司法警察安全检查规则》等规范性文件的规定，人民法院司法警察在法庭审判、安全检查、配合执行、执行死刑、信访工作秩序维护、突发事件处置等工作中，根据审判人员的指令或突发事件处理的需要，也可以采取或执行训诫、责令退出、强行带离、强行扣押、强行收缴、强行检查、罚款、拘留等强制措施。

二、司法警察实施强制措施的概念

（一）司法警察实施强制措施的含义

司法警察实施强制措施，是指司法警察根据审判人员或执行人员的裁定、具体指令或突发事件处理的需要，依法对故意阻碍或破坏司法工作人员正常履行职责，扰乱司法秩序，妨害司法活动正常进行的行为人实施强制手段，以保障诉讼或执行活动顺利进行的职务行为。

（二）司法警察实施强制措施的法律依据

目前，我国法律只是明确规定了在司法活动中有权适用强制措施的机关，《刑事诉讼法》明确规定拘传、取保候审、监视居住、拘留和逮捕等强制措施的执行机关是公安机关，公安机关行使职责的公职人员只有人民警察，即由警察来实施强制措施。法律也明确规定，在审判、执行等司法活动中采取强制措施的是人民法院，但由于人民法院行使职权的有法官、司法警察及其他公职人员，法律并没有直接规定司法警察负有实施强制措施的职责，因此在法律层面缺乏关于在审判、执行等司法活动中实施强制措施主体的确定性。但是，在最高人民法院发布的《人民法院司法警察条例》的第7条第4项、第7项，第8条第1款，第9条，第10条，第13条等条文中，均明确规定了司法警察有采取或执行强制措施的职责。

《人民法院司法警察条例》第7条第4项、第7项规定，人民法院司法警察的职责："在生效法律文书的强制执行中，配合实施执行措施，必要时依法采取强制措施""执行拘传、拘留等强制措施"。第8条第1款规定："在法庭审判过程中，人民法院司法警察应当按照审判长或者独任审判员的指令，对违反法庭规则，哄闹、冲击法庭，侮辱、诽谤、威胁、殴打司法工作人员、诉讼参与人或者其他人员等扰乱法庭秩序的，依法予以强行带离，执行罚款或者拘留。"第9条规定："对以暴力、威胁或者其他方法阻碍司法工作人员执行职务的，人民法院司法警察应当及时予以控制，根据需要进行询问、提取或者固定相关证据，依法执行罚款、拘留等强制措施。"第10条规定："对不宜进入审判区域而强行进入的，人民法院司法警察应当依法强行带离；对涉嫌违法犯罪的，人民法院司法警察应当予以控制，并视情节及时移送公安机关。"第13条规定："对严重扰乱人民法院工作秩序、危害人民法院工作人员人身安全及法院机关财产安全的，人民法院司法警察应当采取训诫、制止、控制等处置措施，保存相关证据，对涉嫌违法犯罪的，及时移送公安机关。"

我们认为，法官是依法行使国家审判权的人员，法官在庭审中的基本职责是查清案件事实，正确适用法律，作出合理裁判。司法警察，是法院内部一支带有武装性质的队伍，明显适于实施强制措施工作。从形势发展和国际惯例看，我国司法警察应承担起实施强制执行和强制措施的所有外部任务，而身为是非纷争的裁决者的法官负责制定裁定和发出指令。司法警察根据法官的裁定和具体指令，依法实施强制措施。在司法实践中，各地人民法院主要也是按上述模式采取或执行强制措施。为了使司法警察实施强制手段更符合司法警察权运行的规律，我们认为应从法律层面予以明确司法警察实施强制措施的职责。

三、司法警察实施强制措施的种类

根据《人民法院司法警察条例》的第 7 条第 4 项、第 7 项，第 8 条第 1 款，第 9 条，第 10 条，第 13 条等规定可知，人民法院司法警察实施的强制措施主要有五种，即拘传、训诫、强行带离、罚款和拘留。

（一）拘传

1. 拘传的概念。拘传，是指对必须到人民法院接受调查或询问的人员，无正当理由拒不到场的，由人民法院院长签发拘传票，将其强制带到指定地点接受调查询问的一种强制措施。拘传的适用应当具备三个条件：

（1）拘传措施适用于特定对象。拘传对象应当是法律规定或人民法院认为必须到场的被告人或当事人。

（2）被拘传人无正当理由而拒不到场。正当理由是指不可抗力的事由或事实，即主观上不能归责于其本身的事由，如遇到天灾人祸、突发严重疾病等无法预料、不能避免、不能克服的原因。

（3）拘传必须有特定的形式和程序。拘传应当以签发拘传票的形式进行，不得以电话、捎口信、口头通知等简易方式进行。刑事诉讼中对被告人的拘传，一般是在传唤以后采用，但也可以根据案件情况，不经传唤直接拘传被告人。民事诉讼中，对被告、被执行人的拘传必须经过两次传票传唤后方可实施。传唤必须依照诉讼文书的送达方式，将填写好的传票送达被告或被执行人，传唤其到场，如采取电话、口信等方式传唤而对方不到场的，则不能实施拘传。行政诉讼不适用拘传。

2. 拘传的适用范围。

（1）拘传在刑事审判中的适用。根据《刑事诉讼法》第 66 条的规定，人民法院、人民检察院和公安机关根据案件情况，对犯罪嫌疑人、被告人可以拘传、取保候审或者监视居住。根据《最高人民法院关于适用〈中华人民共和国刑事诉讼法〉的解释》（以下简称《刑事诉讼法解释》）第 148 条第 1 款的规定，对经依法传唤拒不到庭的被告人，或者根据案件情况有必要拘传的被告人，可以拘传。这里的被告人主要是指刑事自诉案件的被告人，也包括公诉案件中被采取取保候审、监视居住措施而未被羁押的被告人。已经被羁押的被告人，不存在传唤拒不到庭的问题。根据案件情况有必要不经传唤而直接拘传被告人的情形一般包括被告人可能有逃跑、继续实施犯罪、毁灭或隐匿证据、与他人互相串供、订立攻守同盟等阻挠或妨碍诉讼活动正常进行的行为。

（2）拘传在民事审判中的适用。根据《民事诉讼法》第 112 条的规定，人民法院对必须到庭的被告，经两次传票传唤，无正当理由拒不到庭的，可以拘传。根据《民事诉讼法解释》第 174 条第 2 款的规定，人民法院对必须到庭才能查清案件基本事实的原告，经两次传票传唤，无正当理由拒不到庭的，可以拘传。在反诉中，本诉的原告变成了反诉的被告，如果是必须到庭的，也可以对其适用拘传。必须到庭的被告，是指负有赡养、抚育、扶养义务和不到庭就无法查清案情的被告。给国家、集体或他人造成损害的未成年人的法定代理人，如其必须到庭，经两次传票传唤无正当理由拒不到庭的，也可以适用拘传。

（3）拘传在执行程序中的适用。根据《执行工作规定（试行）》（2008）第 97 条的规定，对必须到人民法院接受询问的被执行人或被执行人的法定代表人或负责人，经两次传票传唤，无正当理由拒不到场的，人民法院可以对其进行拘传。

法定代表人或负责人必须接受询问的情形一般包括：①在接到人民法院的财产报告令后拒不到人民法院报告财产的；②被执行人从事高消费活动却不说明从事高消费的财产来源的；③转移、隐匿财产，拒不说明财产下落的；④毁损被执行财产，但不说明毁损原因的；⑤法律文书指定的特定物被转移、隐匿、毁损却不说明原因的；⑥被执行人不在场将有可能妨害执行的；⑦被执行人或被执行人的法定代表人、负责人不到场，将对执行产生重大影响的。[1]

对拒不协助的协助执行人、被执行人的配偶等不适用拘传。

（二）训诫

1. 训诫的概念。训诫，是指人民法院对妨害诉讼活动情节较轻的人，予以批评、教育，并责令其改正或不得再犯的一种强制措施。

训诫是最轻的一种强制措施，它的强制性较弱，一般适用于违反法庭规则、影响审判秩序且情节轻微的行为。

〔1〕　金平强主编：《执行工作实务技能》，人民法院出版社 2013 年版，第 282 页

2. 训诫的适用范围。

（1）扰乱法庭审判秩序情节较轻的行为人。根据《刑事诉讼法解释》第307条第2款的规定，未经许可对庭审活动进行录音、录像、拍照或者使用即时通讯工具等传播庭审活动的，可以暂扣相关设备及存储介质，删除相关内容。根据《民事诉讼法》第113条第1款、第2款的规定，诉讼参与人和其他人应当遵守法庭规则。人民法院对违反法庭规则的人，可以予以训诫，责令退出法庭或者予以罚款、拘留。根据《人民法院法庭规则》第17条第1款的规定，全体人员在庭审活动中应当服从审判长或独任审判员的指挥，尊重司法礼仪，遵守法庭纪律，不得实施下列行为：（一）鼓掌、喧哗；（二）吸烟、进食；（三）拨打或接听电话；（四）对庭审活动进行录音、录像、拍照或使用移动通信工具等传播庭审活动；（五）其他危害法庭安全或妨害法庭秩序的行为。

（2）刑事诉讼中没有正当理由拒绝出庭或出庭后拒绝作证的证人。根据《刑事诉讼法》第193条第2款的规定，证人没有正当理由拒绝出庭或者出庭后拒绝作证的，予以训诫，情节严重的，经院长批准，处以十日以下的拘留。被处罚人对拘留决定不服的，可以向上一级人民法院申请复议。复议期间不停止执行。

（3）行政诉讼中妨害诉讼活动的诉讼参与人或其他人。根据《行政诉讼法》第59条第1款的规定，诉讼参与人或者其他人有下列行为之一的，人民法院可以根据情节轻重，予以训诫、责令具结悔过或者处一万元以下的罚款、十五日以下的拘留；构成犯罪的，依法追究刑事责任：（一）有义务协助调查、执行的人，对人民法院的协助调查决定、协助执行通知书，无故推拖、拒绝或者妨碍调查、执行的；（二）伪造、隐藏、毁灭证据或者提供虚假证明材料，妨碍人民法院审理案件的；（三）指使、贿买、胁迫他人作伪证或者威胁、阻止证人作证的；（四）隐藏、转移、变卖、毁损已被查封、扣押、冻结的财产的；（五）以欺骗、胁迫等非法手段使原告撤诉的；（六）以暴力、威胁或者其他方法阻碍人民法院工作人员执行职务，或者以哄闹、冲击法庭等方法扰乱人民法院工作秩序的；（七）对人民法院审判人员或者其他工作人员、诉讼参与人、协助调查和执行的人员恐吓、侮辱、诽谤、诬陷、殴打、围攻或者打击报复的。

（4）严重扰乱人民法院工作秩序的行为人。根据《人民法院司法警察条例》第13条的规定，对严重扰乱人民法院工作秩序、危害人民法院工作人员人身安全及人民法院机关财产安全的，人民法院司法警察应当采取训诫、制止、控制等处置措施，保存相关证据，对涉嫌违法犯罪的，及时移送公安机关。

（三）强行带离

1. 强行带离的概念。强行带离，是指人民法院对于妨害诉讼活动且拒不执行警告制止、责令退出命令的人员，强制其离开审判法庭或事发地点，以防止妨害行为继续进行的一种强制措施。

强行带离的强制力度重于训诫而轻于罚款、拘留，强行带离措施的适用应当具备三个条件：

（1）行为人违反诉讼秩序的行为较严重。被强行带离的人员实施了违反诉讼秩序的行为，但尚未达到需要适用罚款、拘留的严重程度。

（2）事先向行为人提出警告。事先已经对被强行带离人作出警告制止、责令退出的命令。

（3）行为人拒不听从指令。被强行带离人拒不执行作出的警告制止、责令退出命令的。

2. 强行带离的适用范围。

（1）扰乱法庭审判秩序情节较严重又拒不听从指令的行为人。根据《刑事诉讼法》第 199 条第 2 款的规定，对聚众哄闹、冲击法庭或者侮辱、诽谤、威胁、殴打司法工作人员或者诉讼参与人，严重扰乱法庭秩序，构成犯罪的，依法追究刑事责任。根据《刑事诉讼法解释》第 306 条第 1 款、第 2 款的规定，庭审期间，全体人员应当服从法庭指挥，遵守法庭纪律，尊重司法礼仪，不得实施下列行为：（一）鼓掌、喧哗、随意走动；（二）吸烟、进食；（三）拨打、接听电话，或者使用即时通讯工具；（四）对庭审活动进行录音、录像、拍照或者使用即时通讯工具等传播庭审活动；（五）其他危害法庭安全或者扰乱法庭秩序的行为。旁听人员不得进入审判活动区，不得随意站立、走动，不得发言和提问。根据《刑事诉讼法解释》第 307 条第 2 款的规定，未经许可对庭审活动进行录音、录像、拍照或者使用即时通讯工具等传播庭审活动的，可以暂扣相关设备及存储介质，删除相关内容。《民事诉讼法》第 113 条、《人民法院法庭规则》第 17 条、《人民法院司法警察条例》第 8 条也都作出了相关规定。

（2）不宜进入审判区域而强行进入的人员。根据《人民法院法庭规则》第 9 条第 3 款的规定，下列人员不得旁听：（一）证人、鉴定人以及准备出庭提出意见的有专门知识的人；（二）未获得人民法院批准的未成年人；（三）拒绝接受安全检查的人；（四）醉酒的人、精神病人或其他精神状态异常的人；（五）其他有可能危害法庭安全或妨害法庭秩序的人。根据《人民法院司法警察条例》第 10 条的规定，对不宜进入审判区域而强行进入的，人民法院司法警察应当依法强行带离；对涉嫌违法犯罪的，人民法院司法警察应当予以控制，并视情节及时移送公安机关。

（3）刑事押解中哄闹拦阻囚车的行为人。《人民法院司法警察预防和处置突发事件暂行规则》第 12 条第 3 项规定："（三）提押与还押过程中遇下列突发情况时，司法警察应依法采取措施：……遇刑事被告人家属或其他人员哄闹、拦阻囚车时，司法警察一方面应尽快将刑事被告人与其他人员相隔离，防止其他人员借机劫夺刑事被告人或刑事被告人伺机脱逃，另一方面应对相关人员提出警告，警告无效后可将带头闹事者强制带离现场或采取其他强制措施……"

（4）执行工作中暴力抗法的行为人。根据《人民法院司法警察执法行为规范（试行）》第36条的规定，被执行人暴力抗法时：……（三）听从现场指挥员的指挥，将被执行人员强制带离或予以临时看管……

（四）罚款

1. 罚款的概念。罚款，是指人民法院对妨害诉讼活动的行为人依法责令其在指定期限内缴纳一定数额的金钱，并以此来约束行为人以防止妨害行为继续发生的一种强制措施。

罚款的强制力重于训诫和强行带离，但轻于拘留。根据不同类别的诉讼活动，罚款的金额各不相同。《刑事诉讼法》第199条第1款规定："在法庭审判过程中，如果诉讼参与人或者旁听人员违反法庭秩序……情节严重的，处以一千元以下的罚款……"《民事诉讼法》第118条第1款规定："对个人的罚款金额，为人民币十万元以下。对单位的罚款金额，为人民币五万元以上一百万元以下。"《行政诉讼法》也对诉讼参与人或其他人妨害审判秩序的行为作出了规定。《行政诉讼法》第59条第1款规定："诉讼参与人或者其他人有下列行为之一的，人民法院可以根据情节轻重，予以训诫、责令具结悔过或者处一万元以下的罚款、十五日以下的拘留；构成犯罪的，依法追究刑事责任……"

适用罚款的强制措施一般要综合考虑以下四方面因素：

（1）违法行为客观上的影响。对违法行为相对较轻、影响程度范围不大的，可适用罚款的强制措施；对违法行为情节严重、影响程度范围较大的，则应考虑适用其他更加严厉的强制措施。

（2）违法行为人的主观态度。对违法情节轻微、悔过态度较好的违法行为人，可选择训诫等相对较轻的强制措施；对违法情节较重、拒不悔过的违法行为人则应坚决采取罚款等强制措施。

（3）罚款的相对补充性。对因年龄、身体状况或特殊身份等原因而不能或不宜采取拘留措施的违法行为人，可适用罚款的强制措施。

（4）被罚款人的缴纳罚款能力。采取罚款强制措施及罚款数额的确定，应当综合考虑案件实际情况以及被罚款人的缴纳罚款能力，罚款决定一经作出，应当能够及时得到执行，否则不仅达不到预期目的，反而会损害法律的严肃性和司法的威慑力。[1]

2. 罚款的适用范围。

（1）根据《刑事诉讼法》第 199 条第 2 款的规定，对聚众哄闹、冲击法庭或者侮辱、诽谤、威胁、殴打司法工作人员或者诉讼参与人，严重扰乱法庭秩序，构成犯罪的，依法追究刑事责任。《刑事诉讼法解释》第 306 条、第 307 条，《民事诉讼法》第 113 条，《人民法院法庭规则》第 17 条，《人民法院司法警察条例》第 8 条均作此相关规定。在法庭审判过程中，诉讼参与人或旁听人员有不服从法庭指挥、不遵守法庭礼仪，鼓掌、喧哗、哄闹、随意走动，未经许可对庭审活动进行录音、录像、摄影，未经许可通过发送邮件、博客、微博等方式传播庭审情况，未经同意发言、提问，侮辱、诽谤、威胁、殴打司法工作人员、诉讼参与人或其他人员，以及实施其他扰乱法庭秩序的行为，情节严重的，报经院长批准后，可以对行为人予以罚款、拘留。

（2）民事诉讼中妨害诉讼活动的诉讼参与人或其他人。《民事诉讼法》第 114 条~第 117 条、《执行工作规定（试行）》第 57 条都规定了在民事诉讼中，诉讼参与人、被执行人、其他人以及有义务协助调查、执行的单位如果有妨害诉讼活动正常进行的行为的，人民法院可以根据情节轻重予以罚款、拘留。

第一，诉讼参与人或其他人有下列行为之一的，人民法院可以根据情节轻重予以罚款、拘留：①伪造、毁灭重要证据，妨碍人民法院审理案件的；②以暴力、威胁、贿买方法阻止证人作证或指使、贿买、胁迫他人作伪证的；③隐藏、转移、变卖、毁损已被查封、扣押的财产，或已被清点并责令其保管的财产，转移已被冻结的财产的；④对司法工作人员、诉讼参加人、证人、翻译人员、鉴定人、勘验人、协助执行的人，进行侮辱、诽谤、诬陷、殴打或打击报复的；⑤以暴力、威胁或其他方法阻碍司法工作人员执行职务的；⑥拒不履行人民法院已经发生法律效力的判决、裁定的。

对有上述行为之一的单位，人民法院可以对其主要负责人或直接责任人员予以罚款、拘留。

第二，有义务协助调查、执行的单位有下列行为之一的，人民法院除责令其履行协助义务外，并可以予以罚款：①有关单位拒绝或者妨碍人民法院调查取证的；②有关单位接到人民法院协助执行通知书后，拒不协助查询、扣押、冻结、划拨、变价财产的；③有关单位接到人民法院协助执行通知书后，拒不协助扣留被执行人的收入、办理有关财产权证照转移手续、转交有关票证、证照或其他财产的；④其他拒绝协助执行的。

---

〔1〕 金平强主编：《执行工作实务技能》，人民法院出版社 2013 年版，第 300~301 页。

人民法院对有前款规定的行为之一的单位，可以对其主要负责人或直接责任人员予以罚款；对仍不履行协助义务的，可以予以拘留。

第三，当事人之间恶意串通，企图通过诉讼、调解等方式侵害他人合法权益的，人民法院应当驳回其请求，并根据情节轻重予以罚款、拘留；被执行人与他人恶意串通，通过诉讼、仲裁、调解等方式逃避履行法律文书确定的义务的，人民法院应当根据情节轻重予以罚款、拘留。

第四，被执行人或其他人有下列拒不履行生效法律文书或者妨害执行行为之一的，人民法院可以予以罚款、拘留：①隐藏、转移、变卖、毁损向人民法院提供执行担保的财产的；②案外人与被执行人恶意串通转移被执行人财产的；③故意撕毁人民法院执行公告、封条的；④伪造、隐藏、毁灭有关被执行人履行能力的重要证据，妨碍人民法院查明被执行人财产状况的；⑤指使、贿买、胁迫他人对被执行人的财产状况和履行义务的能力问题作伪证的；⑥妨碍人民法院依法搜查的；⑦以暴力、威胁或其他方法妨碍或抗拒执行的；⑧哄闹、冲击执行现场的；⑨对人民法院执行人员或协助执行人员进行侮辱、诽谤、诬陷、围攻、威胁、殴打或打击报复的；⑩毁损、抢夺执行案件材料、执行公务车辆、其他执行器械、执行人员服装和执行公务证件的。

（3）行政诉讼中妨害诉讼活动的诉讼参与人或其他人。根据《行政诉讼法》第 59 条第 1 款的规定，诉讼参与人或者其他人有下列行为之一的，人民法院可以根据情节轻重，予以训诫、责令具结悔过或者处 1 万元以下的罚款、15 日以下的拘留；构成犯罪的，依法追究刑事责任：（一）有义务协助调查、执行的人，对人民法院的协助调查决定、协助执行通知书，无故推拖、拒绝或者妨碍调查、执行的；（二）伪造、隐藏、毁灭证据或者提供虚假证明材料，妨碍人民法院审理案件的；（三）指使、贿买、胁迫他人作伪证或者威胁、阻止证人作证的；（四）隐藏、转移、变卖、毁损已被查封、扣押、冻结的财产的；（五）以欺骗、胁迫等非法手段使原告撤诉的；（六）以暴力、威胁或者其他方法阻碍人民法院工作人员执行职务，或者以哄闹、冲击法庭等方法扰乱人民法院工作秩序的；（七）对人民法院审判人员或者其他工作人员、诉讼参与人、协助调查和执行的人员恐吓、侮辱、诽谤、诬陷、殴打、围攻或者打击报复的。

（4）阻碍司法工作人员执行职务的行为人。根据《人民法院司法警察条例》第 9 条的规定，对以暴力、威胁或者其他方法阻碍司法工作人员执行职务的，人民法院司法警察应当及时予以控制，根据需要进行询问、提取或者固定相关证据，依法执行罚款、拘留等强制措施。

（五）拘留

1.拘留的概念。拘留，是指人民法院在审判或执行过程中对妨害诉讼活动情节较为严重但尚未构成犯罪的行为人，依法在一定期间内限制其人身自由，以防止其继续实施妨害诉讼行为的一种强制措施。

拘留是人民法院对妨害诉讼活动的行为人实施的最严厉的一种强制措施。被拘留人对拘留决定不服的，可以向作出决定的人民法院的上一级人民法院申请复议一次，但复议期间不停止拘留的执行。拘留期限为 15 日以下。在拘留期间，被拘留人承认并改正错误的，人民法院可以决定提前解除拘留。

人民法院采取的拘留强制措施就是通常所说的司法拘留，司法拘留和刑事拘留、行政拘留虽然同为拘留，都限制行为人的人身自由，但三者有本质的区别：

（1）拘留的目的不同。司法拘留是为了排除妨害，保障诉讼活动的顺利进行；刑事拘留是为了防止人犯逃避、阻碍刑事侦查活动的进行；行政拘留是为了维护正常的社会秩序。

（2）适用的对象不同。司法拘留是对妨害诉讼活动情节严重，但尚未构成犯罪的人采取的强制措施；刑事拘留是对罪该逮捕的现行犯或重大嫌疑分子，由于情况紧急而依法采取的限制其人身自由的一种强制措施；行政拘留是对违反治安管理秩序的人给予的行政处罚。

（3）决定拘留的部门不同。司法拘留由人民法院决定；刑事拘留由人民检察院或公安机关决定；行政拘留由公安机关决定。

（4）拘留的结果不同。司法拘留和行政拘留期满即告终结，恢复被拘留人的人身自由；刑事拘留的结果，则根据案件情况的不同而变化，可能释放被拘留人，也可能转为逮捕或其他强制措施，如转为取保候审、监视居住。

2. 拘留的适用范围。《刑事诉讼法》第 193 条第 2 款规定："证人没有正当理由拒绝出庭或者出庭后拒绝作证的，予以训诫，情节严重的，经院长批准，处以十日以下的拘留……"其他拘留的适用范围与罚款的适用范围相同，此处不再重复论述。

3. 拘留适用的注意事项。根据法律法规的规定，人民法院对绝大多数可以适用罚款强制措施的行为人可以同时选择适用拘留强制措施。实践中，适用拘留强制措施应注意以下几点：

（1）准确把握妨害诉讼行为的危害程度以及情节的轻重。一般来说，危害程度不大、情节相对较轻的适用罚款；危害程度较大、情节较重或较恶劣的，适用拘留。

（2）拘留与罚款合并适用的情形。一般情况下，人民法院应当根据行为的危害程度以及情节轻重来单独选择适用罚款或拘留强制措施。但是，根据《民事诉讼法解释》第 183 条的规定，民事诉讼法第一百一十三条至第一百一十六条规定的罚款、拘留可以单独适用，也可以合并适用。合并适用时，必须同时作出罚款和拘留决定书并宣布，但对同一妨害诉讼的行为不能连续作出罚款、拘留的强制措施。

（3）特殊情况下的罚款前置。根据《民事诉讼法》第117条第2款的规定，人民法院对有前款规定的行为之一的单位，可以对其主要负责人或者直接责任人员予以罚款；对仍不履行协助义务的，可以予以拘留；并可以向监察机关或者有关机关提出予以纪律处分的司法建议。

本章小结

本章介绍的强制措施，仅指司法机关采取的强制措施，不包括行政机关采取的行政强制措施。强制措施广泛适用于司法活动之中，为了保护公民的人身权利和财产权利，防止出现滥用强制措施的情形，人民法院、人民检察院、公安机关应严格依照诉讼法及相关规范性文件的规定，对违法行为人采取和实施强制措施。人民法院司法警察实施的强制措施主要有五种，即拘传、训诫、强行带离、罚款、拘留。文中具体阐述了拘传、训诫、强行带离、罚款、拘留的概念、适用范围。

问题思考

1. 强制措施的概念和特点是什么？
2. 强制措施与强制执行措施的区别是什么？
3. 拘传的概念及适用范围是什么？
4. 训诫的概念及适用范围是什么？
5. 强行带离的概念及适用范围是什么？
6. 罚款的概念及适用范围是什么？
7. 拘留的概念及适用范围是什么？

二维码

第七章　二维码阅读

第八章 司法警察配合强制执行

学习目标

　　掌握配合强制执行的概念、特点；司法警察配合实施搜查等强制措施的法律依据；理解司法警察在配合强制执行中的职责；司法警察配合强制执行的程序要求；配合搜查、查封、扣押、强制腾退的组织实施和情况处置。

本章重点

　　配合强制执行的概念、职责、程序要求；配合搜查、查封、扣押、强制腾退的组织实施和情况处置。

【本章引例】

　　C 区人民法院执行人员到被执行人高某所在经营场所进行强制迁出租赁房屋的强制执行。被执行人高某将大门锁上，并在门口放置汽油等易燃物品，阻止执行。

　　思考问题：

　　1. 司法警察在配合实施强制迁出的执行任务时，应事先做好哪些工作？

　　2. 在被执行人已经放置汽油等燃烧物以阻止执行时，配合强制执行的司法警察应如何应对？

　　3. 如果司法警察事先已经了解到被执行人可能会采取手段阻止执行，在制订执行预案时应注意哪些事项？

第一节 配合强制执行概述

一、配合强制执行的概念

（一）强制执行的概念

强制执行，是指法律赋予执行权的国家机关按照法律规定的程序，运用国家公权力，将已经发生法律效力的法律文书所确定的内容，予以实现的法律活动。

因诉讼性质的不同，强制执行可以分为民事执行、行政执行和刑事执行三种。

（二）配合强制执行的概念

1. 配合强制执行的概念。配合强制执行，是指在人民法院对生效判决、裁定的执行中，司法警察根据人民法院执行机构的需要和用警申请，配合实施执行措施或依法采取强制措施，以保障执行活动顺利进行的职务行为。

2. 司法警察配合强制执行的法律依据。司法警察在人民法院的执行活动中担任什么角色，我国法律并无直接规定，《民事诉讼法》只规定了人民法院的执行工作由执行员承担。《民事诉讼法》第 239 条规定："执行工作由执行员进行。采取强制执行措施时，执行员应当出示证件……人民法院根据需要可以设立执行机构。"第 251 条规定："执行员接到申请执行书或者移交执行书，应当向被执行人发出执行通知，并可以立即采取强制执行措施。"但是，由于执行工作本身具有强制性、对抗性，执行人员在实施执行措施时，经常遇到来自被执行人的抵触，尤其是在遭遇被执行人以暴力抗拒执行时，执行人员自身并无有效的制衡手段，只有通过司法警察的警务保障，才能确保相关的执行任务顺利完成。为此，《人民法院司法警察条例》明确规定了人民法院司法警察负有配合强制执行的职责。该条例第 7 条第 4 项规定的人民法院司法警察的职责是："在生效法律文书的强制执行中，配合实施执行措施，必要时依法采取强制措施"。

二、配合强制执行的特点

（一）保障性

人民法院之所以要对被执行人强制执行，是因为有些被执行人法律意识淡薄，虽经人民法院执行人员说服教育但仍不履行义务，甚至以暴力手段抗拒执行。遇此情形，执行人员不仅很难顺利完成执行任务，而且执行过程中其自身的人身安全也难以保障。此时，只有凭借司法警察的警务保障，才能确保执行现场的秩序不会遭到破坏，执行人员的人身安全才有保障，执行任务才能得以顺利完成。

（二）强制性

司法警察配合强制执行，其实质就是运用人民法院具有武装性质的司法力量，通过依法采取强制手段，震慑企图逃避履行、对抗执行的被执行人，以实现执行目的，彰显人民法院的司法权威。

（三）从属性

在配合强制执行活动中，司法警察并不办理执行案件，其对执行案件的介入是应执行部门的用警申请而介入，并不是主动参与。没有执行部门的用警申请，司法警察部门不能主动介入执行活动。在整个执行活动中，针对哪些财产采取强制执行措施，对哪个被执行人采取强制措施，均由执行人员决定并办理相关审批手续。司法警察在强制执行工作中处于从属地位。

（四）互动性

虽然在执行工作中，司法警察是应执行部门的用警申请配合强制执行，但是，为有效地应对执行中的突发事件，配合强制执行的司法警察应积极参与执行案件的案情分析，拟定警务保障方案，做好实施强制执行措施的必要准备。处置紧急情况过程中，司法警察应与执行人员分工协作、相互配合，迅速有效地采取措施、控制局面。

三、司法警察配合实施搜查等强制措施的法律依据

《人民法院司法警察条例》第 11 条规定："在生效法律文书的强制执行中，人民法院司法警察可以依法配合实施搜查、查封、扣押、强制迁出等执行行为。"根据该条规定，司法警察配合强制执行，主要是指在执行人员需要依法对被执行人实施搜查、查封、扣押、强制迁出等执行行为时，为确保上述强制执行措施得以顺利实施，司法警察依法为执行人员提供警力保障。

第二节　司法警察在配合强制执行中的职责

司法警察在配合强制执行中，主要承担以下职责：

一、制定警务保障方案

在配合执行活动中，为确保执行措施的顺利实施，司法警务部门在接到经审批的用警申请后，应当根据执行任务的需要及时分配警力，指定负责人。负责人应与承办案件的执行人员分析案情，了解被执行人的基本情况、执行标的物的具体情况，执行可能带来的社会影响、潜在的风险，据此制定警务保障方案。

二、维护现场秩序，保护执行人员人身安全

进入实施阶段，司法警察应对执行现场实施警戒，将其他无关人员清理出执行现场，以免其妨碍执行。遇有暴力干扰时应及时采取强行带离等强制措施，果断处置，保障执行人员人身安全。

三、协助完成其他有关事项

1. 协助通知有关人员到场。在执行员实施搜查、查封、扣押、强制迁出等

执行措施时，需要通知被执行人或其成年家属及其基层组织派员到场；被执行人是法人或其他组织的，应通知其法定代表人或主要负责人到场，有上级主管部门的，也可通知主管部门有关人员到场。司法警察根据现场情况可协助执行人员通知有关人员到场。

2. 协助清点财产。在实施搜查、查封、扣押的强制措施时，执行人员发现应当依法查封、扣押、交付的财产，应当开列查获财产清单，并立即采取相关措施。司法警察根据现场情况可协助执行人员清点搜查财产。

3. 协助制作执行记录。在实施搜查、查封、扣押时，执行人员应对到场人员、执行过程、结果作出详细记录，并由执行人员、被执行人及其他在场人员签名或盖章。司法警察根据现场情况可协助执行人员制作执行记录。

4. 协助清理执行现场。司法警察根据现场情况可协助执行人员清理执行现场，保护执行人员安全撤离执行现场。

第三节 司法警察配合强制执行的程序要求

在配合强制执行时，司法警察应遵循以下程序要求：

一、警务受领

（一）接受申请

执行部门根据执行案件的需要，一般应当提前 3 个工作日向司法警察部门提出用警申请，填写用警审批表，并报请分管司法警察工作的院领导批准。用警审批表审批后，交由司法警察部门安排警力。

用警审批表应包含以下主要内容：用警部门、用警人数、时间、地点；案件承办人及联系人、联系方式；执行标的物、被执行人的基本情况，并注明注意事项。

（二）审核申请

司法警察部门应认真审核用警申请的具体内容，了解执行标的物、被执行人的基本情况、风险评估状况，对于信息不完备或者有差错的，应当要求执行部门及时补正。司法警察部门应合理调配警力，配置相关的警用装备。

（三）指定负责人

受领任务后，司法警察部门负责人应当根据案件情况指定配合强制执行负责人。

二、警务准备

(一) 了解案情

接受任务后，配合强制执行负责人应当向执行部门进一步了解执行案件的详细案情和被执行人的财产状况等基本情况，与执行部门共同分析可能出现的各种情况，拟定需要采取的执行措施。

(二) 实地勘察

配合强制执行的司法警察应当对执行现场进行实地勘察。实地勘察的重点是被执行人的居住情况、财产所在地周边环境及其交通状况。

1. 被执行人居住情况勘察。查看被执行人的居住情况，有利于事先采取有效的防范措施，消除执行过程中可能发生的安全隐患。司法警察实地勘察时应查看被执行人及其家庭成员的居住情况及周边环境，被执行人住所的楼层结构、进出通道、窗台及露台的开设情况，屋内电力总阀门、煤气阀门或煤气罐等危险物品的准确位置等信息。

2. 财产所在地周边环境勘察。掌握被执行人财产所在地及周围地理环境，有利于司法警察在配合执行时对执行现场实施有效控制，发生突发事件时能够迅速有效地予以处置。司法警察实地勘察时应掌握被执行人财产所在地及周围地理环境，了解周边道路交通状况，是否有适宜停放车辆的地点，有无其他通行道路，了解距现场最近的医院及赴医院的行车线路、所需时间等信息。

司法警察根据实地勘察所掌握的情况进一步完善安全措施，排除可能发生的各种安全隐患。

(三) 制定警务保障方案

司法警务部门应当根据执行任务、被执行人的基本情况、执行标的物的具体情况、执行可能带来的社会影响、潜在的风险等因素，制定保障方案。保障方案一般包括以下内容：

1. 组织指挥。警务保障指挥员一般由配合强制执行负责人担任。由其根据保障方案、执行员的指令以及现场情况确定司法警察的任务分工，与执行部门协作，组织指挥强制措施的实施，指挥紧急情况的处置。

2. 警力配备。根据执行任务情况，一般设立执行组、警戒组和机动组。其中：①执行组负责配合执行人员实施搜查、查封、扣押、强制迁出等执行措施；②警戒组负责设置警戒区域，将执行现场与其他区域有效隔离，防止被执行人自伤、自残、行凶等行为发生，阻止围观人员进入执行现场，避免发生冲突；③机动组配合执行人员采取强制措施，控制被执行人或者其财物，完成执行工作负责人交办的其他任务。

3. 装备配备。为体现司法警察的权威，有效应对可能的冲突，司法警察应当根据实际情况，配备警棍、手铐、执法记录仪、催泪喷射器、对讲机、警戒带等必需的警用装备，配备执行车辆；必要时配备头盔、网枪、破拆工具、灭火毯、便携式阻车器、防毒面具、武器等。

4. 突发事件处置。明确各种突发事件应急处置的职责分工、处置程序和处置方法。

（四）任务分配

警务保障负责人根据保障方案集中统一下达任务，明确各组的人员组成及其具体分工，并介绍被执行人基本情况、明确执行标的物以及可能产生的社会影响，强调特别注意的事项和执行秘密。

（五）装备领取和检查

配合强制执行的司法警察按照任务分工，领取警用装备，检查警用装备、警用车辆是否处于良好状态。

（六）携带有效证件

配合强制执行的司法警察应当按照有关规定携带人民警察证、执行公务证等有效证件。

本章小结

配合强制执行是司法警察的重要职责之一。本章介绍了强制执行的特点，司法警察在配合强制执行中的职责及程序要求。

问题思考

1. 如何理解司法警察在配合强制执行工作中的角色？
2. 司法警察在配合强制执行时有哪些职责？
3. 司法警察实施配合强制执行应遵循哪些程序要求？

二维码

第八章　二维码阅读

学习单元一　对存款、劳动收入和到期债权的执行

训练目的

　　知晓对被执行人存款、劳动收入和到期债权的调查途径与方法；掌握对被执行人存款、劳动收入和到期债权适用的执行措施与执行程序；能够根据被执行人的具体情况灵活运用调查手段与执行措施。

训练要求

　　对被执行人存款、劳动收入和到期债权的调查途径与方法；对被执行人存款、劳动收入和到期债权适用的执行措施与执行程序。

项目一　对存款的执行

一、案例情境

　　2010 年 2 月 7 日，刘某借柳某的二轮摩托车由北向南骑至 B 市 H 镇 X 村 5 组路段时，将李某撞伤。李某报案后，公安机关到达现场勘查并录入了口供。李某依据录入的口供起诉刘某和柳某，不料柳某真实姓名为柳祥某。案件上诉后经 B 市中级人民法院查实后发回重审，重审后又经过上诉程序，就这样形成了一案四诉。经过长达 1 年多时间，李某终于拿到终审判决书，刘某应赔偿李某损失 6.02 万元，柳祥某承担连带赔偿责任。而此时刘某、柳祥某早已外出下落不明，案件执行未能有丝毫进展。但执行人员未放弃执行，一直到工、农、中、建等多家银行反复查询，2013 年，终于查询到柳祥某存款 1.2 万余元并予以扣划，查询到刘某在 H 镇邮政储蓄银行的存款 2 万余元予以扣划。

二、调查途径与方法

存款是被执行人储蓄或存放在银行、信用社或其他金融机构的货币资产。目前我国允许自然人、法人或其他组织存放货币资产的金融机构主要有银行、信用社等。

（一）对被执行人为自然人的调查

1. 申请人提供。债权人在申请执行时，应当将其所了解的债务人财产线索如实告知执行法院。债权人在与债务人的交往中，可能通过汇款账户或者债务人主动向债权人提供的账户信息掌握被执行人的开户行、账号情况。对债权人提供的这些线索执行人员要记入执行笔录并及时查证。对申请人提供的情况执行人员可以进一步询问，使信息详尽明确，以便查询。

2. 被执行人申报。执行法院有权责令被执行人申报收到执行通知之日前一年的财产情况和变动状况，包括现在的存款情况、账户信息。执行法院责令被执行人申报财产的，应当向被执行人发出申报财产令，并由被执行人在送达回证上签字。对于被执行人申报的存款情况及账户信息执行人员应及时查证。

3. 到金融机构查询。执行法院依职权到金融机构查询是掌握被执行人存款情况最主要的途径。即使是申请人提供或者被执行人申报存款情况，也必须由执行人员到金融机构查证是否属实。

到金融机构查询前，执行人员应先掌握被执行人的身份信息，其中被执行人的身份证号码是最关键且不可或缺的。执行人员可以通过查阅生效法律文书、被执行人的身份证或户口本，到公安机关调查核实，准确掌握被执行人及其家庭成员的身份情况，包括姓名、性别、年龄、住址和身份证号码，为查询个人存款提供依据。然后，以被执行人的住所、经常居住地或主要活动场所为中心，界定其可能存款的范围，持执行公务证、工作证和协助查询存款通知书到该范围内的各金融机构进行查询。

查询时，金融机构收到协助查询通知书后，应安排工作人员根据通知书上的信息马上进行查询，并在查询回执上写明查询结果，由经办人员在查询回执和送达回证（签收协助查询通知书）上签名并加盖公章。执行人员还可以根据需要对查询或查阅的有关资料，包括被执行人开户、存款情况以及会计凭证、账簿、有关对账单等资料（含电脑储存资料）进行抄录、复制、照相，以上材料要由金融机构加盖印章。最后，执行人员将查询回执、抄录、复制、照相的有关资料连同签收的送达回证一并收回。

4. 搜查被执行人的人身或住所获取被执行人的存折或银行卡，然后到相关金融机构查询。

5. 通过法院执行管理系统查找被执行人在人民法院的涉案情况，以获取相关信息。

（二）对被执行人为法人或其他组织的调查

1. 申请人提供。被执行人为法人或其他组织时，申请人往往可以从合同书、增值税发票或其他途径了解到被执行人的账户信息，在申请执行时，申请人应当将其所了解的这些信息如实告知执行法院。对债权人提供的这些线索，执行人员要记入执行笔录并及时查证。

2. 被执行人申报。执行法院有权责令被执行人申报收到执行通知之日前一年的财产情况和变动状况，包括现在的存款情况、账户信息。执行法院责令被执行人申报财产的，应当向被执行人发出申报财产令，由法定代表人或主要负责人进行申报。对于被执行人申报的存款情况及账户信息执行人员应及时查证。

3. 到金融机构查询。执行法院依职权到金融机构查询是掌握被执行人存款情况的最主要的途径。即使是申请人提供或者被执行人申报存款情况，也必须由执行人员到金融机构查证是否属实。

对被执行人为法人或其他组织查询存款的，执行人员应先到工商行政管理部门查询被执行人的注册登记信息，包括组织机构的名称、营业执照号码、经营性质、经营场所、法定代表人或主要负责人、法人或其他组织的基本账户、其他账户。然后，根据注册登记的信息，持执行公务证、工作证和协助查询存款通知书到当地的人民银行营业部查询该单位的存款情况。

查询时，人民银行收到协助查询通知书后，应安排工作人员根据通知书上的信息马上进行查询，并在查询回执上写明查询结果，由工作人员在查询回执和送达回证（签收协助查询通知书）上签名并加盖公章。执行人员还可以根据需要对查询或查阅的有关资料，包括被执行人开户、存款情况以及会计凭证、账簿、有关对账单等资料（含电脑储存资料）进行抄录、复制、照相，以上材料要由人民银行加盖印章。最后，执行人员将查询回执、抄录、复制、照相的有关资料连同签收的送达回证一并收回。

4. 搜查被执行人的财务室或其他办公场所获取被执行人的存折、银行卡，或者从搜查到的银行存款日记账上找到账户信息，然后到银行查询。

5. 通过被执行人登记住所地的税务登记管理机关查询被执行人的缴税账户，根据掌握的缴税账户查询存款。

执行实践中，传统的财产调查一般需由执行人员赴金融机构的营业场所，现场出具手续办理对被执行人存款的查询等。随着执行案件数量增多以及金融机构的大量增加，执行人员在执行过程中很难逐一查询被执行人在所有金融机构是否有存款，亦难以穷尽对被执行人存款的全部调查手段。基于实践需要，各级人民法院开始探索执行方式的创新，大力推进执行信息化建设。2013 年 8 月 29 日最高人民法院公布了《最高人民法院关于网络查询、冻结被执行人存款的规定》，明确了人民法院与金融机构已建立网络执行查控机制的，可以通过网络实施查询、冻结被执行人存款等措施。同时规定，人民法院实施网络执行查控措施，应当事前统一向相应金融机构报备有权通过网络采取执行查控措施的特定执行人员的相关公务证件。办理具体业务时，不再另行向相应金融机构提供执行人员的相关公务证件。人民法院办理网络执行查控业务的特定执行人员发生变更的，应当及时向相应金融机构报备人员变更信息及相关公务证件。人民法院通过网络查询被执行人存款时，应当向金融机构传输电子协助查询存款通知书。多案集中查询的，可以附汇总的案件查询清单。人民法院通过网络查询被执行人存款，与执行人员赴金融机构营业场所查询被执行人存款具有同等效力。网络执行查控制度推出后，执行人员通过网络执行查控系统，可一次性查询到被执行人在所有金融机构的存款信息。因此，这个制度出台后，人民法院查询、冻结被执行人存款的执行效率得到大幅度提升。

三、执行措施与执行程序

对被执行人的存款可以适用冻结、划拨的执行措施。

现场冻结存款的，执行人员应出具工作证和执行公务证，制作并向金融机构送达冻结裁定书副本和协助冻结通知书，在金融机构负责人签字后由该机构工作人员按照协助通知书上的数额冻结存款或资金。如果当前存款少于通知冻结的数额时，金融机构应通知执行法院，冻结现有存款，并在冻结的有效期限内将以后进入该账户的资金连续冻结直至达到应当冻结的总额。最后，执行人员将执行过程和执行结果制作执行笔录，笔录应载明下列内容：①执行措施开始及完成的时间；②被执行存款的账户信息和数额；③其他应当记明的事项。执行人员及工作人员应当在笔录上签名。

通过网络执行查控系统查询到的被执行人存款需要冻结或者连续冻结的，人民法院应当及时向金融机构传输电子冻结裁定书和协助冻结存款通知书。对冻结的被执行人存款需要解除冻结的，人民法院应当及时向金融机构传输电子解除冻结裁定书和协助解除冻结存款通知书。人民法院向金融机构传输的法律文书，应当加盖电子印章。作为协助执行人的金融机构完成查询、冻结等事项后，应当及时通过网络向人民法院回复加盖电子印章的查询、冻结等结果。人民法院出具的电子法律文书、金融机构出具的电子查询、冻结等结果，与纸质法律文书及反馈结果具有同等效力。人民法院通过网络查询、冻结、续冻、解冻被执行人存款，与执行人员赴金融机构营业场所查询、冻结、续冻、解冻被执行人存款具有同等效力。

直接划拨存款或资金时，执行人员应出具工作证和执行公务证，并向金融机构送达划拨裁定书副本、协助划拨通知书和生效法律文书副本，在金融机构负责人签字后由该机构工作人员按照协助通知书上的数额将存款或资金划入执行法院指定的账户。如当前存款或资金少于指定扣划数额，则先扣划现有资金，并在以后有资金进入该账户时通知执行法院。执行人员划拨存款时，也应制作执行笔录，内容如同冻结的执行笔录，执行人员及工作人员应当在笔录上签名。人民法院具备相应网络扣划技术条件，并与金融机构协商一致的，可以通过网络执行查控系统采取扣划被执行人存款的执行措施。

冻结、划拨被执行人存款的，应当向执行双方当事人送达冻结、划拨裁定书，并由其在送达回证上签收，或者适用留置送达、公告送达。送达给协助执行人的法律文书也应由受送达人在送达回证上签字印章。

四、注意事项

人民法院在冻结、划拨存款时应注意以下事项：

1. 冻结和划拨不得明显超出被执行人应当履行义务的范围。应当将被执行人应承担的诉讼费、执行费、迟延履行金或迟延履行债务利息及其他法定费用一并计算在内。

2. 根据法律、法规规定，不得执行的特殊款项人民法院不得冻结或划拨。如国有企业下岗职工基本生活保证金、社会保险基金、企业党组织党费、工会经费等。

3. 人民法院可以直接到异地金融机构冻结、划拨被执行人的存款或资金。

4. 被冻结的款项在冻结期限内如需解冻，应以作出冻结决定的人民法院签发的"解除冻结存款通知书"为凭，银行不得自行解冻。"解除冻结存款通知书"应送达双方当事人。

5. 金融机构在接到人民法院的协助执行通知书后，向当事人通风报信，致使当事人转移存款的，人民法院有权责令该金融机构限期追回，逾期未追回的，可以按照《民事诉讼法》第117条的规定予以罚款、拘留，并可以向监察机关或者有关机关提出予以纪律处分的司法建议。

6. 对家庭共有存款的执行。被执行人个人账户下存款不足以清偿债务的，执行法院可以查询其他家庭成员的存款账户，并视情况执行：①如果生效法律文书中的债务为被执行人个人债务的，对共有存款可冻结，被执行人配偶或子女书面认可为被执行人个人所有的可划拨；否则要由被执行人家庭成员协商分割存款，协商分割结果经申请人同意，执行相应数额存款的扣划，协商不成或申请人不同意协商结果的，由共有人提起资产诉讼或申请人代位提起资产诉讼，待判决生效后再扣划被执行人份额；②如果执行名义认定债务为共同债务的，则可以裁定追加其他债务人为共同被执行人，并向被追加的被执行人送达追加裁定书和执行通知书，然后冻结或直接划拨相应数额共有存款。

五、训练案例

训练案例（一）

李某诉刘某民间借贷纠纷一案，人民法院作出终审判决，判令被告刘某偿还原告李某借款318万元及逾期利息。此案进入执行程序后，人民法院依法对被执行人名下财产进行调查，发现被执行人刘某名下无任何可供执行的财产。申请执行人李某提供财产线索称，被执行人刘某可能已将其财产转移至其亲属名下，并提供了刘某的两名未成年子女刘某一（10岁）和刘某二（3岁）的身份证号码。执行人员依照申请执行人提供的线索进行查询，发现刘某一和刘某二名下4个账户内有存款共计370万元，于是对刘某一、刘某二名下4个账户予以冻结。案外人刘某一、刘某二的母亲张某得知上述情况后以案外人法定监护人的身份向执行法院提出执行异议，称上述存款是刘某一、刘某二个人所有，人民法院不应将其作为被执行人的财产予以冻结，要求人民法院对上述账户予以解封。

思考题：

1. 人民法院是否可以对被执行人未成年子女名下的大额存款予以执行？

2. 人民法院在执行上述存款时应注意哪些问题？

训练案例（二）

李某向王某借款30万元，约定月息为2分，还款期限为1年。期限届满后，李某未按约归还借款本息。此后，王某向人民法院提起诉讼，后经人民法院审理判决由李某在判决生效后10日内偿还借款本金30万元及利息给王某。判决生效后，李某仍未履行判决所确定的义务，王某遂向人民法院申请执行。在执行期间，李某到X省T市丙公司打工。后执行法官根据线索查询掌握了李某在X省T市建设银行开户立账存有现金40万元。此后不久，执行人员便冻结了李某名下的银行存款40万元，冻结裁定书送达给李某后，李某声称该存款不属于自己的，而是丙公司的。事后，丙公司作为案外人也对该案的银行冻结裁定提出了执行异议，认为该案的执行案款是丙公司的流动资金并以李某的名义存入银行的，故要求人民法院予以解冻。

思考题：该案中，对李某名下的银行存款的权属确认应如何审查判断？

项目二 对劳动收入的执行

一、案例情境

李某诉许某、杨某民间借贷纠纷一案，人民法院作出终审判决。权利人李某向人民法院申请执行，人民法院立案后向被执行人发出执行通知书。执行期间，人民法院作出执行裁定，提取被执行人许某每月工资及绩效工资（每月预留基本生活保障人民币1450元）。被执行人许某向人民法院提出执行异议，称异议人就执行所依据的判决已提起再审申请，该案尚在再审审查阶段；所在地地处经济特区，生活成本高，参照其他城市或以最低生活标准对异议人进行执行裁定有失常理；异议人因公外派，母子生活拮据，其父年迈需要赡养，每月1450元根本无法保障异议人和孩子的基本生活需求。人民法院认为，根据2017年《民事诉讼法》第243条第1款的规定，被执行人未按执行通知履行法律文书确定的义务，人民法院有权扣留、提取被执行人应当履行义务部分的收入。但应当保留被执行人及其所扶养家属的生活必须费用。据此，本院对被执行人许某每月工资及绩效工资进行提取，执行行为合法。根据《查封扣押冻结规定》第3条第2项"被执行人及其所扶养家属必需的生活费用。当地有最低生活保障标准的，必需的生活费用依照该标准确定"的规定，按照B市2014年两人户最低生活保障标准是每人每月500元，应依法保留被执行人许某及其所扶养的一个小孩的每月生活必须费用1000元，但本院已考虑了其实际情况，参照了B市的最低工资标准1450元予以保留，超过了法定标准。异议人许某称本案在申请再审阶段、因公外派、其父亲需其赡养的理由与本案执行工资收入需要保留生活必须费用无关。综上，异议人许某的异议理由不能成立，故驳回异议人的异议。

二、调查途径与方法

被执行人为自然人的，其收入包括劳动收入和其他收入。劳动收入是指被执行人通过付出体力或脑力劳动从而获取的报酬，包括工资、奖金、各种津贴、补贴，以及单位发放的与劳动密切相关的福利待遇，也包括被执行人通过业余时间付出劳动获得的稿酬、讲课费、咨询费、劳务费等。对自然人的劳动收入执行时，注意区分劳动收入与到期债权，因为二者适用的执行措施和程序是完全不同的。劳动收入是广义的到期债权的一种，但是由于劳动收入在支付上较之其他债权具有某种程度的确定性和必然性，因此在执行程序上可以作相对简化的处理。自然人的其他收入也可以成为执行标的，包括租金收入、股息、红利收入等，可以参照对劳动收入的执行措施和程序进行。

对自然人被执行人的劳动收入的调查可以通过以下途径：

1. 申请人提供。申请人应当将自己所了解到的被执行人的有关收入线索或者工作单位向人民法院提供。对申请人提供的这些线索或情况执行人员要记入执行笔录并及时查证。

2. 被执行人申报。人民法院有权向被执行人发出财产申报令，责令其向执行法院书面汇报收入情况。并根据被执行人的申报去其所在单位或有关单位及时查证是否属实。

3. 执行人员到被执行人住所地或经常居住地的、公共就业服务机构、街道办事处或村委会、社保机构、公积金管理中心等调查被执行人所在工作单位和收入情况，并根据所调查的情况去被执行人所在单位或有关单位调查其收入。

4. 到被执行人住所地或经常居住地的银行或储蓄所查询被执行人的工资账户。

5. 通过法院执行查控系统查找被执行人在人民法院的涉案情况，以获取相关信息；或者应申请人的要求悬赏查找被执行人的收入线索。

三、执行措施与执行程序

对被执行人的劳动收入可以适用扣留、提取的执行措施。

人民法院扣留被执行人的收入的，执行人员必须制作扣留裁定书，送达当事人，需要其他单位协助执行时，必须出具工作证和执行公务证，向协助执行的单位送达协助执行通知书和扣留裁定书，说明扣留被执行人收入的理由、数额和执行方式。

人民法院提取被执行人收入时，执行人员必须制作提取裁定书，送达当事人，需要其他单位协助执行时，必须出具工作证和执行公务证，向协助执行的单位送达协助执行通知书和提取裁定书，说明提取被执行人收入的理由、数额和执行方式。

被执行人的收入转为储蓄存款的，执行人员应当责令其交出存单。拒不交出的，人民法院应当作出提取存款的裁定，并向金融机构发出协助执行通知书，并附生效法律文书副本和提取裁定书，由金融机构提取被执行人的存款交人民法院或存入人民法院指定的账户。

对自然人的劳动收入采取执行措施的，执行人员应当制作执行笔录，载明执行措施开始和结束的时间、被执行人的收入数额及支付情况、被扣留或提取的数额以及其他应记明事项，并由执行人员和被执行人所在单位或相关单位工作人员签字。

四、注意事项

1. 在扣留、提取被执行人收入时，应当保留被执行人及其所扶养家属的生活必须费用和完成义务教育的费用。法律、法规和司法解释对生活必须费用没有明确规定，人民法院可以根据当地经济发展和消费水平以及被执行人的家庭实际情况确定，或参照城乡居民最低生活保障标准确定。

2. 被执行人收入一次性可以清偿债务的，直接提取；收入不足以一次性清偿债务的，可以连续扣留待留足适当数额时提取，也可以分次提取，人民法院可以在裁定和协助执行通知书中对每次扣留、提取的数额予以明确，不必每次办理手续。

3. 住房公积金、退休金、养老金以及拆迁安置补偿款等都是个人收入的一部分，可以强制执行，但在执行时应注意保留被执行人及其所扶养家属的生活必须费用和完成义务教育的费用。

4. 协助执行单位接到协助执行通知书后，必须按照通知书的要求执行。拒绝协助执行，擅自向被执行人或其他人支付的，执行法院有权责令其限期追回，逾期未追回的，应当裁定在其支付的数额内向申请执行人承担责任。

五、训练案例

训练案例（一）

在甲公司诉乙公司、孙某金融不良债权追偿纠纷一案中，人民法院作出终审判决：乙公司向甲公司清偿借款本金 270 万元及利息；孙某在乙公司不能清偿部分的 1/2 范围内向甲公司承担连带赔偿责任。后债权人申请执行，执行期间，在孙某未按执行通知履行生效法律文书确定的义务的情况下，人民法院作出执行裁定，提取孙某的租金收入。经查：孙某将其名下的综合联体楼出租给丙公司用作酒店经营，租期自 2001 年至 2031 年止，租金为每年税后 50 万元。该综合联体楼及其所占用土地均登记在孙某名下，属孙某所有。

思考题：

1. 人民法院裁定提取被执行人的租金收入是否合法？

2. 该案中，如果孙某以"执行应当保留被执行人及其所扶养家属的生活必须费用"为由，提出上述租金收入属于豁免财产，该理由是否成立？

训练案例（二）

D 市中级人民法院在执行古某刑事没收财产及退赔一案中，依法实施了相关执行措施，其中包括扣划了古某在中国邮政储蓄银行某支行的存款 20 000 元至 D 市中级人民法院代管款账户。上述被扣划账户为古某个人社保养老账户，该院仍留下 17 961. 10 元未扣划。古某对此不服，向 D 市中级人民法院提出异议，称：执行法院扣划其银行存款的行为违反了《最高人民法院关于在审理和执行民事、经济纠纷案件时不得查封、冻结和扣划社会保险基金的通知》和《查封扣押冻结规定》的有关规定，请求予以归还。

思考题：

1. 古某的异议理由是否成立？为什么？

2. 人民法院在对被执行人执行劳动收入或其他收入时，应注意哪些问题？

项目三　对到期债权的执行

一、案例情境

伍某与刘某民间借贷纠纷一案，人民法院作出终审判决。之后，案件进入执行程序。经查刘某无其他可供执行财产，但其提出尚有校服款在某中学处。该法院制作了执行裁定书：提取被执行人刘某在某中学的校服款 10 万元至本院。同日，人民法院向某中学发出《履行到期债务通知书》，某中学未提出异议。同年本院终结该案本次执行程序。

二、调查途径与方法

到期债权是被执行人对第三人享有的已届履行期限的债权，到期债权是被执行人的一种财产权利，因此可以成为执行标的。对第三人到期债权的执行是在被执行人不能履行到期债务，但对第三人享有到期债权时，人民法院可根据申请人的申请对被执行人的债务人发出履行债务的通知，由受通知的债务人直接向申请人履行债务或者将执行标的交执行法院提存的执行方法或手段。

（一）对被执行人为自然人的到期债权的调查途径

1. 由被执行人主动向人民法院报告。对于被执行人与第三人之间的债权债务关系，被执行人最清楚，提出的证据也较全面准确，执行的可行性也最大。

2. 申请人向人民法院提供。申请人可能掌握一些被执行人对第三人享有债权的线索，但这种线索往往不太具体，其真实性也无以保证，所以需要执行人员通过对被执行人的讯问或对第三人的调查进一步查证是否属实。

3. 通过其他人的举报得知。

（二）对被执行人为法人或其他组织的到期债权的调查途径

1. 由被执行法人或其他组织的法定代表人或主要负责人主动向人民法院

报告。

2. 人民法院从被执行法人或其他组织的财务资料中得知。建立会计制度的法人或其他组织的财务资料对债权有明确记载，执行人员可以从资产负债表的资产栏应收账款和其他应收款科目查找被执行人的到期债务人和债权数额。

3. 通过申请人提供线索查证或其他人的举报得知。

三、执行措施与执行程序

对到期债权的执行是对债务人债权的执行，第三人与申请人之间并无法律上的利害关系，第三人并不直接为执行依据的效力所及，因此执行法院不能直接对第三人采取强制执行措施。要实现第三人向申请执行人履行义务，必须先将该第三人纳入执行程序。

1. 应当由申请人提出执行被执行人对第三人到期债权的申请，原则上应采用书面形式。执行实践中，被执行人在执行程序中主动报告对第三人的到期债权并积极要求用该债权清偿债务的，也应当鼓励。

2. 执行法院应向第三人发出债务履行通知书。履行通知应当包含以下内容：①第三人对履行债务没有异议的，应在收到履行通知后的 15 日内直接向执行债权人履行其对执行债务人所负的债务，不得向执行债务人清偿；②第三人对履行债务有异议的，应当在收到履行通知后的 15 日内向执行法院提出；③第三人违背上述义务的法律后果。履行通知书应以直接送达的方式送达给第三人，以保障第三人的异议权。

3. 第三人提出异议或者履行债务。第三人对其与被执行人之间的债权债务在 15 日内书面提出实质性异议的，包括：全部或部分否认债权债务的存在；债权尚未到期；已经清偿债务；存在其他对抗债务人请求的事由。对第三人提出的异议，执行法院应进行形式审查，经审查异议成立的，履行通知就自然失效，对第三人财产不得执行。第三人在 15 日内向申请人履行了对被执行人的债务的，执行法院对第三人不得再执行，并应出具有关证明。

4. 裁定追加第三人为被执行人。对于执行法院的履行通知，第三人没有在 15 日内提出异议，或者提出异议不成立，又不履行债务的，执行法院裁定追加第三人为被执行人，并将裁定书送达第三人和被执行人。裁定书送达后，第三人在执行程序中的地位便由案外人转化为案件当事人。

5. 对第三人财产强制执行。有关的执行措施与对被执行人的执行措施一样，应根据财产的具体内容分别适用。

6. 由执行法院出具有关证明。执行法院应当向第三人出具履行债务的证明，其应当载明第三人履行债务的时间及具体数额，利息的计算标准及计息起止时间，申请执行人与被申请执行人，被执行人与第三人之间的债务关系在第三人清偿范围内消灭，并加盖执行法院印章，送达第三人和被执行人，以作为第三人履行被执行人债务的凭证。

四、注意事项

1. 执行第三人到期债权只有在对被执行人的财产采取强制执行措施后仍不能满足申请执行人的债权时，才可以启动对被执行人到期债权的执行程序。

2. 应当由申请执行人或被执行人提出申请，人民法院不能依职权启动执行。

3. 第三人虽然在 15 日内未提出异议，但在被追加为被执行人后仍然可以针对其与被执行人之间的债权债务提出实体异议和程序异议。

4. 第三人被人民法院裁定强制执行，但该第三人除享有对其他人的到期债权外也无财产可供执行，此时执行法院不能再对第三人的到期债权进行执行。

5. 对于被执行人的未到期债权，可以向被执行人的债务人发出协助执行通知书和民事裁定书，要求其协助人民法院执行，停止支付该笔债务给被执行人，待债务到期后再向债务人发出限期履行通知书，要求按时履行。

6. 第三人在收到人民法院的履行通知书或协助执行通知书后擅自向被执行人支付的，人民法院有权责令其追回，不能追回的，除在已履行的财产范围内与被执行人承担连带清偿责任外，可以追究其妨碍执行的责任。

7. 被执行人收到人民法院履行通知后，放弃其对第三人的债权或延缓第三人履行期限的行为无效，人民法院仍可在第三人无异议又不履行的情况下予以强制执行。

五、训练案例

训练案例（一）

N 市人民法院在审理中国银行股份有限公司甲分行与乙集团借款合同纠纷一案中，作出保全裁定，查封或冻结乙集团名下人民币 2 亿元银行存款或同等价值财产。其后又作出协助执行通知书，要求同为公司协助下列事项：冻结被申请人乙集团依据与同为公司签订的《股权转让协议》《债权转让协议》所涉及转让总价款中被申请人乙集团享有权利 2 亿元现金。冻结期限为 6 个月。在上述期限内，未经该院准许，不得将上述款项支付给乙集团或其他单位和个人，否则依法追究公司法律责任。同为公司未提出复议。

之后，该人民法院就本案作出民事判决书，判决某集团偿还中国银行股份有限公司甲分行本金及利息。后该人民法院向同为公司送达协助执行通知书，提取被执行人乙集团的到期债权 2 亿元，并于 5 日内划入该院指定账户，逾期不履行将按照相关法律规定进行处罚。因同为公司未按照该协助执行通知书履行义务，该人民法院作出执行裁定，冻结同为公司银行存款 2 亿万元或查封等额价值的其他财产。

思考题：

1. 在诉讼程序中第三人未对人民法院作出的保全被执行人对其享有的到期债权裁定提出复议，执行法院在执行阶段是否还应向第三人发出履行到期债务通知并告知其异议权利？

2. 本案中该人民法院向同为公司作出执行裁定的依据是否合法？

3. 人民法院在执行中对第三人到期债权的执行，应符合哪些条件？

训练案例（二）

甲公司诉乙集团公司合同纠纷一案，人民法院作出终审判决，判决乙集团公司于本判决生效之日起 10 日内向甲公司支付 14 451 481.31 元赔偿款，并支付逾期付款利息。后甲公司申请执行。人民法院立案执行，被执行人乙集团公司向人民法院提出书面申请，申请执行其对丙公司的到期债权。人民法院作出执行裁定，冻结丙公司对被执行人乙集团公司所负的到期债权 1800 万元。之后人民法院冻结了丙公司两个银行存款账户。丙公司对人民法院冻结行为不服，提出书面执行异议，请求解除对两个银行存款账户的冻结。

思考题：

1. 该案中人民法院裁定冻结被执行人乙集团公司对丙公司的到期债权是否符合法律规定？

2. 该案中人民法院冻结异议人丙公司银行存款账户是否合法？

二维码

学习单元一 二维码阅读

学习单元二　对投资权益的执行

　　投资权益是投资者投资于有限责任公司或股份有限公司后，对该有限责任公司或股份有限公司依法享有的资产收益和参与重大决策、选择管理者等权利的合称，又称为股权。由于投资者在有限责任公司和股份有限公司的股权凭证不同，转让的程序也不同，我们把执行中对被执行人投资权益的执行分为对有限责任公司中股权的执行和上市公司股票的执行两个类型进行介绍。

项目一　对有限责任公司股权的执行

一、案例情境

　　甲实业有限公司因未履行人民法院判决的向乙商贸公司支付货款 1500 万元及利息的义务，被乙商贸公司于 2012 年 1 月向 B 市 X 区人民法院申请执行。X 区人民法院在执行中查明，甲实业有限公司已不再经营，账户上没有存款，但其在丙发展有限公司拥有 70% 的股份。现丙发展有限公司经营效益较好，每年均有 700 万元的利润。X 区人民法院遂冻结了甲实业有限公司在丙发展有限公司的股权，并通知丙发展有限公司，禁止其向甲实业有限公司支付利润。后经过协商，甲实业有限公司将持有的丙发展有限公司 25% 的股权转让给丙发展有限公司另一股东，所得款项支付给乙商贸公司以冲抵货款及利息。

二、调查途径与方法

由于有限公司股东的股权凭证为出资证明书，而出资证明书不能作为一种有价证券进行交易，所以在执行被执行人在有限责任公司的投资权益时，不能通过买卖出资证明书获取价款从而实现法律文书的内容，所以只能执行股权。这里对股权的执行是指对有限责任公司中股权的执行。

1. 被执行人申报。执行人员有权责令被执行人、被执行法人或其他组织的法定代表人、主要负责人如实申报财产情况，包括股权、投资权益等财产性权利。对于被执行人未申报而执行人员认为可能有隐瞒情况的，执行人员可以进一步询问。

2. 被执行人是建立有会计制度的法人或其他组织的，执行人员可以通过对被执行人会计资料的审查或聘请专业的审计人员审计得知被执行人对其他公司是否享有股权以及股权的具体数额、比例等情况。如果被执行人拒不交出会计资料的，可以进行搜查。

3. 根据申请人或其他人提供的线索到相关公司的工商登记部门调取登记资料得知。股东的出资份额、出资比例、出资形式和缴资时间在被投资公司的工商注册或变更登记资料中有详细记载，执行人员只要能够掌握相关公司的准确名称就可以到其注册登记地的工商行政管理部门获知被执行人的投资情况。一旦查证被执行人在该公司确有股权，应立即办理冻结股权手续。

4. 通过法院执行管理系统查找被执行人在人民法院的涉案情况，以获取相关信息。

三、执行措施与执行程序

（一）冻结

对被执行人在有限责任公司、其他法人企业中的投资权益或股权，人民法院可以采取冻结措施。冻结的目的是防止被执行人擅自转让股权、从被投资公司或企业法人获取投资收益。因此冻结股权的程序如下：

1. 向申请人和被执行人送达冻结股权裁定书。要求被执行人不得自行转让被冻结的股权或投资权益。

2. 到企业登记主管机关办理冻结手续。股权只有经过登记才能对抗第三人，对有限责任公司中股权进行登记的通常是市场监督管理机关。对被执行人股权的冻结应尽快到市场监督管理部门办理冻结手续。冻结时，应出示执行公务证和工作证，制作并向市场监督管理机关送达冻结裁定书副本、协助执行通知书，要求登记机关暂停办理转让被冻结股权的变更登记。对于一些特殊公司如证券公司、保险公司等，法律法规明确规定这类公司的设立、变更、股权的转让等行为必须经过有关主管部门审批的，也应同时向审批机关送达冻结裁定书和协助执行通知书，避免在冻结后审批机关同意对冻结股权的转让。

3. 通知有关企业不得办理被冻结投资权益或股权的转移手续，不得向被执行人支付股息或红利。通知时应当送达协助执行通知书和冻结裁定书副本。

（二）提取

对被执行人从有关企业中应得的已到期的股息或红利等收益，人民法院有权作出裁定禁止有关企业直接向申请执行人支付。对被执行人预期从有关企业中应得的股息或红利等收益，人民法院可以采取冻结措施，到期后人民法院可从有关企业中提取。提取时，应向有关公司或企业送达协助执行通知书和提取裁定书副本，并出具提取收据。

注意：如果被执行人应得的已到期的股息或红利、预期从有关企业中必然可得的股息或红利足以清偿全部债务的，不得对股权强制转让，应从股息、红利中提取清偿债务。如果以上股息、红利不能清偿全部债务的，可考虑对该股权强制转让。

（三）拍卖

股权被冻结后，被执行人拒不履行义务或其他财产不足以清偿债务的，人民法院应及时通知公司和其他股东，告知已被冻结的股权在规定期限内，依法定方式先在公司内部处理，如其他股东优先购买，经人民法院对股权转让价款审查同意的，执行法院可以将该股权转让的价款直接交付申请人，股权执行结束。如其他股东在规定期限内不作购买意思表示的，人民法院可以对该股权予以拍卖。具体程序如下：

1. 作出拍卖裁定书，送达给被执行人。

2. 委托具有相应资质的评估公司对拟拍卖的股权进行评估。评估机构由当事人协商一致后经人民法院审查确定；协商不成的，从负责执行的人民法院确定的评估机构名册中，采取随机的方式确定；当事人双方申请通过公开招标方式确定评估机构的，人民法院应当准许。评估时人民法院应当与评估机构签订委托评估合同，并向评估公司提供必要的材料，包括公司营业执照、公司章程、公司的财务资料等。

人民法院收到评估机构作出的评估报告后，应当在 5 日内将评估报告发送当事人及其他利害关系人，如对评估报告有异议的，可以在收到评估报告后 10 日内以书面形式向人民法院提出。当事人或者其他债权人有证据证明评估机构、评估人员不具备相应的评估资质或者评估程序严重违法而申请重新评估的，人民法院应当准许。如没有异议的，则由人民法院委托拍卖。

3. 委托具有相应资质的拍卖机构进行拍卖。拍卖机构由当事人协商一致后经人民法院审查确定；协商不成的，从负责执行的人民法院确定的拍卖机构名册中，采取随机的方式确定；当事人双方申请通过公开招标方式确定拍卖机构的，人民法院应当准许。

选定拍卖机构后，人民法院与拍卖机构签订委托拍卖合同，向拍卖机构送达拍卖裁定书副本，并参考评估价确定拍卖的保留价。

4. 做好拍卖的准备工作。执行法院可在确定拍卖机构的同时，再次采取书面方式通知该股权所在公司的其他股东或合资者，要求他们限期作出是否认购该投资权益的书面表示。逾期不作的，视为放弃优先购买权。人民法院在拍卖 5 日前应以书面或者其他能够确认收悉的适当方式，通知当事人和已知的担保物权人、表示认购的优先购买权人或者其他优先权人拍卖的时间和地点，并书面告知所有竞买人关于拍卖标的可能被优先购买的情况。对竞买人人民法院也可以责令向法院预交保证金，申请人除外。

5. 进行拍卖。在拍卖中，参加竞买的股权所在公司、企业的其他股东、合资者在同等条件下有优先购买权，如果其他股东经通知不参加竞买或者应价不是最高者，则由其他参加竞买的人买受。

6. 支付佣金。拍卖成交的，拍卖机构向买受人收取佣金；拍卖未成交或者非因拍卖机构的原因撤回拍卖委托的，拍卖机构为本次拍卖已经支出的合理费用，应当由被执行人负担。

7. 拍卖后的处理。拍卖成交的，买受人应当在指定的期限内将价款交付到人民法院或者汇入人民法院指定的账户。执行法院向买受人送达拍卖成交裁定书，并到市场监督管理部门和股权所在公司办理解除冻结手续，买受人持执行法院出具的协助执行通知书、拍卖成交裁定书以及身份证明到市场监督管理部门请求变更登记。然后，由市场监督管理部门书面通知股权所在的公司或企业限期办理相关的变更登记或备案手续，公司或企业逾期不予办理变更手续的，由登记机关依法给予行政处罚。

股权流拍的，执行法院须当场公开保留价，优先购买权人表示愿以保留价认购的，应确认其为买受人。顺序相同的多个优先购买权人同时表示买受的，以抽签方式决定。优先购买权人无人以保留价认购的或者不认购的，执行法院应先征询申请人或其他债权人是否愿意按保留价以该投资权益抵债，债权人接受抵债的，人民法院作出以股抵债裁定；债权人拒绝以股抵债或者抵债价格低于本次流拍保留价，债务人不同意的，执行法院应当在 60 日内再行拍卖。对于第二次拍卖仍流拍的，仍按第一次流拍后的程序分别征询优先购买权人、申请人或其他债权人意见，是否愿以第二次保留价认购或者抵债。既无优先购买权人认购，申请执行人或者其他债权人拒绝接受抵债的，人民法院应当解除冻结。

（四）变卖

对于被冻结的股权申请人与被执行人双方及有关权利人同意不进行拍卖的，可以变卖。执行法院可以自行组织变卖或者交付有关单位变卖，其程序如下：

1. 制作变卖裁定书并送达被执行人。

2. 确定变卖价。可以由当事人双方及有关权利人约定的价格变卖；或者委托评估机构进行评估。按照评估价格变卖不成的，可以降低价格变卖，但最低的变卖价不得低于评估价的1/2。

3. 书面通知其他股东、合资者，要求他们限期作出是否认购该股权的书面表示。逾期不作出的，视为放弃优先购买权。

4. 变卖。优先购买权人愿以约定或评估价格买受该股权的，执行法院应当保证其优先购买权。其他股东、合资者放弃优先购买权的，执行法院可以交付其他单位变卖，执行法院应与有关单位签订委托变卖合同。人民法院自行变卖的，要公开进行，但执行法院和执行人员不得自行买受。

5. 变卖结果处理。变卖成交后，应收取价款，扣除执行费用和有关费用后清偿债权人，制作变卖成交裁定送达买受人，到股权登记机关和股权所在公司办理解除冻结手续。买受人持执行法院出具的协助执行通知书、变卖成交裁定书、身份证明到市场监督管理部门请求变更登记。然后，由市场监督管理部门书面通知投资权益所在的公司或企业限期办理相关的变更登记或备案手续，公司或企业逾期不予办理变更手续的，由登记机关依法给予行政处罚。

该股权无人应买的或者评估价为负值的，执行法院将其交予申请执行人或者其他执行债权人抵债；申请执行人或者其他执行债权人拒绝接受抵债的，人民法院应当解除冻结。

（五）以股抵债

对于拍卖、变卖不成的，执行法院可以征询申请人或其他债权人意见，是否接受以股抵债，具体程序如下：

1. 抵债价款等具体问题用书面形式征得申请执行人或其他债权人同意，确定抵债价款后应通知其他股东、合资者，是否愿以该价格优先购买，如购买则结束以股抵债，按变卖处理；如不认购，则按以下程序继续。

2. 作出以股抵债裁定，并及时送达被执行人、接受股权的申请人或其他债权人。

3. 办理过户手续。申请人或其他债权人接受以股抵债后，执行法院应及时对该股权解冻。申请人或其他债权人持执行法院出具的协助执行通知书、以股抵债裁定书和身份证明到市场监督管理部门请求变更登记。然后，由市场监督管理部门书面通知股权所在的公司或企业限期办理相关的变更登记或备案手续，公司或企业逾期不予办理变更手续的，由登记机关依法给予行政处罚。

抵债股权价值不足清偿债务的，应当继续执行不足部分。申请执行人或者其他执行债权人拒绝接受抵债的，人民法院应当解除冻结。

四、注意事项

1. 只有在被执行人无现金、存款、股息、红利和其他财产可供执行的，或者执行其他财产比执行股权更为复杂或困难的，或者上述财产不足以清偿债务的情况下，才考虑执行股权。

2. 冻结被执行人的股权，以其份额足以清偿法律文书确定的债权额及执行费用为限，不得明显超标的额冻结。冻结后，经评估发现被冻结的股权价值明显超出债务人义务范围的，应对超出部分的股权解除冻结。

3. 被执行人就已经冻结的股权所作的移转、设定权利负担或者其他有碍执行的行为，不得对抗申请执行人。

4. 冻结股权的期限不得超过 2 年。法律、司法解释另有规定的除外。申请执行人申请延长期限的，人民法院应当在冻结期限届满前办理续行冻结手续，续行期限不得 1 年。

5. 对股权冻结后，债务人在限期内提供了方便执行的其他财产，应当首先执行其他财产，其他财产不足以清偿的，方可执行该股权。

6. 对有限公司或其他企业的股权的执行中，应始终注意对其他股东优先购买权的保证。

五、训练案例

训练案例（一）

甲公司于 2019 年 2 月受人民法院委托拟拍卖股东陈某所持乙有限责任公司 15%股权（原始投资 60 万元）。

思考题：

1. 陈某所持的股权被拍卖，应按什么程序实施？

2. 如果该公司其他 4 名股东都有意向购买，人民法院应如何处理？

3. 如果陈某所持的股权在拍卖中流拍，人民法院又该如何处理？

训练案例（二）

边某诉甲公司、乙公司、第三人丙集团有限公司、第三人丁投资公司借款合同纠纷一案，S 省高级人民法院于 2012 年 2 月 16 日作出（2011）鲁商初字第 15 号民事判决，判令：①被告甲公司应于判决生效后 10 日内偿付原告边某借款本金 1.17 亿元及相应利息（利息的计算按人民银行同期贷款利率从 2010 年 4 月 11 日起至判决生效之日止）；②原告边某对被告乙公司持有的甲公司 35% 股权在该判决第一项所确定的债权范围内享有优先受偿权。甲公司不服上述判决，上诉至本院，本院判决驳回上诉，维持原判。

边某向 S 省高级人民法院申请强制执行，S 省高级人民法院于 2013 年 10 月 22 日作出（2013）鲁执字第 5-2 号执行裁定，裁定拍卖乙公司持有的中某公司 35% 的质押股权。乙公司不服该裁定，向 S 省高级人民法院提出异议，请求停止拍卖案涉股权。

思考题：

1. 甲公司《公司章程》第 18 条规定，股权只能在股东之间进行内部转让。那么，人民法院将该股权对外拍卖是否违反该公司章程？

2. 拍卖中，其他股东的优先购买权是否优先于申请执行人的优先购买权？

项目二　对上市公司股票的执行

一、案例情境

7 月 12 日，因债务纠纷，根据 B 市第一中级人民法院于 2017 年 3 月 22 日下达的《执行裁定书》[（2016）01 执 184-3 号、（2015）一中执字第 880-2 号]，裁定甲有限公司持有的信达财险 7500 万股股份归乙集团有限公司所有。转让后，乙集团有限公司持有信达财险股份达 2 亿股，占总股本的 6.667%；甲有限公司不再持有信达财险股份。

二、调查途径与方法

股票是一种有价证券，是股份公司在筹集资本时向出资人公开或不公开发行的、用以证明出资人的股东身份和权利，并根据持有人所持有的股份数享有权益和承担义务的凭证。它直接代表股东的权益，券面文字表明的财产权益和股票不能分离。持有股票的出资人享有股东权益，如参加股东大会、投票表决、参与公司的重大决策，收取股息或分享红利等。股票一般可以通过买卖方式有偿转让，股东能通过股票转让收回其投资，或者从股息、红利获取投资收益。根据股票是否可以在公开市场进行交易，股票可分为上市公司股票和非上市公司股票。上市公司股票均为电子化的簿记券式股票，非上市公司有的采用簿记券式股票，有的采用实物券式股票。根据《中华人民共和国证券法》（以下简称《证券法》）规定，上市公司的所有股票都必须由国家指定的证券登记结算机构（在我国为中国证券登记结算有限责任公司上海分公司和深圳分公司）托管，以便于股票转让后和分红时及时结算资金和股票过户。

证券登记结算公司的基本职能有：证券账户、结算账户的设立和管理；证券的存管和过户；证券持有人名册登记及权益登记；证券和资金的清算交收及相关管理；受发行人的委托派发证券权益；依法提供与证券登记结算业务有关的查询、信息、咨询和培训服务；中国证监会批准的其他业务。因此，证券登记结算公司实际是中国所有上市公司股票的实际持有人及股票分红收益的实际结算人，股东持有的是股票托管凭证。

投资人要参与股票的交易，必须先通过所在地的证券营业部或证券登记机构办理证券账户卡，到证券公司凭身份证件开设资金账户，然后到银行办理银证通账户，以使资金账户和银行储蓄账户之间可以自由进行转账。买入股票时，先把银行账户上的存款转入资金账户，然后委托证券公司以指定价格买入指定数量的股票，证券登记结算公司对买卖双方的证券和资金进行结算、划账，股票交易的基本程序结束，股东如要将资金账户中的资金取现则需先转入银证通，再从银行的银证通账户取现。

按照有效控制原则，人民法院要冻结被执行人的股票，必须到证券登记结算公司办理冻结手续，禁止被执行人的股票过户，同时也冻结其分红收益；到开户的证券公司要求协助执行，禁止被执行人注销资金账户，防止股票变价后资金无法转入资金账户；到银证通开户的银行要求协助执行，禁止被执行人注销银行账户，防止变现后的价款无法提取。同时还应书面通知上市公司，告知其将冻结情况在股东名册中予以登记，并根据具体情况和有关规定将该信息向社会公众予以披露。

由于非上市公司股票的交易规则法律法规尚未明确，可参加有限责任公司股权的执行规则办理。这里就只介绍上市公司股票的执行。

1. 可以根据申请人提供的线索到有关证券公司查询被执行人的证券账户及资金账户。申请人提供被执行人的股票线索，应尽可能具体到被执行人开户的证券公司名称，否则执行人员很难确定前往调查的地点。一经查询确认，执行人员应即刻办理冻结手续。

2. 根据被执行人的申报得知。被执行人向执行法院申报有股票后，执行人员应及时到相应证券公司查证核实并办理冻结手续。

3. 被执行人如为法人或其他组织，执行人员可以审查被执行人的财务资料，从长期投资、短期投资中查找被执行人的股票投资情况，并到开户的证券公司核实，经查询确认的，即刻办理冻结手续。

4. 执行人员依职权主动到被执行人住所地附近的证券公司查询，或者通过与金融机构建立的网络执行查控平台获得的被执行人银行开户信息（银证账户）来查询其持有证券的有关信息。查询时，应向证券公司出示工作证和执行公务证，并送达协助查询通知书。

三、执行措施与执行程序

对公开发行股票的执行，必须符合《中华人民共和国公司法》《证券法》的相关规定，我国法律对于上市公司的社会法人股、国有股和其他社会流通股的执行措施和执行程序各有不同，在此分别介绍。

（一）对社会法人股的执行

社会法人股是指非国有法人资产投资于上市公司形成的股份。对上市公司社会法人股适用的执行措施有冻结、拍卖、以股抵债，不能通过在证券交易所自由转让变现。

1. 冻结。冻结社会法人股应当制作冻结裁定书，将冻结裁定书送达双方当事人，将冻结裁定书、协助执行通知书送达上市公司，要求上市公司不得对被执行人的股份变更股东，并协助人民法院其他指定事项；将冻结裁定书和协助执行通知书送达登记结算中心，冻结被执行人的股票过户以及股票收益；将冻结裁定书和协助执行通知书送达被执行人开户的证券公司，禁止被执行人注销资金账户；并将冻结裁定书和协助执行通知书送达被执行人的银证通账户的开户银行，协助禁止被执行人销户，以防股票处分后存款无法提取。

冻结社会法人股后，如果被执行人提供了方便执行的其他财产应先执行其他财产，或者股息、红利足以清偿债务人，应以股息、红利清偿，完毕后对社会法人股解冻，解冻程序同冻结程序。被执行人无其他财产可供执行的，执行法院对该社会法人股处分。

2. 拍卖。处分上市公司社会法人股，执行法院必须先拍卖，禁止未经拍卖将股权直接抵偿给债权人。拍卖程序如下：

（1）作出拍卖裁定。拍卖裁定书于委托拍卖前送达被执行人，并书面通知上市公司。

（2）委托具有证券从业资格的资产评估机构对股权价值评估。评估机构由债权人和债务人协商选定，不能达成一致意见的，由人民法院召集债权人和债务人提出候选机构，以抽签方式决定。选定后，由人民法院与其签订委托评估合同，人民法院有权要求上市公司向接受委托的资产评估机构如实提供有关情况和资料。

（3）执行法院收到评估报告后，将评估报告分别送达债权人、债务人和上市公司。有异议的,上述三者应当在收到报告后 7 日内提出。执行法院将异议书交资产评估机构,并要求 10 日内作出说明或补正。无异议的,委托依法成立的拍卖机构拍卖。

(4)委托拍卖机构进行拍卖。拍卖机构由当事人协商一致后经人民法院审查确定;协商不成的,从负责执行的人民法院确定的拍卖机构名册中,采取随机的方式确定;当事人双方申请通过公开招标方式确定拍卖机构的,人民法院应当准许。

选定拍卖机构后,人民法院与拍卖机构签订委托拍卖合同,向拍卖机构送达拍卖裁定书副本,并参考评估价确定拍卖的保留价。

(5)做好拍卖的准备工作。拍卖股票,人民法院应当委托拍卖机构于拍卖开拍日前 10 日,在《中国证券报》《证券时报》或者《上海证券报》上进行公告。拍卖前 5 日,执行法院应通知被执行人并书面通知上市公司。

(6)拍卖。每次拍卖未成交后,在法院主持调解下,才可将拍卖股票按照该次拍卖保留价抵偿给债权人,经 3 次拍卖仍不能成交时,人民法院应当将所拍卖的股票按第三次拍卖保留价抵偿给债权人。

(7)支付佣金。拍卖成交的,拍卖机构向买受人收取佣金;拍卖未成交或者非因拍卖机构的原因撤回拍卖委托的,拍卖机构为本次拍卖已经支出的合理费用,应当由被执行人负担。

(8)拍卖后的处理。拍卖成交的,买受人应当在指定的期限内将价款交付到人民法院或者汇入人民法院指定的账户。执行法院办理解除冻结手续,买受人持财政主管部门对股权性质的界定、执行法院的协助执行通知书、拍卖成交裁定书到登记结算中心办理股权变更登记。

股票三次流拍且债权人又不接受抵债的,人民法院应当解除冻结。解冻程序同冻结程序。

3. 以股抵债。对于拍卖不成的,执行法院可以征询申请人或其他债权人意见,是否接受以股抵债,具体程序如下:

(1)抵债价款等具体问题用书面形式征得申请执行人或其他债权人同意,价格参照该次拍卖保留价。

(2)作出以股抵债裁定,并及时送达被执行人、接受股票的申请人或其他债权人。

(3)办理过户手续。申请人或其他债权人接受以股抵债后,执行法院办理解除冻结手续,买受人持财政主管部门对股权性质的界定、执行法院的协助执行通知书、拍卖成交裁定书到登记结算中心办理股权变更登记。

抵债股权价值不足清偿债务的,应当继续执行不足部分。申请执行人或者其他执行债权人拒绝接受抵债的，人民法院应当解除冻结。

（二）对国有股的执行

上市公司国有股包括国家股和国有法人股。国家股指有权代表国家投资的机构或部门向股份有限公司出资或依据法定程序取得的股份；国有法人股指国有法人单位，包括国有资产比例超过50%的国有控股企业，以其依法占有的法人资产向股份有限公司出资形成或者依据法定程序取得的股份。

对国有股的执行措施有冻结、拍卖和以股抵债。

1. 冻结上市公司国有股应当制作冻结裁定书，将冻结裁定书送达双方当事人和主管的财政部门；将冻结裁定书、协助执行通知书送达上市公司，要求上市公司不得对被执行人的股份变更股东，并协助人民法院其他指定事项；将冻结裁定书和协助执行通知书送达登记结算中心，冻结被执行人的股票过户以及股票收益；将冻结裁定书和协助执行通知书送达被执行人开户的证券公司，禁止被执行人注销资金账户；并将冻结裁定书和协助执行通知书送达被执行人的银证通账户的开户银行，协助禁止被执行人销户，以防股票处分后存款无法提取。

2. 对国有股的变价程序，参照适用上市公司社会法人股的相关规定。

（三）对社会流通股的执行

社会流通股指上市公司公开发行的被社会法人、国有法人单位、国家投资机构等以外的其他公民或组织持有的可流通的股票。

对社会流通股的执行措施有冻结、拍卖、变卖、以股抵债。

1. 冻结。冻结社会流通股，应当制作冻结裁定书，将冻结裁定书送达双方当事人，冻结裁定书和协助执行通知书送达上市公司、证券登记结算中心、开设资金账户的证券公司和被执行人的银证通账户的开户银行。

冻结社会流通股后，如果被执行人提供了方便执行的其他财产应先执行其他财产，或者股息、红利足以清偿债务人，应以股息、红利清偿，完毕后对社会流通股解冻，解冻程序同冻结程序。被执行人无其他财产可供执行的，执行法院对该股票变价。

2. 拍卖。对社会流通股的拍卖可以参照社会法人股的拍卖程序。但是由于股票有公开的市场价格，因此无须委托评估机构进行价格评估，拍卖保留价参照拍卖当日价格确定。

3. 变卖或以股抵债。为防止公开拍卖对股市造成不良影响，经双方当事人同意或人民法院依职权决定，人民法院可将流通股股票按照市场交易当日的价格，抵偿给债权人或变卖给第三人并控制购股款。程序可参照以上社会法人股的变卖或抵债程序。

四、训练案例

训练案例（一）

N 市的甲公司因经营不善停产，负债累累，无法偿还欠刘某的债务。刘某起诉后人民法院判决甲公司向刘某支付欠款 200 万元。甲公司未履行后，刘某向 N 市 J 区人民法院申请执行。执行人员根据线索查明，甲公司持有 N 市乙上市公司的股票 10 万股。

思考题：

1. 执行承办人对该股票应如何执行？

2. 假设在冻结该股票后，丙企业以公司自有的一处房产为甲公司提供连带担保，担保期限为 1 年，担保数额 200 万元，1 年后甲公司只偿还了 80 万元的债务，执行法院该如何处理本案？

训练案例（二）

申请执行人杨某某与被执行人石某某、被执行人雷某股权转让纠纷一案，B 市 B 区人民法院依据已经发生法律效力的（2014）保民四终字第 173 号民事调解书，于 2014 年 8 月 4 日向被执行人送达执行通知书，责令被执行人在 4 日内履行该法律文书确定的义务，但被执行人未按期履行确定的义务。人民法院作出裁定，将石某某、雷某持有的甲公司 35% 的股权（石某某 20%、雷某 15%）变更登记到杨某某名下。

思考题：

本案裁定书生效后，应如何实施？

二维码

学习单元二　二维码阅读

学习单元三　对其他动产的执行

训练目的

　　知晓对被执行人机动车、存货及设施设备的调查途径与方法；掌握对机动车、存货及设施设备等财产适用的执行措施与执行程序；能够根据被执行人的具体情况灵活运用调查手段与执行措施。

训练要求

　　对被执行人机动车、存货及设施设备的调查途径与方法；对被执行人等机动车、存货及设施设备的执行措施与执行程序。

项目一　对机动车的执行

一、案例情境

　　被执行人甲建材公司涉及一起民间借贷纠纷并被判返还本息，案件在审理阶段已保全被执行人名下"解放牌"等货车两辆。案件经审理判决生效后进入执行程序，执行人员向被执行人送达了执行通知书和财产报告令。因被执行人规避执行，无法寻找到车辆的下落，执行陷入僵局。

　　9月15日，C县人民法院执行人员在接到申请执行人提供的财产线索和公安机关的车辆行驶轨迹信息后，迅速行动，成功将被执行人名下的车辆扣押。后人民法院将扣押的车辆拍卖，并将款项交予申请执行人。

二、调查途径与方法

　　机动车是指以动力装置驱动或者牵引，上道路行驶的供人员乘用或者用于运送物品以及进行工程专项作业的轮式车辆，主要包括大型汽车、小型汽车、专用汽车、特种汽车、有轨电车、无轨电车、摩托车、拖拉机等；虽有动力装置驱动但设计时速、空车质量、外形尺寸符合有关国家标准的残疾人机动轮椅车、电动自行车不属于机动车。机动车属于动产，但价值较大。国家对机动车实行登记制度。机动车经公安机关交通管理部门登记后，方可上道路行驶。尚未登记的机动车，需要临时上道路行驶的，应当取得临时通行牌证。机动车的登记，分为注册登记、变更登记、转移登记、抵押登记和注销登记。初次申领机动车号牌、行驶证的，应当向机动车所有人住所地的公安机关交通管理部门申请注册登记。申请机动车注册登记，应当交验机动车，并提交以下证明、凭证：①机动车所有人的身份证明；②购车发票等机动车来历证明；③机动车整车出厂合格证明或者进口机动车进口凭证；④车辆购置税完税证明或者免税凭证；⑤机动车强制保险凭证；⑥法律、行政法规规定应当在机动车注册登记时提交的其他证明、凭证。

申请机动车转移登记，当事人应当向登记该机动车的公安机关交通管理部门交验机动车，并提交以下证明、凭证：①当事人的身份证明；②机动车所有权转移的证明、凭证；③机动车登记证书；④机动车行驶证。

被司法机关和行政执法部门依法没收并拍卖，或者被仲裁机构依法仲裁裁决，或者被人民法院调解、裁定、判决机动车转移的，且原机动车所有人未向现机动车所有人提供机动车登记证书和行驶证的，现机动车所有人在办理转移登记时，应当提交人民法院出具的《协助执行通知书》，或者行政执法部门出具的未得到机动车登记证书和行驶证的证明。车辆管理所应当公告原机动车登记证书和行驶证作废，并在办理转移登记同时，发放机动车登记证书和行驶证。

对机动车的调查包括对机动车产权情况的调查和对机动车实物去向的调查两个方面。

（一）对被执行人的机动车产权调查途径与方法

1. 到车辆管理所查询。由于机动车登记地实行机动车所有人住所地原则，因此，执行人员可以在掌握被执行人身份信息的情况下到被执行人住所地的车辆管理所进行查询。被执行人的身份信息主要是姓名和身份证号码，执行人员可以通过生效法律文书上得知，也可以到被执行人住所地或经常居住地的公安机关查询，必要的时候连同家庭成员的身份信息一并查询，以便在被执行人个人名下财产不足以清偿时对共有财产执行。去车管所查询时，应出示工作证、执行公务证，送达协助查询通知书，被执行人或其家庭成员名下有机动车登记的，应立即办理查封登记，并可以复印相关登记资料。

2. 申请人向人民法院提供。申请人可以向人民法院提供被执行人的车辆线索，执行人员可以根据其提供的情况迅速到车辆所在地实地查证，可以通过车辆的行驶证、登记证核实是否为被执行人或家庭成员所有，如登记为被执行人或其家庭成员所有，则可以采取查封措施。

3. 对城镇居民为被执行人时，可以到被执行人住所地或经常居住地的物业管理公司进行调查。大多数物业管理公司会对本小区内的进出、常驻车辆进行登记，实行通行证管理制度，因此，物业公司可能向执行人员提供车辆的有关情况。

4. 被执行人申报。执行人员向被执行人发出申报财产令，要求其如实申报财产情况。

5. 对于被执行人是有会计制度的法人或其他组织，可以从会计资料的资产栏目中查找。

（二）对机动车实物去向的调查途径与方法

很多时候，执行人员掌握了被执行人的机动车所有权情况，却由于找不到机动车而不得不中止执行，因此对机动车实物去向的调查也是执行工作的一个重要部分。

1. 讯问被执行人。执行人员对于登记在被执行人名下的机动车，可以讯问被执行人机动车的去向或者责令被执行人交出，拒不交代或交出的，可以对被执行人采取相应强制措施。

2. 搜查。对于怀疑隐匿被执行人机动车的场所进行搜查。搜查时，必须持有人民法院院长签发的搜查令，向被执行人或其他有关人员宣读搜查令内容，并出示工作证和执行公务证，搜查必须根据周围情况拉好警戒带，责令无关人员不得进入。发现机动车后，必须与车辆登记资料上的记载情况进行核对，包括：车牌号码、发动机编号、车辆行驶证以及车辆的外观情况。如为被执行人所有或共有的，可以查封。

3. 由申请人提供或其他人举报。申请人向人民法院提供被执行人机动车处所或其他人举报的，执行人员应及时赶赴现场进行查证，并采取相应措施。

4. 请公安交通部门协助调查。执行法院可向公安机关交通管理部门发出协助执行通知，对已查封的车辆进行监控，在办理年检、查办交通违章过程中予以协助查扣，查扣后通知人民法院实施查封。

三、执行措施与执行程序

对机动车可以适用的执行措施包括查封、拍卖、变卖、以物抵债。

（一）查封

发现被执行人名下登记有机动车情况的，执行人员应立即到机动车登记处的车辆管理所办理查封登记手续，防止被执行人转移机动车所有权或者设定担保物权。

1. 进行查封登记。查封机动车，必须作出查封裁定，送达申请人和被执行人。办理查封登记，执行人员应出示工作证和执行公务证，向车辆管理所送达协助执行通知书和查封裁定书，在登记资料上填写好相关内容，并复印机动车的相关资料。

2. 实物查封。对机动车实物进行查封时，执行人员应出示工作证和执行公务证，通知被执行人或者他的成年家属到场，并邀请其工作单位或者机动车所在地的基层组织派人参加；被执行人是法人或者其他组织的，应当通知其法定代表人或者主要负责人到场。以上人员拒不到场的，不影响执行。

对于查封的车辆，应做必要的检查，主要包括：

（1）查验车辆行驶证，以确认该车系被执行人所有的车辆。

（2）查验发动机号、车架号与行驶证是否一致，以防止该车系改装、套牌车辆。

（3）查验车况，记录车辆有无大的损伤和已行驶的公里数，以固定车辆被查封时的状况，避免以后发生争执。

上述查验过程应记明笔录，要求被执行人签名确认。然后对车辆张贴封条、收缴机动车登记证、行驶证和车钥匙，制作查封财产清单（两份，一份送达被执行人，一份留存人民法院），并由执行人员和在场人员签字后，向被执行人送达查封裁定书和查封财产清单。查封的车辆可以存放在人民法院指定的地点，或者拖回人民法院保管。

（二）拍卖

机动车查封后，被执行人拒不履行义务或其他财产不足以清偿债务的，人民法院可以对该机动车予以拍卖。具体程序如下：

1. 执行法院决定拍卖财产的，应当先作出拍卖裁定书，送达给被执行人。

2. 委托具有相应资质的评估公司对拟拍卖的财产进行评估。当事人双方及其他债权人申请不进行评估的，人民法院应当准许。评估时人民法院应当向评估公司提供必要的材料。评估机构由当事人协商一致后经人民法院审查确定；协商不成的，从负责执行的人民法院确定的评估机构名册中，采取随机的方式确定；当事人双方申请通过公开招标方式确定评估机构的，人民法院应当准许。

人民法院收到评估机构作出的评估报告后，应当在 5 日内将评估报告发送当事人及其他利害关系人，如对评估报告有异议的，可以在收到评估报告后 10 日内以书面形式向人民法院提出。当事人或者其他利害关系人有证据证明评估机构、评估人员不具备相应的评估资质或者评估程序严重违法而申请重新评估的，人民法院应当准许。如没有异议的，则由人民法院委托拍卖。

3. 委托具有相应资质的拍卖机构进行拍卖。拍卖机构由当事人协商一致后经人民法院审查确定；协商不成的，从负责执行的人民法院确定的拍卖机构名册中，采取随机的方式确定；当事人双方申请通过公开招标方式确定拍卖机构的，人民法院应当准许。

选定拍卖机构后，人民法院与拍卖机构签订委托拍卖合同，向拍卖机构送达拍卖裁定书副本，并参考评估价或市价确定拍卖的保留价。

4. 做好拍卖的准备工作。人民法院在拍卖 5 日前应以书面或者其他能够确认收悉的适当方式，通知当事人和已知的担保物权人、优先购买权人或者其他优先权人于拍卖日到场。

5. 进行拍卖。

6. 支付佣金。拍卖成交的，拍卖机构向买受人收取佣金；拍卖未成交或者非因拍卖机构的原因撤回拍卖委托的，拍卖机构为本次拍卖已经支出的合理费用，应当由被执行人负担。

7. 拍卖后的处理。拍卖成交的，买受人应当在指定的期限内将价款交付到人民法院或者汇入人民法院指定的账户。执行法院向买受人送达拍卖成交裁定书，对机动车解除查封，向买受人交付机动车和购车发票、保险凭证、出厂合格证明或进口凭证等，到车辆管理所办理解除查封手续。买受人持执行法院出具的协助执行通知书、拍卖成交裁定书和身份证明到车管所办理转移登记手续。如执行法院未向买受人提供机动车登记证书和行驶证的，车辆管理所公告原机动车登记证书和行驶证作废，并在办理转移登记同时，发放机动车登记证书和行驶证。

拍卖不成的，执行法院应先征询债权人是否愿意接受债务人以该机动车抵债，债权人接受抵债的，人民法院作出以物抵债裁定；债权人拒绝以物抵债或者抵债价格低于本次流拍保留价，债务人不同意的，执行法院应当在 60 日内再行拍卖。对于第二次拍卖仍流拍的动产，人民法院可以将其作价交申请执行人或者其他执行债权人抵债。申请执行人或者其他执行债权人拒绝接受或者依法不能交付其抵债的，人民法院应当解除查封，并将该动产退还被执行人。

（三）变卖

对于被查封的机动车申请人与被执行人双方及有关权利人同意不进行拍卖的，可以变卖。执行法院可以自行组织变卖或者交付有关单位变卖，其程序如下：

1. 制作变卖裁定书并送达被执行人。

2. 确定变卖价。可以由当事人双方及有关权利人约定的价格变卖；或者委托评估机构进行评估。按照评估价格变卖不成的，可以降低价格变卖，但最低的变卖价不得低于评估价的 1/2。

3. 变卖。交付变卖的，执行法院应与有关单位签订委托变卖合同，查封机动车，对照查封清单和执行笔录，交付给有关单位。自行变卖的，要公开进行，但执行法院和执行人员不得自行买受。

4. 变卖结果处理。变卖成交后，应收取价款，扣除执行费用和有关费用后清偿债权人，制作变卖成交裁定送达买受人，对机动车解除查封，向买受人交付机动车和购车发票、保险凭证、出厂合格证明或进口凭证等，到车辆管理所办理解除查封手续。买受人持执行法院出具的协助执行通知书、变卖成交裁定书和身份证明到车辆管理所办理转移登记手续。如被执行人未向买受人提供机动车登记证书和行驶证的，车辆管理所公告原机动车登记证书和行驶证作废，并在办理转移登记的同时，发放机动车登记证书和行驶证。

该机动车无人应买的，执行法院将其交申请执行人或者其他执行债权人抵债；申请执行人或者其他执行债权人拒绝接受或者依法不能交付其抵债的，人民法院应当解除查封，并将机动车退还被执行人。

（四）以物抵债

对于拍卖、变卖不成的，执行法院可以征询申请人或其他债权人意见，是否接受以物抵债，具体程序如下：

1. 抵债价款等具体问题用书面形式征得申请执行人或其他债权人同意。

2. 作出以物抵债裁定，并及时送达被执行人、接受机动车的申请人或其他债权人。

3. 交付抵债物。执行法院应及时将抵债的机动车和掌握的机动车购车发票、保险凭证、出厂合格证明或进口凭证等交付给申请人或其他债权人，到车辆管理所办理解除查封手续，对机动车解除查封。申请人或其他债权人持执行法院出具的协助执行通知书、以物抵债裁定书和身份证明到车辆管理所办理转移登记手续。如执行法院未向买受人提供机动车登记证书和行驶证的，车辆管理所公告原机动车登记证书和行驶证作废，并在办理转移登记同时，发放机动车登记证书和行驶证。

抵债物价值超出被执行人的债务的，对超出部分，接受抵债物的当事人应当支付现金补偿，由执行法院退回被执行人或清偿给其他债权人；抵债物价值不足清偿债务的，应当继续执行不足部分。

四、注意事项

1. 车辆扣押涉及一定的安全性，必须确保安全时才可实施。

2. 对车辆实施实物查扣时，执行人员应分散保卫车辆，置于车辆的左右侧。对于驾驶员在车上的，一方上前吸引他的注意力，另一方迅速将车钥匙拔下，控制车辆。

3. 遇到被执行人抵触情绪激烈，人多势众，不利于控制局面的，可先做耐心地说服教育工作，确实无法控制的，可以先撤回或请求公安机关支援。

4. 对登记在配偶或同住的其他家庭成员名下的机动车，执行人员可以先查封，如债务为共同债务的，可追加配偶或其他家庭成员为被执行人，然后处分该机动车；如果债务为被执行人个人债务的，须由被执行人与其家庭成员协商分割该机动车，债权人同意分割方案的，按协商结果执行该机动车或所得价款，如协商不成或不愿协商的，由债权人代位提起析产诉讼，根据人民法院的裁判结果执行，在此期间中止对该机动车的执行。

5. 对于船舶、航空器等需要登记的大型动产的执行可以参照对机动车的执行。

五、训练案例

训练案例（一）

被执行人甲运输有限公司因与申请执行人陈某发生合同纠纷，被人民法院于 2006 年 9 月 19 日判决赔偿陈某经济损失 124 983.52 元，但该公司一直未履行义务。2009 年 5 月 16 日，H 市某人民法院执行局突然接到申请人陈某的电话，称在 H 市 J 区某停车场发现了被执行单位甲运输有限公司的车辆，请求人民法院立即派人过去。

思考题：

1. 对于执行申请人提供的信息，执行人员应如何处理？

2. 执行人员到达停车场后，在停车场发现了两辆车门侧面上印有甲运输有限公司字样的车辆，一辆蓝色货车、一辆红色货车，车号分别为浙 A××511、浙 A××994。车门锁着，驾驶员不知去处。此时，执行人员应如何处理？

3. 当执行人员正准备将车辆查封时，不知从何处来了一名身穿白色上衣的男子。该男子自称姓连，是停车场的工作人员，并扬言这车谁也不能开走，还将停车场的大门锁上。还安排其他人员将其中一辆车辆用大货车堵住，煽动一些不明真相的群众强迫执行人员将所扣押的行车证及钥匙交出来，否则连警车也不能开走。此时，执行人员应如何应对？

4. 对车辆等交通工具执行时，主要遵循哪些程序？

训练案例（二）

申请执行人杨某某申请执行黄某某、马某某民间借贷纠纷一案，D 县人民法院作出的（2015）涡民一初字第 02957 号民事判决书已经发生法律效力，申请人杨某某于 2017 年 8 月 7 日依法向人民法院申请执行，要求被执行人黄某某、马某某偿还借款，被执行人黄某某、马某某依法应缴纳案件受理费 13 800 元，保全费 5000 元，执行费 14 323 元。

人民法院于 2015 年 12 月 21 日作出（2015）涡民一初字第 02957 号民事裁定扣押被执行人马某某名下皖 A××××6 轿车。执行立案后，于 2016 年 12 月 15

日，向黄某某送达执行通知书；2017 年 2 月 28 日，向马某某送达执行通知书。2017 年 1 月 19 日，移送技术室对查扣车辆评估，评估价为 601 361 元。2017 年 6 月 3 日向马某某送达车辆评估报告，2017 年 6 月 7 日向黄某某送达车辆评估报告。2017 年 7 月 18 日裁定拍卖查扣车辆，并分别送达当事人。但是 2017 年 8 月 31 日第一次拍卖却流拍，2017 年 9 月 14 日第二次拍卖仍流拍。

思考题：

1. 人民法院对查扣的被执行人的车辆实施拍卖流拍后，人民法院应如何处置？

2. 如果人民法院在拍卖流拍后，对查扣车辆实施变卖仍未成交，人民法院对查扣车辆应如何处置？

项目二　对存货及设施设备的执行

一、案例情境

申请执行人甲电器有限公司与被执行人乙电机有限公司、刘某买卖合同纠纷一案，S 市 B 区人民法院作出的（2013）深宝法民二初字第 2168 号民事调解书已经发生法律效力，申请执行人向人民法院申请强制执行，请求被执行人支付 1 280 484 元及受理费 4081 元，人民法院已依法受理。

本案在执行过程中，人民法院依法查封被执行人的财产并依法评估拍卖被执行人所有的机器设备，拍卖机器设备所得 437 800 元。

二、调查途径与方法

存货是法人或其他组织的存放于仓库或指定场所的原材料、产品、自制半成品、库存商品、在途物资、包装物、低值易耗品等流动资产。设施设备是法人或其他组织用于组织生产的机器设备和日常管理的办公设备等物资。对法人或其他组织强制执行时，存货及设施设备是较为常见的执行标的物。

建立健全会计制度的企业法人或其他组织的存货及设施设备，执行人员可以通过会计资料的固定资产、原材料、半成品、库存商品、包装物等会计科目调查企业或组织的存货类别、数量和大概价值；也可以通过对仓库或特定场所的查封、搜查而获取存货。由于存货及设施设备往往容易转移或隐匿，因此对于此类财产的调查要迅速、及时。

三、执行措施与执行程序

对存货及设施设备可以适用的执行措施有查封、扣押、拍卖、变卖、以物抵债。查封主要适用于大型机械设备比如尚未出售的车辆、机床、船舶、航空器，执行程序可参照对机动车的查封。

对存货及设施设备的扣押有两种方式：一是就地扣押，二是转移扣押。但不论采取何种方式都要落实好保管人。扣押存货及设施设备，应当制作扣押裁定书并送达双方当事人，通知法人企业的法定代表人或者其他组织的主要负责人到场，拒不到场不影响执行。然后清点财产，造具清单，就地扣押的要落实保管人，转移扣押的由人民法院保管或指定保管人保管，对扣押过程和结果要制作执行笔录，并由执行人员、保管人和在场人员在执行笔录和扣押清单上签字。清单一式两份，一份送达给被执行人，另一份留存人民法院。

查封、扣押的存货及设施设备需要处分的，可以适用拍卖、变卖或以物抵债。能够拍卖的首选拍卖；双方同意不拍卖的或者无法委托拍卖、不适合于拍卖以及金银及其制品、当地市场有公开交易价格的存货、易腐烂变质的存货、季节性存货、保管困难或者保管费用过高的存货可以直接变卖；被执行人的财产无法拍卖或变卖的，经申请执行人或其他债权人同意，可将存货及设施设备以物抵债。拍卖、变卖或以物抵债的程序参照以上对机动车的拍卖、变卖或以物抵债程序，不需要办理登记手续的存货及设施设备，人民法院拍卖、变卖或以物抵债后无须出具协助执行通知书给其他机关，所有权自交付时转移。

四、注意事项

1. 对于具有特殊专业价值，搬动后可能会造成价值大幅贬损的动产，如机器设备等，应就地查封，并责令被执行人或指定专人保管。

2. 对于农副产品及其他鲜活产品不便保存的，扣押前须先咨询有关行业主管部门，根据行业规定和习惯采取相应的措施，如不宜保存的，可以与当事人商量变卖或者抵债价格，而后变卖或抵债；或者由当事人联系买受人，但价格须人民法院审查同意。

五、训练案例

训练案例（一）

2007年，甲公司、乙公司在经营过程中，乙公司因拖欠甲公司货款35万元，甲公司经多次向乙公司追讨未果后，即向人民法院提起诉讼，并同时向人民法院提出诉讼保全申请，请求人民法院依法保护债权人的利益，查封乙公司所有的位于 B 开发区的仓库。人民法院受理此案件后，对被告方乙公司的仓库进行了保全查封。人民法院在审理案件过程中，原告甲公司与被告乙公司在法官主持的调解下达成了民事调解书，调解协议中规定：被告乙公司于 2007 年 12 月 31 日前支付原告甲公司 20 万元；2008 年 6 月 30 日前被告乙方支付原告甲方剩余的 15 万元。

民事调解书生效后，被告乙公司未按约定，按期履行还款义务，原告甲公司依法向人民法院申请执行。人民法院受理该执行案件后，被执行人乙公司仍未按执行法院向其发出执行通知要求的期限履行还款义务，执行法官在执行过程中对被执行人乙公司的财产状况进行了调查，发现被执行人乙公司被人民法院查封的仓库为租赁使用，仓库内有一批空调、洗衣机等电器，另办公室有电脑 5 台，办公桌 5 张及其他办公用品若干，办公场所也为租赁使用。

思考题：

1. 执行人员如何处理被查封的仓库及其电器、电脑等办公用品？

2. 在执行中，乙公司分立为丙公司和丁公司，并将原公司予以注销，执行法院应如何处理此案？

训练案例（二）

原告林某与被告甲有限责任公司因买卖合同纠纷一案，于 2007 年 12 月由 S 市 S 区人民法院调解结案。双方达成调解协议，S 区人民法院向双方当事人送达调解书。但被告未履行调解协议中的义务，原告林某于 2008 年 7 月 7 日向 S 区人民法院申请执行，要求被告甲有限责任公司偿付货款 2400 元，并承担诉讼费 25 元。

S 区人民法院受理后，依法向该甲有限责任公司送达执行通知，责令其于同年 7 月 14 日之前履行偿付义务。届期，被执行人未履行。经执行查明，被执行人因经营不善，已停止经营，其在 S 区人民法院已涉案 40 件，总执行标的 1 882 594.30 元。其中涉及劳务工资案件 5 件，标的额为 216 267.30 元。S 区人民法院已在其（2007）松民三（民）初字第 2693 号案件的审理中，依法查封了被执行人酒店内的空调设备、厨房设备、各类电脑等所有财产。因被执行人未履行义务，S 区人民法院遂委托中介机构对上述查封财产进行评估拍卖，评估价为 970 908 元。之后，依法委托乙有限公司对上述财产公开拍卖，第一次拍卖以 776 762 元的保留价流拍。因案外人对评估财产中的消防设施提出权属异议，故在第二次拍卖中，S 区人民法院将消防设施排除在拍卖财产范围之外，被扣除部分评估价值为 187 500 元。第二次拍卖由于无人应价，以 501 380 元的保留价流拍。

思考题：

1. S区人民法院对酒店内的空调设备、厨房设备、各类电脑进行查封时，具体程序应怎样进行？

2. 第一次流拍后，S区人民法院应如何处理此案？

3. S区人民法院应如何处理案外人对消防设施提出的权属异议？

4. 2008年9月3日，S区人民法院将被流拍的财产进行变卖，应卖人黄某应买成交，变价款项370 000元，扣除诉讼费14 718.5元，执行费5960元，评估费4000元，剩余款项345 321.5元。S区人民法院应如何分配该款项？

5. 林某受偿186元欠款和25元诉讼费后，对林某申请执行该酒店的民事案件S区人民法院应如何处理？

二维码

学习单元三　二维码阅读

学习单元四 对不动产的执行

项目一　对城镇不动产的执行

一、案例情境

　　2013 年 5 月 22 日，钟某与家住 C 市 T 区的刘某签订了《C 市房地产买卖合同》，合同约定，刘某将 C 市 T 区一套房屋（建筑面积：149.44m²）及两个车位出售给钟某，转让价格为 580 万元，钟某签约当天支付了 174 万元人民币。后刘某因故不履行合同且不退还房款。钟某向 C 市 T 区人民法院起诉，要求刘某偿还 174 万元及相关费用。人民法院支持了钟某的请求。然而刘某一直未履行还款义务，钟某于 2015 年 1 月向 C 市 T 区人民法院申请执行。被执行人刘某在规定的期限内未履行生效法律文书所确定的义务，法院执行人员在其无金钱给付能力的前提下，拟定对被执行人刘某所有的不动产实施执行。

二、执行措施与执行程序

（一）对城镇不动产的调查

　　对城镇不动产的调查主要有三个方面的目的：一是确定不动产的权属，为对不动产的查控提供依据。对于尚未进行产权确认的不动产，要依据相关的审批文件、历史形成原因、实际出资人等证据信息，确定不动产的权属。二是查清不动产上的权利负担，保护债权人、抵押债权人和用益物权人等善意第三人的合法权益。三是搜集被执行人恶意转让、隐匿不动产以逃避人民法院执行的证据，为进一步惩罚、制裁被执行人，包括追究被执行人的刑事责任提供证据。

对于已经办理产权登记的房产和土地，仅需 2 名执行人员持工作证和执行公务证以及人民法院的介绍信，凭借被执行人姓名（名称）及其身份证号码，就可以在不动产所在地的国土资源和房地产管理部门查询到被执行人名下的以及与他人共有的房屋和土地的信息，包括土地使用权证号、房屋所有权证号、坐落和四至、是否存在抵押权等情况。

对于尚未办理产权登记的房产和土地信息，可以通过以下几种方法进行调查：①由申请执行人提供被执行人拥有的不动产情况，人民法院予以调查核实；②责令被执行人报告其拥有的不动产情况，并告知其拒不报告或虚假报告的法律后果；③搜查被执行人住所，查找相关房地产或者土地的权属证书；④通过实地查看被执行人的住所以及走访被执行人所在地的基层组织、街坊邻居，调查被执行人实际居住或者使用的尚未办理登记手续的房地产信息；⑤通过张贴公告、发布悬赏执行公告、走访等方式，积极发动群众和基层组织提供被执行人是否在异地拥有不动产的线索。

【拓展阅读】
被执行人系单位的调查方法[1]

如被执行人系单位，除可参照上述调查被执行人系自然人的方法外，根据单位拥有不动产的特殊性，还可采取以下方法调查被执行人的不动产信息。

1. 查询被执行人的工商登记资料。如存在被执行人的股东以其房地产作价或者入股作为被执行人公司注册资本，但未办理过户登记手续的情形，该房地产应视为被执行人（公司法人）的资产。

2. 责令被执行人提供包括固定资产明细账册等财务会计资料，了解被执行人在异地是否拥有房地产或者土地等不动产。

3. 向税务部门了解被执行人的纳税情况，包括营业税、增值税以及企业所得税等，调查了解被执行人的房地产、土地的变动信息。

4. 对涉案标的较大、社会影响较大的案件，可以考虑通过审计的方式获知被执行人的不动产信息。被执行人因其他原因已进行过审计的，可以向有关单位或者部门调取相应的审计资料，获取被执行人的不动产信息。

5. 向当地政府招投标中心调查被执行人正在参加竞投标或者已经竞标成功的国有土地转让信息以及土地出让金缴纳情况。

---

〔1〕 金平强主编：《执行工作实务技能》，人民法院出版社 2013 年版，第 13~14 页。

（二）对城镇不动产的查封

执行人员一旦查实被执行人的城镇不动产信息，应在最短的时间内办理查封手续，以避免被执行人转移财产。

1. 查封方法。

（1）"活查封"。人民法院对不动产的查封一般采取"活查封"，即制作协助执行通知书，连同裁定书副本一并送达房产登记机关和土地使用权登记机关，要求其不得办理查封财产的转移过户手续，但该不动产仍交由被执行人保管并继续使用。由于不动产处置需要很长一段时间，程序复杂，且被执行人将不动产腾空也需要一个过程，故对被执行人正在使用的不动产一般采取"活查封"的方式。

（2）"死查封"。《执行工作规定（试行）》（1998）第 41 条第 2 款规定："对有产权证照的动产或不动产的查封，应当向有关管理机关发出协助执行通知书，要求其不得办理查封财产的转移过户手续，同时可以责令被执行人将有关财产权证照交人民法院保管。必要时也可以采取加贴封条或张贴公告的方法查封。"在查封过程中如果不动产已经腾空或者无人居住的，则一般采用"死查封"的方式进行查封。一方面可以向社会公示该财产已经被人民法院查封，起到宣传作用，并给被执行人施加压力，另一方面也有利于下一步的处置，防止被执行人为了对抗执行重新占有该不动产。

2. 法律文书的送达。查控已办理权属登记不动产的法律文书，以直接送达协助义务人和相关当事人为宜。在将查封裁定直接送达给已经办理权属登记的不动产管理机关时应注意：

（1）要求登记机关在送达回证上注明是否为首轮查封。如果是轮候查封，应要求登记机关注明首轮查封或先前轮候查封的人民法院名称及查封时间、范围等，并提供相关法律文书复印件，以便与其他人民法院取得联系。

（2）在送达查封裁定书时应核对相应的不动产登记信息。由于拆迁、录入错误等原因，部分不动产的登记与实际情况并不一致，因此不能仅仅以登记部门的登记信息为准，需要对这些信息及现场进行核实。

（三）对城镇不动产的处分

人民法院对符合处分条件的不动产，可以采取拍卖和变卖两种方式予以处分，但应该优先采取拍卖方式进行。人民法院以拍卖方式处置财产的，除特殊情况，应当采取网络司法拍卖方式。《最高人民法院关于人民法院网络司法拍卖若干问题的规定》（以下简称《网拍规定》）对网络司法拍卖的具体实施过程进行了规定。

1. 确定保留价。根据《网拍规定》第 10 条、第 27 条的规定，网络司法拍卖应当确定保留价，拍卖保留价即为起拍价。起拍价由人民法院参照评估价确定；未作评估的，参照市价确定，并征询当事人意见。起拍价不得低于评估价或者市价的70%。起拍价及其降价幅度、竞价增价幅度、保证金数额和优先购买权人竞买资格及其顺序等事项，应当由人民法院依法组成合议庭评议确定。

2. 发布拍卖公告。

（1）拍卖公告的一般性规定。《网拍规定》第12条第1款规定："网络司法拍卖应当先期公告，拍卖公告除通过法定途径发布外，还应同时在网络司法拍卖平台发布。拍卖动产的，应当在拍卖十五日前公告；拍卖不动产或者其他财产权的，应当在拍卖三十日前公告。"

（2）需要公示的信息内容。《网拍规定》第13条规定："实施网络司法拍卖的，人民法院应当在拍卖公告发布当日通过网络司法拍卖平台公示下列信息：（一）拍卖公告；（二）执行所依据的法律文书，但法律规定不得公开的除外；（三）评估报告副本，或者未经评估的定价依据；（四）拍卖时间、起拍价以及竞价规则；（五）拍卖财产权属、占有使用、附随义务等现状的文字说明、视频或者照片等；（六）优先购买权主体以及权利性质；（七）通知或者无法通知当事人、已知优先购买权人的情况；（八）拍卖保证金、拍卖款项支付方式和账户；（九）拍卖财产产权转移可能产生的税费及承担方式；（十）执行法院名称，联系、监督方式等；（十一）其他应当公示的信息。"

（3）需要特别提示的事项。《网拍规定》第14条规定："实施网络司法拍卖的，人民法院应当在拍卖公告发布当日通过网络司法拍卖平台对下列事项予以特别提示：（一）竞买人应当具备完全民事行为能力，法律、行政法规和司法解释对买受人资格或者条件有特殊规定的，竞买人应当具备规定的资格或者条件；（二）委托他人代为竞买的，应当在竞价程序开始前经人民法院确认，并通知网络服务提供者；（三）拍卖财产已知瑕疵和权利负担；（四）拍卖财产以实物现状为准，竞买人可以申请实地看样；（五）竞买人决定参与竞买的，视为对拍卖财产完全了解，并接受拍卖财产一切已知和未知瑕疵；（六）载明买受人真实身份的拍卖成交确认书在网络司法拍卖平台上公示；（七）买受人悔拍后保证金不予退还。"

（4）责任免除。《网拍规定》第15条规定："被执行人应当提供拍卖财产品质的有关资料和说明。人民法院已按本规定第十三条、第十四条的要求予以公示和特别提示，且在拍卖公告中声明不能保证拍卖财产真伪或者品质的，不承担瑕疵担保责任。"《网拍规定》第16条规定："网络司法拍卖的事项应当在拍卖公告发布三日前以书面或者其他能够确认收悉的合理方式，通知当事人、已知优先购买权人。权利人书面明确放弃权利的，可以不通知。无法通知的，应当在网络司法拍卖平台公示并说明无法通知的理由，公示满五日视为已经通知。优先购买权人经通知未参与竞买的，视为放弃优先购买权。"

3. 确定竞买人。

（1）竞买人数的相关规定。《网拍规定》第 11 条规定："网络司法拍卖不限制竞买人数量。一人参与竞拍，出价不低于起拍价的，拍卖成交。"

（2）保证金的相关规定。《网拍规定》第 17 条的规定："保证金数额由人民法院在起拍价的百分之五至百分之二十范围内确定。竞买人应当在参加拍卖前以实名交纳保证金，未交纳的，不得参加竞买。申请执行人参加竞买的，可以不交保证金；但债权数额小于保证金数额的按差额部分交纳。交纳保证金，竞买人可以向人民法院指定的账户交纳，也可以由网络服务提供者在其提供的支付系统中对竞买人的相应款项予以冻结。"

竞买人在拍卖竞价程序结束前交纳保证金经人民法院或者网络服务提供者确认后，取得竞买资格。网络服务提供者应当向取得资格的竞买人赋予竞买代码、参拍密码；买人以该代码参与竞买。网络司法拍卖竞价程序结束前，人民法院及网络服务提供者对竞买人以及其他能够确认竞买人真实身份的信息、密码等，应当予以保密。

（3）优先购买权人的相关规定。《网拍规定》第 19 条规定："优先购买权人经人民法院确认后，取得优先竞买资格以及优先竞买代码、参拍密码，并以优先竞买代码参与竞买；未经确认的，不得以优先购买权人身份参与竞买。顺序不同的优先购买权人申请参与竞买的，人民法院应当确认其顺序，赋予不同顺序的优先竞买代码。"

4. 确定竞价规则。《网拍规定》第 20 条规定："网络司法拍卖从起拍价开始以递增出价方式竞价，增价幅度由人民法院确定。竞买人以低于起拍价出价的无效。网络司法拍卖的竞价时间应当不少于二十四小时。竞价程序结束前五分钟内无人出价的，最后出价即为成交价；有出价的，竞价时间自该出价时间顺延五分钟。竞买人的出价时间以进入网络司法拍卖平台服务系统的时间为准。竞买代码及其出价信息应当在网络竞买页面实时显示，并储存、显示竞价全程。"

《网拍规定》第 21 条规定："优先购买权人参与竞买的，可以与其他竞买人以相同的价格出价，没有更高出价的，拍卖财产由优先购买权人竞得。顺序不同的优先购买权人以相同价格出价的，拍卖财产由顺序在先的优先购买权人竞得。顺序相同的优先购买权人以相同价格出价的，拍卖财产由出价在先的优先购买权人竞得。"

5. 拍卖成交和流拍后的相关工作。

（1）拍卖成交的相关工作。《网拍规定》第 22 条规定："网络司法拍卖成交的，由网络司法拍卖平台以买受人的真实身份自动生成确认书并公示。拍卖财产所有权自拍卖成交裁定送达买受人时转移。"《网拍规定》第 23 条规定："拍卖成交后，买受人交纳的保证金可以充抵价款；其他竞买人交纳的保证金应当在竞价程序结束后二十四小时内退还或者解冻。拍卖未成交的，竞买人交纳的保证金应当在竞价程序结束后二十四小时内退还或者解冻。"同时，《网拍规定》第 24 条规定："拍卖成交后买受人悔拍的，交纳的保证金不予退还，依次用于支付拍卖产生的费用损失、弥补重新拍卖价款低于原拍卖价款的差价、冲抵本案被执行人的债务以及与拍卖财产相关的被执行人的债务。悔拍后重新拍卖的，原买受人不得参加竞买。"《网拍规定》第 25 条规定："拍卖成交后，买受人应当在拍卖公告确定的期限内将剩余价款交付人民法院指定账户。拍卖成交后二十四小时内，网络服务提供者应当将冻结的买受人交纳的保证金划入人民法院指定账户。"

（2）流拍后的相关工作。《网拍规定》第 26 条规定："网络司法拍卖竞价期间无人出价的，本次拍卖流拍。流拍后应当在三十日内在同一网络司法拍卖平台再次拍卖，拍卖动产的应当在拍卖七日前公告；拍卖不动产或者其他财产权的应当在拍卖十五日前公告。再次拍卖的起拍价降价幅度不得超过前次起拍价的百分之二十。再次拍卖流拍的，可以依法在同一网络司法拍卖平台变卖。"

三、在执行中的注意事项

（一）查封时应注意以下事项

1. 查封家庭住房时，应办理不动产查封登记。执行人员首先向不动产登记局发出协助执行通知书，要求不动产登记局工作人员查阅所涉不动产的权属登记档案，核实被查封不动产是否进行过权属登记，如已进行登记的，其所有权人姓名、不动产坐落等是否相符，是否有其他人民法院查封在先。人民法院查封时，土地、房屋权属的确认以不动产登记部门的登记或者出具的权属证明为准。权属证明与权属登记不一致的，以权属登记为准。如果协助执行通知书上记载的不动产状况与权属登记不一致无法查封时，应重新补发协助执行通知书进行查封。

2. 在实施查封时，土地使用权和房屋所有权归属同一权利人的，人民法院应当同时查封；土地使用权和房屋所有权归属不一致的，查封被执行人名下的土地使用权或者房屋。执行人员办理房屋所有权与土地使用权同时查封时，对仍实施分离登记制度地区的不动产，应分别到房管部门和土管部门办理查封登记。

3. 对登记在案外人名下的不动产，登记名义人（案外人）书面认可该不动产实际属于被执行人时，执行法院可以采取查封措施。如果登记名义人否认该不动产属于被执行人，而执行法院、申请执行人认为登记为虚假时，须经当事人另行提起诉讼或者通过其他程序，撤销该登记并将该不动产登记在被执行人名下之后，才可以采取查封措施。对被执行人因继承、判决或者强制执行取得，但尚未办理过户登记的不动产的查封，执行法院应当向不动产登记局提交被执行人取得财产所依据的继承证明、生效判决书或者执行裁定书及协助执行通知书，由不动产登记管理部门办理过户登记手续后，办理查封登记。对不动产登记管理部门已经受理的被执行人转让不动产的过户登记申请，尚未核准登记的，人民法院可以进行查封，已核准登记的，不得进行查封。人民法院对可以分割处分的房屋应当在执行标的额的范围内分割查封，不可分割的房屋可以整体查封。分割查封的，应当在协助执行通知书中明确查封房屋的具体部位。人民法院对不动产的查封期限不得超过 3 年。期限届满可以续查封一次，续查封时应当重新制作查封裁定书和协助执行通知书，续查封的期限不得超过 3 年。因此，执行人员办理查封时，应同时注明查封时限，到期案件仍未执结的，应及时办理续查封手续。

4. 被执行人虽有几套住房而只查封一套即可清偿债务时，应首先查封比较容易变现的住房，但应防止被执行人变卖未查封的房屋后迁入查封的房屋，致使无法变现。查封时应注意到公安户籍部门冻结登记在该房屋的户口。

5. 办理家庭住房实物查封时，应对房屋所属的电梯、中央空调、自配房等附属设施在协助执行通知书中列明，或附查封清单，一并查封。在查封清单和笔录中应逐一列明与该房屋有关的争议部分。无人居住的房屋，应制作查封裁定书和协助执行通知书，到当地不动产交易中心办理登记手续，同时通知该房屋所在地的居委会、村委会等基层组织或小区物业公司在场见证，必要时还可以请当地派出所的社区民警到场。执行人员应在该房屋上张贴封条，并以公告形式告知被执行人被限制的权利和应承担的义务。同时请基层组织或小区物业协助监管，发现异常情况及时与人民法院联系。对于需要限制使用的，还应与水电煤气等公用事业单位取得联系，采取相应措施确保安全；需要查控屋内财产的，应开具搜查令，进屋清查，查封扣押相关物品，必要时请当地公安户籍管理部门协助冻结户口。查封的过程应记明笔录并经在场见证人签名确认，有条件的，可将全过程录像后，作为证据保存。

（二）拍卖、变卖查封的城镇不动产时的注意事项

1. 拍卖、变卖查封的不动产时，必须保留被执行人生活必需的住房。具体确定被执行人生活必需的住房时，应参考的因素包括：①住房面积：包括被执行人及其扶养的家属人数，当地政府当年公布的人均最低住房标准，当地政府对离退休、独生子女、伤残军人等特殊人群最低住房标准所作的特殊规定，被执行人所扶养的家属自身有无生活必需的住房等；②住房的价值：住房的地段、价位等。

2. 被执行人已全额支付价款但尚未过户的二手房，如被执行人未实际占有的，人民法院可要求售房人将房屋交人民法院处理。

3. 被执行人将可供执行的房屋出租的，如出租行为发生在房屋设定抵押或查封之前，则保护承租人的利益，处分房屋时尊重承租人的优先购买权和继续承租权；如出租行为发生在抵押或查封之前，则在确保实现抵押权的前提下保护承租人的利益；如出租行为发生于查封之后，则租赁行为不影响人民法院的执行。

4. 对划拨的国有土地使用权，也应征得国土资源部门的同意，获取同意拍卖的书面函件，并要求国土资源部门测算好土地出让金数额，再依拍卖国有土地使用权的方式进行公告拍卖。

5. 对商品房项目附属车库，根据《民法典》等相关法律规定，拍卖时仅供商品房小区购房户竞买。

6. 对当地政府限制转让的商品房，如经济适用房等住房，拍卖时应在征得当地房管部门同意后实施，不同意的可强制出租。

7. 对不动产查封，如该不动产上已经存在抵押权负担或已被查封的，可以核实抵押或查封的数额，如不动产价格明显高于抵押或查封的数额，则可以重复查封，拍卖时以抵押或查封的先后顺序清偿债务。抵押权先于查封存在，拍卖时即使抵押权人不撤销抵押，也不影响拍卖的实施。

8. 人民法院有关房屋产权的判决或裁定一经送达当事人即生效，不动产登记管理部门应据此文书办理过户手续。不动产登记局管理部门拒不办理时，可向其发出协助执行通知书。

9. 人民法院执行土地使用权时，不得改变原土地用途和出让年限。经申请执行人和被执行人协商同意，可以不经拍卖、变卖，直接裁定将被执行人以出让方式取得的国有土地使用权及其地上房屋经评估作价后交由申请执行人抵偿债务，但应当依法向国土资源和房地产管理部门办理土地、房屋权属变更、转移登记手续。

四、执行文书

执行文书包括查封裁定书、查封公告、强制保管产权证照通知书、采取拍卖措施裁定书、价格评估委托书、拍卖（变卖）委托书、拍卖通知书、拍卖公告、拍卖成交确认裁定书、采取变卖措施裁定书、采取以物抵债措施裁定书。

五、训练案例

训练案例（一）

申请人甲公司依据已经发生法律效力的民事判决书，于 2016 年 1 月 11 日向人民法院申请执行，要求被执行人陈某某支付设备款 2912.23 万元及违约金，负担案件受理费 253 924 元，并加倍支付迟延履行期间的债务利息，负担本案执行费 96 781 元。

执行中，人民法院依法查封了被执行人陈某某名下位于 S 市场中路的两处房产，分别为 101 室和 201 室。并依法对上述被查封财产进行处置。该房屋 101 室总面积 113.64m²，评估价值为 6 250 200 元；201 室总面积 114.57m²，评估价值为 6 301 350 元，两套房产总价值为 12 551 550 元。经过司法拍卖平台网上拍卖成交总价位为 10 315 378 元，其中 101 室成交价为 5 047 037 元；201 室成交价为 5 268 341 元。

思考题：

1. 人民法院以拍卖方式处置财产的，若无特殊情况，应当采取哪种拍卖方式？

2. 采取这种拍卖方式的具体实施程序是什么？

3. 采取这种拍卖方式，在竞价期间无人出价的，导致本次拍卖流拍，应该如何处理？

训练案例（二）

原告丁某与王某因承揽合同纠纷一案，S 省 D 市 H 区人民法院判决王某赔付丁某各项经济损失 81 000 元。判决生效后，王某未按期履行义务，丁某向人民法院申请执行。

执行过程中，人民法院于 2005 年 6 月依法查封了王某在 H 区农贸市场的沿街商品房一套，而案外人刘某（系被执行人王某的弟弟）提出异议称：该房产已被 Z 县人民法院先行查封，且王某已经将该房产转让给刘某，并提供了二人签订的房产转让协议，要求人民法院解除对该房产的查封。

经执行查明：刘某与王某因民间借贷纠纷于 2002 年 12 月诉至 Z 县人民法院，Z 县人民法院在审理期间查封了上述房产，并制作了调解书，调解主文为：①王某于 2003 年 4 月 12 日前给付刘某欠款 80 000 元；②逾期不还，以查封的房产作抵押，作价处理后归还刘某。调解书生效后，刘某没有申请法院执行，沾化县人民法院也一直未对该房产作出处理，该房产也一直没有办理产权过户手续。

另查明，该房产现在由被执行人王某对外出租，仍由王某对房产行使收益、处分的权利。

思考题：

1. 法律对人民法院房地产查封的期限及手续是如何规定的？

2. 房地产被抵押或查封后，能否继续查封？

项目二 对农村住房的执行

一、案例情境

被告蔡某于 2007 年 11 月 8 日向原告吴某借款 250 万元，并保证在 2007 年年底之前一次性还清。后因蔡某在约定还款期限届满后未偿还债务，吴某起诉至人民法院。经人民法院审理，吴某胜诉。2008 年 10 月 22 日，吴某向人民法院申请强制执行，并提供蔡某享有甲餐厅的收入，甲餐厅所在地的土地使用权及地上建筑物所有权的执行线索。

人民法院经调查发现，甲餐厅成立于 2001 年 9 月 21 日，属股份制（合作）企业，注册资金 3 万元，设立之初的法定代表人为蔡某。2007 年 12 月 1 日甲餐厅法定代表人变更为蔡某之子。2008 年 1 月，蔡某将其货币出资 24 000 元中的 21 000 元分别转给蔡某之妻、之胞弟及之子。2008 年 4 月蔡某又将剩余货币出资 3000 元转让给张某，至此，蔡某在甲餐厅不再占有股份。蔡某享有甲餐厅住所地——B 市 C 区某处宅基地的使用权及地上建筑物的所有权。

二、执行措施与执行程序

（一）对农村住房的调查与查封

我国农村地区建房用地是村集体的宅基地，且绝大多数地方是由无偿划拨取得的；随着我国农村地区房屋产权登记制度的完善，农村房屋产权的交易更为便捷。为此，如果获知被执行人有农村住房的信息，执行人员应到村委会、乡、镇政府办公室或土地所进一步调查、核实房屋所有人及共住人情况，并根据需执行的对象对该住房的权属进行确认。确认后再向上述部门送达查封裁定书和协助执行通知书，要求对房屋进行查封，同时在该房屋上加贴封条或公告。

（二）对查封的农村住房的处分

对于查封的农村住房，应采用拍卖方式在集体经济组织成员内部进行拍卖。拍卖应遵循拍卖程序，先张贴拍卖公告，公告期满组织拍卖，如果流拍，也可以采用协议的方式出让。

三、实施执行措施的注意事项

拍卖农村住房时，应将房屋占用范围内的宅基地一同转让；对农村尚未建房的宅基地，不应纳入执行范围。拍卖查封的集体土地使用权及其建筑物时，如不涉及土地使用权性质的改变，仅在集体经济组织成员内部拍卖的，则应做好与相关集体经济组织的沟通协调，获得支持后公告拍卖，然后到集体土地的基层主管部门进行登记备案，办理相关手续；如涉及土地使用权性质的改变，则应做好与相关集体经济组织的沟通协调，同时征得国土资源部门的同意，获取同意拍卖的书面函件，并要求国土资源部门测算好土地出让金数额，再以拍卖国有土地使用权的方式进行公告拍卖。

四、执行文书

执行文书包括查封裁定书、查封公告、采取拍卖措施裁定书、拍卖成交确认裁定书、采取变卖措施裁定书、采取以物抵债措施裁定书、价格评估委托书、拍卖（变卖）委托书、拍卖通知书、拍卖公告。

五、训练案例

训练案例（一）

申请人彭某与被执行人谭某借款纠纷两案，D县人民法院于2007年4月判决谭某偿还彭某借款16万元及利息和10万元及利息，当事人均未上诉。判决生效后，被执行人谭某未按时自觉履行生效法律文书所确认的给付义务，申请人彭某向D县人民法院申请强制执行。在执行过程中查明：被执行人谭某只有一套2003年在其居住的村征用集体土地修建的二楼一底房屋一幢，再无其他财产可供执行。

思考题：

1. 如果人民法院对该房屋进行拍卖，该房屋的买受人有限制吗？

2. 如果该房屋无法拍卖、变卖，此时还可以采取什么执行方法？

训练案例（二）

王某是C村村民，自2012年携家人到县城做服装生意。2015年年初，因做生意需要，他向同村村民李某借款3万元，并约定一年内还清。后由于生意不景气，借款到期后，王某未偿还李某借款，在多次催要未果后，李某将王某告上了法庭。后人民法院依法判决王某偿还李某借款3万元，双方均未上诉。判决生效后，王某未履行法律文书确定的义务，李某遂向人民法院申请强制执行。执行过程中，经人民法院依法调查当事人财产情况，发现王某在村中有闲置的房屋5间，别无其他贵重财产可供执行。

思考题：

本案应如何执行？

二维码

学习单元四　二维码阅读

学习单元五　对交出特定财物或票证的执行

训练目的

　　掌握强制交出特定财物或票证的执行措施和执行程序；能够根据被执行人的具体情况灵活运用执行措施；针对被执行人或第三人拒不交出特定财物或应交付的特定财物变质、损坏或灭失时能够合法进行处置。

训练要求

　　强制交付执行的实施；责令交出票证通知书、责令追回财物或票证、搜查令的制作。

项目一　强制交出特定财物

一、案例情境

　　2017 年 8 月 30 日，卢某以其所有的一幅署名某知名画家的油画作为担保，向程某借款人民币 10 万元，借款合同约定卢某应于同年 10 月 30 日归还借款。到期后因卢某未按合同约定履行还款义务，程某起诉至人民法院，要求卢某归还借款人民币 10 万元及利息 28 800 元。庭审中，卢某辩称双方之间系居间关系而非借贷，钱是替别人借的，同意归还 10 万元押金，但不同意支付利息，并反诉要求程某归还担保物署名某知名画家的油画一幅。双方针对自己的诉讼请求各自出示了相应证据，后人民法院依法认定双方形成借贷关系，并判决卢某归还程某借款人民币 10 万元及相应利息，而程某应于判决生效后 10 日内归还卢某署名某知名画家的油画一幅。判决生效后，卢某以被执行人程某未按生效判决履行义务为由，向人民法院申请执行。

二、执行措施和执行程序

（一）向被执行人发出限期履行通知书

特定财物是由被执行人占有时，人民法院先向被执行人发出限期履行通知书；被执行人应在执行法院指定的期限内交付占有的特定财物，未交付的强制执行。

（二）强制交付

对交付财物的执行方法，《民事诉讼法》第 260 条第 1 款规定了两种方法：一是由双方当事人当面交付，即由执行法院通知双方当事人同时到达某一地点，如执行法院、当事人一方所在地、标的物所在地等，由被执行人当面将标的物交付给申请执行人，并由申请执行人签收；二是由执行法院转交，即由执行法院从被执行人处或第三人处取出标的物，然后转交给申请执行人，并由申请执行人签收，或是通知双方当事人当面交付时，申请执行人未到场，由执行法院将标的物交付给申请执行人。

有条件的人民法院可以对交付的过程进行全程摄像。执行人员应将整个强制执行过程记入笔录，特别要注明申请执行人对该特定财物是否认可，是否有异议等情况，并由执行人员、案件当事人及其代理人等在场人签名或盖章。在场人拒绝签名或盖章的，执行人员应在笔录中记明情况。

三、实施执行措施的注意事项

（一）被执行人拒不交出特定财物时的处理

《执行工作规定（试行）》第 57 条规定："被执行人或其他人有下列拒不履行生效法律文书或者妨害执行行为之一的，人民法院可以依照民事诉讼法第一百一十一条的规定处理：（1）隐藏、转移、变卖、毁损向人民法院提供执行担保的财产的；（2）案外人与被执行人恶意串通转移被执行人财产的；（3）故意撕毁人民法院执行公告、封条的；（4）伪造、隐藏、毁灭有关被执行人履行能力的重要证据，妨碍人民法院查明被执行人财产状况的；（5）指使、贿买、胁迫他人对被执行人的财产状况和履行义务的能力问题作伪证的；（6）妨碍人民法院依法搜查的；（7）以暴力、威胁或其他方法妨碍或抗拒执行的；（8）哄闹、冲击执行现场的；（9）对人民法院执行人员或协助执行人员进行侮辱、诽谤、诬陷、围攻、威胁、殴打或者打击报复的；（10）毁损、抢夺执行案件材料、执行公务车辆、其他执行器械、执行人员服装和执行公务证件的。"

（二）应交付的特定财物变质、损坏或灭失时的处理

法律文书确定被执行人交付特定物的，执行时应执行原物，这是基本原则。《民事诉讼法解释》第 494 条及《执行工作规定（试行）》第 57 条规定了在执行原物不能的情况下的替代执行制度，即在原物确已变质、损坏或灭失的情况下，裁定折价赔偿或按标的物的价值强制执行被执行人的其他财产。但在执行实践中，应当区分造成原物确已变质、损坏或灭失的不同原因而采取不同的解决

方式：

1. 因申请执行人的过错造成原物变质、损坏或灭失的，应由申请执行人承担相应的责任。

2. 因被执行人或第三人的过错造成原物变质、损坏或灭失的，应由被执行人或第三人承担相应的赔偿责任。若原物有变质或损坏，申请执行人仍选择领受的，则继续执行现状原物，损失部分由双方当事人协商，协商不成的，执行法院应对损失进行评估，裁定被执行人或第三人赔偿相应损失；若申请执行人拒绝领受变质或损坏的原物，或原物因灭失或出卖给善意第三人而无法交付的，执行法院应裁定被执行人或第三人依标的物的价值进行赔偿。对于标的物价值，可以委托评估机构根据交付时的市场价值进行评估确定。当事人对赔偿损失的裁定不服的，可以向执行法院提出执行异议，对异议的裁定不服的，可以向上一级人民法院申请复议。异议、复议期间，不停止执行。被执行人或第三人拒不赔偿的，法院可依裁定强制执行被执行人或第三人的其他财产。

3. 因人民法院的过错造成原物变质、损坏或灭失的，则应当由当事人依据国家赔偿制度获得相应赔偿。

四、执行文书

执行文书包括责令交出票证通知书、责令追回财物或票证、搜查令。

五、训练案例

训练案例（一）

孙某和陈某对某件价值 100 万元的名家字画的所有权发生争议并诉诸人民法院，人民法院终审判决该字画归孙某所有，但陈某一直不肯将该字画交给孙某，孙某遂向人民法院申请强制执行。

思考题：

1. 人民法院对该案件，应如何执行？

2. 在执行过程中，案外人李某提出自己才是该字画的所有权人，陈某只是借去欣赏，并提供了相应的证据。李某的异议属于什么类型的异议？人民法院对李某的异议审查后如何处理？

训练案例（二）

1987 年春，王某向所在村村民委员会（以下简称村委会）借用直径 6.5mm 钢筋 5 捆，共 7.5 吨，用以建房，事后未偿还。1992 年 11 月 27 日，村委会诉至人民法院。1993 年 6 月 11 日，C 市中级人民法院终审判决"限王某于本判决生效后 30 日内偿还村委会直径 6.5mm 的钢筋 7.5 吨"。因王某未自动履行判决，村委会向人民法院申请执行。人民法院在执行中发现，近些年来钢筋价格浮动很大。同规格的钢筋在 1988 年为 1700 元/吨，二审判决时为 3700 元/吨，截至 1999 年 7 月，每吨为 2000 余元/吨。

思考题：

人民法院对于这类案件，应如何执行？

项目二　强制交出票证

一、案例情境

2016 年张某与齐某离婚，人民法院判决住房归张某所有。但离婚前房产证却登记在齐某名下。现判决生效后，齐某因对张某离婚不满，拒不交出房产证，不予配合办理变更手续。

二、执行措施和执行程序

一般法律文书涉及的票证，是指有关单位制发的、具有民事权利内容的凭证。主要包括两类：一是证照，如毕业证书、各类获奖证书、各类资格证书、税务登记证、企业营业执照、组织机构代码证、房产车辆权属登记证书、养老保险册、医疗保险册等；二是书据、印章或者其他凭证，如公司各类印章、各类发票、建设工程竣工资料、施工图纸等。

《民事诉讼法》《民事诉讼法解释》《执行工作规定（试行）》对票证的交付和财物的交付并未进行区分，票证的交付执行原则上与财物的交付执行相同。由双方当事人当面交付，即由执行法院通知双方当事人同时到达某一地点，如执行法院、当事人一方所在地等，由被执行人当面将标的物交付给申请执行人，并由申请执行人签收。由执行法院转交，即由执行法院从被执行人处或第三人处取出标的物，然后转交给申请执行人，并由申请执行人签收。有关单位持有该项票证的，应当向该单位发出协助执行通知书，通知其将该项票证交付申请执行人；有关公民持有该项票证的，应当向该公民发出通知，要求其该项票证交付申请执行人。交付完毕后应制作详细的交付笔录，执行人员应将交付结果记入笔录，特别要注明申请执行人对该票证是否认可，是否有异议等情况，并由执行人员、案件当事人及其代理人等在场人签名或盖章。在场人拒绝签名或盖章的，执行人员应在笔录中记明情况。

三、实施执行措施的注意事项

（一）被执行人或第三人拒绝交付的处理

在被执行人或第三人拒绝交付的情况下，根据《民事诉讼法》《民事诉讼法解释》《执行工作规定（试行）》的规定，执行法院可以通过搜查等措施强制执行。对于法人或者其他组织持有该项票证拒不转交的，还可依照《民事诉讼法》第117条的规定对该单位进行罚款，对其主要负责人或者直接责任人员予以罚款；对仍不履行协助义务的，可以予以拘留，并可以向监察机关或者有关机关提出予以纪律处分的司法建议。有关单位或公民持有该项票证，在接到人民法院协助执行通知书或通知书后，协同被执行人转移票证的，人民法院有权责令其限期追回，逾期未追回的，应当裁定其承担赔偿责任。实践中，对证照不存在或者确实无法取得的，执行法院还可以通知有关单位补发。拒绝交付指定交付的书据、印章或者其他凭证的，申请执行人可以申请执行法院裁定宣告该书据、印章或者其他凭证作废，申请执行人根据该裁定可以向有关机关申请发给新的书据、印章或者其他凭证。因重新制发证照产生的费用应由被执行人承担。

（二）票证毁损或灭失情况的处理

被执行人或第三人持有法律文书指定交付的票证，因其过失被毁损或灭失的，对于可以重新申请制发的票证，执行法院应通知有关管理机关，由申请执行人重新申请。对于因重新申请制发票证给申请执行人造成的其他损失及无法重新申请制发的票证，可由双方当事人自行就损失进行协商，协商不成的，申请执行人可以就由此造成的损失另行起诉。

四、执行文书

执行文书包括责令交出票证通知书、责令追回财物或票证、搜查令。

五、训练案例

训练案例（一）

甲有限责任公司依法召开董事会，改选了董事长。原董事长彭某依法定程序被免职后，认为是某些人故意与他过不去，出于报复，拒不交出公司印章。由于公司无法进行正常的经营活动，甲有限责任公司经多方努力未果。于是向人民法院起诉，人民法院裁决生效后，彭某仍不交出公司印章。

思考题：

1. 该案可否申请强制执行？执行标的是什么？

2. 该案应如何执行？

训练案例（二）

乙公司与李某因劳动争议纠纷法院作出终审判决。经乙公司申请，人民法院立案执行，申请标的为被执行人向申请执行人移交 POS 机一台、U 盘一个、安全资格证书、安全标准化资料、租房合同、房屋押金条 7500 元、人事资料、考勤设置、社会保障卡。在执行过程中，被执行人李某称上述物品不在她处，她也不知道物品的具体所在，故其无法履行交付义务。人民法院依法对被执行人李某暂住处进行现场搜查，未找到上述物品。人民法院多次告知申请执行人本案执行情况，申请执行人均表示其无法提供上述特定物品的具体下落。

思考题：

1. 人民法院应该如何实施现场搜查？

2. 根据案件的执行情况，本案应如何处理？法律依据是什么？

二维码

学习单元五　二维码阅读

学习单元六　强制排除妨碍

项目一　强制迁出居所

一、情景案例

　　2015 年 11 月 19 日，钱某与王某签订了《房屋租赁合同》，合同约定钱某承租王某位于 D 市 B 区的房屋，租期 1 年（2015 年 11 月 20 日~2016 年 11 月 20 日），租金 3 万元整，租金于合同签订之日一次性付清。王某按照合同约定于租期届满前 1 个月，询问钱某是否续租，钱某明确表示不再续租。合同期满后，钱某以尚未租到新房为由拒不迁出某房屋，王某多次催促未果，遂向 D 市 B 区人民法院提起诉讼，要求钱某按照合同约定迁出房屋并赔偿因延期迁出造成的损失。B 区人民法院支持王某的诉讼请求。王某于 2017 年 3 月 17 日向 B 区人民法院申请执行。

　　强制迁出居所是生效法律文书已确定房屋占有人应迁出房屋，房屋占有人拒不履行义务，非法占有或使用房屋，人民法院根据申请人的规定，强制房屋占有人或居住人迁出。此类案件多见于强占公私房屋或房屋租赁期届满后，承租人拒不退房等严重影响房屋所有权人的房屋使用权，房屋所有权人向人民法院申请强制执行的案件。

二、强制迁出居所的适用条件

被执行人在人民法院指定的期限内拒不迁出非法占有、使用的房屋，经说服教育或者采取法律、司法解释规定的间接强制执行措施，仍不能使其自动履行迁出居所的义务，人民法院应采取法律规定的强制执行措施予以执行。

三、强制迁出居所前的准备

（一）执行前发布公告

1. 公告前准备。执行人员应当对被执行人进行必要的法治教育，动员其主动迁出居所。被执行人拒不履行义务的，由人民法院院长签发强制迁出房屋的公告。

2. 公告内容。写明强制债务人迁出居所的原因，指定债务人履行义务的期限，说明逾期不履行义务的法律后果。公告应由人民法院院长署名，加盖人民法院印章，张贴在债务人应当迁出的房屋附近。

3. 公告作用。债务人履行了公告中的义务，执行程序即可结束，否则，人民法院应当实施进一步的执行措施。公告起到告知周边群众，获取群众理解与支持的作用。

（二）执行前信息调查

1. 基本信息。户籍登记情况；被执行人及其家属人员数量、身体健康状况；物品存放的大致种类及数量。

2. 原居住人迁出情况。有无其他迁入地；居住人、周边居民及基层组织对迁离的态度；可能阻碍强制执行的人员数量。

3. 迁出房屋至拟迁入地行车路线及所需时间。确定迁出房屋至拟迁入地的行车路线时，要考虑执行实施时能以最短的时间迅速将有关财物搬至迁入地，避免搬迁时遇到不必要的阻力。

4. 拟迁入地情况，拟迁入地现居住人与需迁入人之间的关系情况。了解拟迁入地的情况，有利于执行人员妥善搬运迁出财物，排除搬迁过程中存在的阻力。

5. 迁出地周边环境，包括周边道路交通状况，是否有适宜停放车辆的地点等。执行人员在制订执行预案前，应到迁出地实地查看，详细了解迁出地周边环境、周边的道路交通状况、是否有适宜停放车辆的地点，分析影响搬迁的不利因素，排除可能的安全隐患。

6. 距现场最近的医院位置及前往路线、所需时间等。强制迁出往往遇到的阻力较大，被执行人及其家属对抗执行的情况时有发生。执行人员在制订执行预案前，要考虑发生冲突时离执行现场最近的医院在哪里，其具体位置及其行车线路、所需时间都应提前掌握。

7. 迁出地相关基层组织的办公地点、联系人员及联系方式。

（三）制订执行预案

执行人员应根据之前的现场调查所掌握的信息，制订周密的执行预案，预案一般包含以下内容：①梳理基本案情、执行时间、地点、难点、前期需准备的工作；②配合现场执行的单位、人员及其职责分工；③具体实施步骤；④对可能发生的突发事件的应对措施及相关增援方案；⑤做好善后工作，明确善后的责任部门及人员分工；⑥根据具体案情确定单一或多个执行预案。

四、配合强制迁出居所的组织实施

（一）通知相关人员到场

强制执行时，被执行人是自然人的，应通知本人或其成年家属到场，并邀请被执行人所在单位及有关房屋所在地的基层组织派人参加，以便协助执行。被执行人是法人或其他组织的，应当通知其法定代表人或主要负责人到场。拒绝到场的，不影响执行。

（二）依法强制执行

强制被执行人迁出居所的执行工作，由执行人员、书记员和司法警察共同进行。在强制执行过程中，执行人员负责执行组织、指挥工作，而搬运、清理工作由人民法院委托有关单位或个人进行。

1. 控制现场。

（1）人员疏散。强制实施前，要将有对抗情绪及年老体弱的当事人或其他周边居住人员劝离或强制带离现场。对老弱病残人员，可由执行人员或司法警察与其近亲属或被执行人工作单位、房屋所在地基层组织所派人员进行看护。对未成年人，可要求其监护人或成年近亲属带离执行现场；其监护人和近亲属拒绝的，可由执行人员、司法警察或被执行人工作单位、房屋所在地基层组织所派人员将未成年人带离执行现场。为了确保进出通道的畅通，一般可采取设置警戒线的方式做适当隔离，根据案件需要，执行法院可协调公安交通管理部门对周边道路进行封闭及疏导车辆。有必要的，安排现场医疗救护和消防措施。

（2）告知须履行的义务。一般要先向被执行人进行法治教育，再一次动员其主动迁出居所，告知不履行义务的法律后果。

（3）排除危险。排除易燃易爆等危险品，有效控制水、电、煤气开关，注意危险物品位置，关注窗户、阳台、屋顶平台等危险区域。

2. 组织实施。

（1）搬运物品。执行人员控制了执行现场后，负责搬运、清理的单位和人员即实施物品搬运工作。搬运时，要避免损坏搬离的物品。同时，执行人员和现场警戒人员要采取适当的措施，应对搬运时可能发生的冲突。对执行现场出现的过激言行应及时加以阻止。当被执行人或家属阻拦执行，谩骂、侮辱执行人员时，要理性克制、言言得当，避免因慌乱冲动处理不当而导致事态的进一步恶化。遇到被执行人或其家属以暴力抗拒强制迁离时，发生抗拒执行的行为或妨害执行的行为等紧急情况，必须立即采取强制带离现场或者拘留的措施，防止意外事件的发生。采取拘留措施后，应立即报告院长补办批准手续。对未经许可在执行现场进行摄影、摄像的人员，要及时劝阻，必要时，可责令其交出相关影像资料。

（2）制作物品清单，交付被搬出财物。①强制执行时被搬出的财物，可以由人民法院雇请人员和车辆运送，搬运迁出物品途中要有专人随车看管。运到指定处所后，交由被执行人或其成年家属接收，搬迁财物的运费及拒绝接收财物后的损失，一律由被执行人承担。为避免被执行人的合法利益受到损害，或者因此可能产生的纠纷，在整个执行过程中，对强制搬出的财物应当逐件编号、登记，制作清单，并由在场人签名或者盖章；②可指定预先查明的被执行人及案外人的其他居所作为接收物品的处所；③未查明被执行人及案外人有其他居所的，可协商申请执行人或买受人提供临时处所作为接收物品的指定处所，如产生租赁费等相关必要费用的，可以要求申请执行人或买受人先行垫付，由物品权利人负担，但申请执行人或买受人自愿负担的除外。

（3）制作执行笔录。协助执行人员把执行的全过程如实记入执行笔录，笔录由在场的执行人员、被执行人或者其成年家属以及其他在场人员签名或者盖章。

（4）交付房屋。强制执行完毕，执行人员应将房屋及时交付申请人，以防出现意外或新的纠纷（如原房屋占有人又重新搬回或有其他人抢占房屋等），从而结束执行程序。

（5）执行过程全程留痕。执行人员应当使用执法记录仪对执行全程同步录音录像，必要时，还应当邀请公证人员参与强制执行全过程，并对迁出的物品清单予以公证。

【重点提示】

强制迁出居所执行现场发生突发事件时的处置：

1. 对人员的处置。对在现场执行时拒不开门或将自己反锁在屋内的被执行人，应先通过他的措辞情绪，判断其不配合的目的，并通知相关基层组织做好说服解释劝说工作，同时寻找进入的窗户、边门等突破口，针对仅以阻挠执行行为为目的且对教育不予配合的行为人，可伺机采取强制开启措施；但被执行人以自杀、自残相威胁的，如无法控制其行为，可先行撤离。同时，立即向主管领导汇报，等候上级指示。

2. 对障碍物的处置。对在进出口通道设置障碍物阻止执行的，应了解障碍物的设置人及其目的，确认进入通道或者清除障碍的难易程度，对于可快速清除的障碍物，进行清除；如无其他通道而障碍一时难以清除，或者被执行人以自杀、自残相威胁的，如无法控制其行为，可先行撤离。

3. 对阻碍车辆的处置。对在执行现场阻止执行车辆开动的，不能贸然开动，以免对车辆周围的人群造成伤害；应尽量对阻止人员进行教育疏导，阐明阻碍执行的法律后果；严防阻止人员损害车辆，力争控制现场秩序，待秩序稳定后，立即开车离开现场；对现场难以控制的、应立即向院、庭领导汇报并向公安机关求助，等待增援；如危及执行人员人身安全，可先行撤至安全地带等候增援。在上述情形下要尽量通过拍照、摄像等方式固定证据，同时注意摄像人员人身安全。

4. 对严重突发事件的处置。执行前应商请医疗人员协助并做好预防措施。对于在执行现场实施自杀、自残等极端行为的被执行人，一旦事发应即刻施救；送治途中要有家属、人民法院或基层组织人员陪同。

五、训练案例

训练案例（一）

李某某申请执行曹某、徐某某民间借贷纠纷一案，此案经 C 县人民法院一审，D 市中级人民法院二审，判决生效后，曹某、徐某某拒不履行生效判决。C 县人民法院立案执行，将被执行人位于 C 县城的一处商品房进行了拍卖，但被执行人一家仍长期居住在房屋内，拒绝迁出。执行人员依法向被执行人送达相关执行文书，并多次与其沟通要求迁出房屋均遭到拒绝，案件一时陷入了僵局。C 县人民法院后经多次沟通研究，决定对该案进行强制执行。

思考题：

1. 本案中，强制执行的具体程序是怎么规定的？

2. 被执行人及其家人如果在强制执行过程中仍拒不配合，应如何处理？

3. 强制执行过程中应提前做好哪些应对突发事件的预案？

训练案例（二）

林某与房主李某签订租赁合同，向李某租赁商铺作为销售商品店面，在合同期内，林某没有依约履行付款义务，故李某请求确认合同效力及要求林某腾退商铺的申请，请求人民法院予以支持。

人民法院经审理判决原告李某与被告林某的租赁合同解除，并要求被告林某将商铺腾退返还原告及付还原告商铺使用费。

由于被告林某拒不执行判决结果，原告李某向人民法院申请执行。人民法院在 2017 年 5 月 18 日向被执行人林某发出执行通知书，责令其应于公告发出之日起 7 日内腾退商铺且返还申请执行人李某并支付商铺使用费，但被执行人林某仍拒不履行。

思考题：

1. 针对林某的行为，执行人员应采取什么样的措施？
2. 在执行过程中，执行人员应注意避免哪些可能出现的问题？

项目二　强制退出土地

一、案例情境

申请人钟某与被申请人薛某均为年逾 70 岁的老人，双方承包土地毗邻。本案中，争议土地面积仅有 0.2 亩，但双方长期因该地闹纠纷，村委会、派出所多次调处，均因双方矛盾尖锐而无果。2017 年 1 月 9 日，钟某将薛某诉至人民法院要求返还土地，该院经审理后判决薛某在判决生效之日起 15 日内将涉案土地返还钟某使用。但薛某并未履行生效法律文书确定的义务，钟某遂申请人民法院强制执行。进入执行程序后，执行人员为防止事态升级，曾多次召集双方当事人做协调工作，并规劝被执行人薛某主动履行义务，但被执行人置之不理，拒不履行。为保护申请人合法权益，人民法院决定发出强制退出土地公告，责令薛某于 9 月 30 日前退出土地。期限届满后，薛某仍拒不履行义务。

二、强制退出土地的适用条件

强制退出土地是人民法院根据生效的法律文书和土地使用权人的执行申请，依法强制土地占有人迁出的执行类别。此类案件常见于相邻关系、农村宅基地和土地承包经营权类案件，此类案件为当事人的生产生活带来了巨大的影响，加大了社会矛盾，严重影响了社会和谐，执行过程中应充分考虑案件的特殊性，细致严谨地开展工作。

被执行人在人民法院指定的期限内拒不主动迁出非法占有、使用的土地，经说服教育或者采取法律、司法解释规定的间接强制执行措施，仍不能使其主动履行义务，人民法院应依法采取强制措施予以执行。

三、执行前的准备

（一）进行公告

人民法院院长签发公告，公告内容包括案件基本信息，被执行人需要履行的退出义务以及在限期内不履行的法律后果。公告在执行土地周围进行张贴，同时对周边群众告知，为强制执行做好群众工作，保证强制迁出的顺利执行。

（二）信息调查

1. 基本信息调查。土地使用情况，土地使用人数量及身体健康状况、土地上的物品有无其他迁入地、土地上物品存放大致种类及数量。

2. 周边情况调查。土地所在地相关基层组织（农村宅基地退出应联系村委会）和派出所的办公地点、联系人员及联系方式；基层组织对强制执行的态度，可能阻碍强制迁离的人员数量；周边道路状况、是否有适宜停放执行车辆的地点、最近的医院及前往线路、所需时间等。

（三）制作方案

此类案件的执行应坚持执行效果与社会效果相结合的原则。制定周密的执行方案，根据土地上人员及物品情况，配备执行所需的设备，如特种作业车辆。针对农村家庭承包的被申请退出的土地，退出时间应选择在收获庄稼之后播种完成之前进行，考虑到农村宅基地涉及农民的安身立命之本，制作方案时应充分做好预案，预防各种突发情况的发生。

四、强制退出的组织实施

（一）全面管控

1. 有效协作。实施前与基层组织或村委会联系，基层组织或村委会应派人参加。向在场人员告知注意事项，进行必要的法治宣传。

2. 实时互联。与外围警戒人员或具有管辖权的派出所随时保持联络并互相配合。

3. 疏散人员。确保执行人员及车辆通行顺畅。采取相应的隔离措施；对存在对抗情绪的人员进行劝离或强制带离现场。对不听劝阻、强行滞留现场的人员，要及时果断地实施强制带离现场、拘留等强制措施。

（二）有序实施

1. 人员管控。限制在场人员的行为，尤其是被执行人及其亲属的行为，不得在执行过程中随意走动。

2. 禁止随意摄录。对于未经许可，擅自在执行现场进行摄影、摄像的人员，应及时制止，必要时责令交出相关影像资料。

3. 关注现场动态。关注在场人员的动态，对过激的言行及时阻止。遇到阻拦执行，谩骂、侮辱执行人员的行为时要保持克制，冷静应对，避免事态恶化。

4. 有效应对抗拒执行。遇到暴力抗拒强制执行时，应采取适当的强制措施进行处理。如带离现场、拘留等强制措施，防止意外事件发生；遇到被执行人以极端方式抗拒或阻碍执行的（如自杀、自残等），要立刻制止；无法制止的，为避免不必要的伤害，应当撤离现场、暂缓执行。

五、突发事件的处置

（一）涉及人身安全的

对在现场以人身安全相威胁的被执行人，应先进行安抚和疏导，了解其行为的目的，做好解释工作，对不配合的行为人，可伺机采取强制带离措施；但被执行人以自杀、自残相威胁的，如无法控制其行为，可先行撤离。

（二）设置障碍对抗执行的

对设置障碍物阻挠执行的，可清除的，应快速清除的障碍物，如无其他通道且障碍短时间难以清除，可先行撤离。

（三）阻碍执行车辆的

对执行现场出现的围困执行车辆或阻碍执行车辆启动的，不能贸然启动车辆，避免对车辆附近人群造成伤害；尽量通过教育疏导解除阻碍，同时防止执行车辆受损，控制现场秩序；出现难以控制的局面时，立即向院、庭领导汇报并向公安机关求助，等待增援；如遇危及执行人员人身安全的情况，应先行撤离至安全地带等候增援。执行现场出现突发情况应及时拍照、摄像以固定证据，并保护摄像人员人身安全。

六、训练案例

训练案例（一）

2013 年初，经营蔬菜种植业的李某看中了 C 村 C 社的一片农田，经双方协商，2013 年 5 月 25 日，李某与 C 村 C 社签订土地租赁合同，李某向 C 村 C 社租赁了涉及 22 户村民的 37.81 亩承包农田，改造后建盖大棚用以种植蔬菜，租赁期 5 年，双方对租金支付、村民打工种植、互利共赢等其他权利义务进行了约定。此后一段时间，双方合作较好，李某能够按照合同约定给付租金、支付村民工资，但好景不长，2015 年 10 月，李某以缺乏资金为由，对土地租金及村民工资、水电费不予支付。在村民催促后，李某索性将其租赁的田地弃于不顾，不进行经营管理，甚至一走了之，从此不知去向。2016 年 10 月，C 村 C 社为维护权益向人民法院提起了民事诉讼，要求被告李某支付拖欠村民小组的租金、水电费，并拆除农田上已破损的大棚，恢复农田原状。经人民法院依法传唤，被告拒不到庭，人民法院缺席开庭审理，作出判决：解除双方签订的租赁合同，由被告李某支付给村民小组拖欠租金及水电费 134 245.79 元，并拆除农田上的大棚，恢复农田原状。判决生效后，被执行人李某拒不履行人民法院判决。同年 6 月，C村 C 社申请人民法院强制执行。

思考题：

1. 执行立案后，被执行人李某一直没有出现，恢复农田的执行工作应如何开展？

2. 对于李某拖欠的租金和水电费，执行人员可采取什么措施？

训练案例（二）

2017 年 11 月，申请人刘某与 B 村村民委员会签订了合同，租赁该村 100 公顷荒地经营使用，期限为 50 年。3 名被执行人张某、孙某、李某原来耕种的 15公顷土地包含在该地块中。

2018 年 1 月，因 3 名被执行人以该 15 公顷土地系自己开荒为由拒不退出，故申请人起诉至人民法院。经两级人民法院依法审理，判决 3 名被执行人停止对上述土地的侵害，排除妨害，交由申请人耕种。判决生效后，3 名被执行人仍然拒不交出土地，故申请人向人民法院申请强制执行。

此案在采取强制措施之前，已向 3 名被执行人送达了执行通知书等法律文书，并张贴了执行公告。在前期的工作中了解到，该 3 名被执行人对抗情绪十分激烈，多次表示将采取非常措施干扰执行。

思考题：

1. 针对本案件的具体情况，执行人员应采取什么样的措施？

2. 对于执行过程中可能出现的突发情况，执行人员应从几个方面做出哪些切实有效的执行预案？

项目三　强制拆除违章建筑

一、案例情境

J 小区 29 号楼顶层业主在西侧公共露台上未经相关部门批准，占用公共空间，私自非法搭建的约 40 平方米的砖混结构房。该处违法建设在前期建设中被发现后，城管队员多次向该业主宣讲相关法律法规，同时下达责令改正违法行为通知书，要求其在限期内自行拆除，但当事人抱有侥幸心理，偷建抢建，未在规定时间内主动拆除。

违章建筑是指违反《中华人民共和国土地管理法》《中华人民共和国城乡规划法》《村庄和集镇规划建设管理条例》等相关法律法规的规定，在未取得建设工程规划许可证或者违反建设工程规划许可证核定的相关内容，进行建设或建造的建筑物、构筑物和其他附着物。

二、强制拆除违章建筑的适用条件

城乡规划主管部门依据《行政强制法》针对违章建筑做出责令停止建设或者限期拆除的决定后，依法进行了书面催告，经催告，当事人无正当理由逾期拒不履行行政决定的，行政部门可以申请人民法院强制执行。

三、强制拆除前的准备

（一）思想疏导、努力实现被执行人的主动拆除

人民法院受理申请后，应首先通过普法和疏导，了解被执行人的思想动态，争取实现被执行人主动拆除，同时，为劝导失败后的强制拆除做好准备。

（二）发布公告

向被执行人发出限期拆除的公告，公告在被执行人居住地张贴，以获取群众对强制执行工作的理解和支持。

（三）制作执行预案

预案内容包括：执行时间、地点、简要案情、执行难点、执行前期准备工作；参与执行的单位组成、人员及职责分工，执行单位主要包括指挥组、外围组、人员控制组、危险排查组、措施实施组、财产清点组、证据采集组、后勤保障组、善后工作组；具体的执行步骤；可能发生的突发事件及应对措施和增援方案；善后工作部门及人员分工。

（四）执行前应掌握现场的重要信息

到达现场时间、最佳路线；现场基本情况，如建筑物的权属、大小、结构、出入口的数量；进出通道情况；水电煤气开关所在位置、危险物品及危险物品存放位置；警戒线的设置区域；现场居住、办公或经常出入的人员数量及关系；执行标的物或所涉财产的情况；周边环境，包括周边道路交通状况、是否有适宜停放车辆的地点、标志性建筑物等；相关基层组织的办公地点、联系人员及联系方式；距现场最近的医院及前往线路、所需时间等。

【重点提示】

强制拆除违章建筑案件除应掌握一般强制执行案件的情况外，还应注意把握以下要点：

1. 需要强制拆除的违章建筑的情况：结构和所用建筑材料；拆除工作对主体建筑或相邻建筑是否有影响；是自行搭建，还是有关部门同意搭建；违章建筑的用途，是饲养动物，还是经营，建筑物内有无财物存放、有无人员居住或工作。

2. 违章建筑的拆除是否存在不稳定因素，如在建筑物内居住或工作的人员数量、身体健康状况；对强制拆除的态度及情绪；居住人有无其他安置地或是否涉及大批员工安置等因素。

3. 违章建筑的周边情况，如周边有无同类违章搭建情况、周边居住人员及基层组织对拆除的态度，可能阻止强制拆除的人员及数量。

4. 违章建筑拆除后的财物存放及建筑垃圾处理。

四、强制拆除违章建筑的组织实施

（一）控制现场

1. 设置警戒线，疏散无关人员。警戒线设置范围应确保拆除工作的安全进行，人员疏散应确保拆除现场进出通道的畅通。

2. 拆除工作应与相关基层组织紧密配合。将被执行人、同住人及其他相关人员先行带离或强制带离现场，对被执行人、同住人实施专人控制；对在场其他人员进行必要的法治宣传，告知相关注意事项。

3. 消除危险因素。有效控制危险物品、水电煤气开关、窗户、阳台、屋顶平台等危险区域。

4. 限制在场人员行动。限制涉案或必须在场人员随意走动或搬运物品。

5. 关注在场人员动向，对过激的言行及时加以阻止。司法警察配合强制执行时，一旦发现被执行人员或者其他相关人员出现以上危险苗头，应根据具体情况果断采取相应措施予以处置，避免危险发生。

【重点提示】

强制拆除现场要尤其关注被执行人及其家属的下列动向：

1. 是否有过激、挑衅或煽动性的言行。

2. 是否有放置诸如刀具等危险物品的地方，是否有向水电煤气开关所在位置或窗户、阳台、屋顶平台等区域靠近的举动。

3. 是否有危害自身或危害执行人员的趋势，是否有危害在场的另一方当事人的举动。

4. 是否在执行人员查看某处地方或询问时有神情紧张、闪烁其词、反应过激等表现。

5. 是否有频繁打电话或在打电话时有意回避在场执行人员的举动。

（二）合理实施

执行实施人员和外围警戒人员应保持联系畅通并互相配合；对未经许可在执行现场进行摄影、摄像的人员，应及时制止，必要时责令交出相关影像资料。拆除时要注意安全、文明施工、尽量缩短施工时间，禁止无关人员进入施工现场。实施拆除时对清理出的财物，应由专人看管。

（三）妥善处理新闻媒体报道的有关事项

1. 关注相关人员动态。重点关注被执行人及相关人员在新闻媒体到场后的情绪状况，防止其情绪亢奋，危及现场人员安全。

2. 保持良好执法形象。注意执行人员的自身形象，不能出现违反法律法规、有损执法形象和自身形象的言谈举止。

3. 对媒体报道进行审核。加强对报道内容的审核，要求客观真实反映案件情况，注意舆论导向。

4. 突发事件应对原则。当执行现场发生突发事件时，应注意确保到场媒体人员的人身及财产安全。

（四）突发事件应对

对此类案件执行中的突发事件的处置可参考强制迁出居所执行中对突发事件的处置办法。

五、训练案例

训练案例（一）

2012年10月，C小区1号楼1单元的业主就开始擅自违建，将原本是三房二厅的格局，在原来的客厅和餐厅的位置，增设了5堵墙改成5个相对独立的房间，并增设了两个卫生间，对外出租。套房改动后，对邻居的生活产生了影响。经邻居举报后，城管部门也先后下发了《行政处罚决定书》《告知书》等，要求业主自行拆除，并处5万元罚款。在法律规定的时间内，违建的业主既没有履行处罚决定，也没有申请复议或者提起行政诉讼。之后，城管部门向B区人民法院申请强制执行。

思考题：

1. 执行部门在执行此案前应进行哪些前期准备？

2. 执行此案件时，对于该房屋内的多位租户应如何处理？

3. 人民法院在强制拆除违章建筑时应注意的问题有哪些？

训练案例（二）

P县S村村民赵某，未经批准违法占用集体土地3252.29平方米，建设农家乐及其附属设施等经营场所盈利。P县国土资源局向其发出《行政处罚决定书》，责令其自行拆除在违法占用土地上修建的建筑物及其他附属设施，恢复违法占用土地原状，并处非法占用土地罚款共计 105 768 元。农家乐负责人赵某缴纳罚款后，抱着侥幸心理未对违法建筑进行拆除。P 县国土局向县人民法院申请强制执行。

思考题：

1. 本案中，执行前的前期准备工作应包括哪些内容？
2. 本案执行过程中应注意哪些问题？

二维码

学习单元六　二维码阅读

学习单元七 司法警察配合实施强制执行

训练目的

　　掌握司法警察配合实施强制执行措施的程序要求；司法警察配合搜查，查封、扣押，强制腾退的方法和程序、组织实施以及执行现场突发情况的处置。

训练要求

　　司法警察配合搜查，查封、扣押，强制腾退的方法和程序、组织实施、情况处置。

项目一 配合搜查

一、案例情境

　　2015 年，易某与其前夫徐某向建设银行借款 60 万元，未按约还款，银行诉至人民法院要求其归还本金及利息 25 万余元。经人民法院一审判决易某和徐某归还本金及利息，但判决生效后，两人未履行判决文书，银行申请强制执行。在执行过程中，人民法院查明徐某、易某名下有数套房产以及保时捷跑车。经多次传唤，两人仍不履行法定还款义务，人民法院遂依法查封其房产和跑车，并扣划易某名下存款 23 万余元。徐某下落不明，执行人员多次电话联系易某，要求其偿还剩余 2 万余元及利息，但易某仍无动于衷。2015 年 6 月，易某和徐某被列入失信被执行人名单。2017 年 2 月，易某被人民法院列入执行范围，并通过网络直播主动接受社会监督。2017 年 2 月 24 日，执行人员前往易某住所进行搜查，发现其名下保时捷轿车；易某居住在评估价约 500 万元的豪宅内，装修奢华。对其住所进行搜查发现，易某购买奢侈品牌女包 10 余个，并拥有大量奢侈品牌鞋子、化妆品和衣物，但易某仍然声称自己无力还款，拒绝履行生效判决。执行人员遂将易某拘传到人民法院，并释明了法律后果，易某意识到自己的行为即将面临严重后果，表示愿意还款并写下悔过书。翌日，易某缴清了剩余欠款和利息。

二、配合搜查的方法和程序

（一）配合搜查的方法

1. 人身搜查。对被执行人实施人身搜查时，必须由 2 名以上司法警察相互配合，其中一人控制被执行人，另一人实施搜查；被执行人是女性时，应由女性司法警察实施搜查。

2. 居住场所搜查。对被执行人居住场所实施搜查时，应分区实施。对被执行人可能存放财物及有关证据材料的处所、箱柜等，应责令被执行人开启，被执行人拒不配合的，执行人员可强制开启。被执行人不在现场的，也可强制开启。强制开启可请专业人士，尽量免造成财产损失。搜查时，重点对被褥、箱柜、隔板等可能隐置钱款的地方实施搜查。

3. 办公场所搜查。对被执行人办公场所实施搜查时，重点对财务室实施搜查，特别是固定资产台账、应收账款项目、银行日志以及会计凭证、对账单等各类账册。

（二）配合搜查的程序

1. 出示证件。人民法院决定采取搜查措施的，必须由院长签发搜查令，搜查时，应当向被执行人出示搜查令、人民警察证或执行公务证。告知被执行人应遵守的法律法规以及拒不配合搜查或妨碍搜查的法律后果，并要求被执行人在搜查令上签字。

2. 通知有关人员到场。搜查对象是公民的，应通知被执行人或其成年家属及基层组织派员到场；搜查对象是法人或其他组织的，应通知其法定代表人或主要负责人到场，有上级主管部门的，也可通知主管部门有关人员到场。被通知人员拒不到场的，不影响搜查。

3. 维护现场秩序。宣布实施搜查后，应责令无关人员退出搜查现场，以免其转移财产或妨碍搜查。实施搜查时要注意言行文明规范。遇有暴力干扰搜查时应及时采取强制措施，果断处置，保障执行人员人身安全。

4. 协助清点财产。在搜查中发现应当依法查封、扣押、交付的财产，人民法院应当开列查获财产清单，并立即按照法律规定的程序和要求采取相应措施。财产清单由在场人员签名或盖章后，交被执行人一份。

5. 协助制作搜查记录。司法警察可协助执行人员制作搜查记录，应对到场人员、搜查过程、搜查结果作出详细记录并由搜查人员、被执行人及其他在场人员签名或盖章，拒绝签名或盖章的应在搜查笔录中写明情况。

6. 协助清理搜查现场。协助执行人员清理搜查现场。搜查结束后，及时将被搜查物品恢复原状。对贵重物品要轻拿轻放以免损坏。对被执行人拒不到场或拒不开启箱柜而强行开启的，必要时应在搜查后更换损坏的锁具，并将钥匙交有关人员妥为保管，由此发生的费用由被执行人承担。

三、配合搜查的组织实施

（一）准备法律文件

明确行动负责人，办理有关强制执行的法律文书，携带应该向被执行人出具的有关证件。

（二）规划工作内容

掌握执行行动的具体部署，了解执行现场情况，分析可能出现的情况，制定相应的对策和应急措施。

（三）配备所需器械

警械、武器、通讯等装备的确定，交通工具的落实，认真检查各工具是否完好有效。

（四）根据指令撤离

撤离时，司法警察应确保执行人员的安全，有序撤离。执行现场出现阻止撤离的情形时，应尽量对阻止人员进行教育疏导，告知阻碍执行的法律后果，控制现场秩序，严防阻止人员伤害执行人员或损毁装备设施。现场难以控制的，应立即报告并向公安机关求助，等待增援，如危及执行人员人身安全，可先行控制，撤至安全地带等候增援。同时，通过拍照、摄像等方式固定证据。

（五）汇报相关情况

配合执行的司法警察负责人应将本次配合执行的警务情况向司法警察部门负责人汇报。内容包括本次配合执行的人员、执行预案的实施情况、采取的强制措施、执行过程中有无冲突，以及冲突的处置情况、执行人员及被执行人的人身伤害等情况。案情重大或者造成执行人员或者司法警察人身伤害、财产损失的，应书面汇报。

四、训练案例

训练案例（一）

被执行人甲建筑公司拖欠工程合同款一案经一审裁判，被执行人应于判决生效后支付申请人款项 159 万元。判决生效后，除支付一笔 5 万元外，未再履行。申请执行人向人民法院提出执行申请。D 县人民法院立案后，向被执行人送达了执行通知书，督促其主动履行，并向人民法院申报财产。但被执行人置之不理。该院经询问申请执行人得知，被执行人员工照常上班，没有经营不下去的迹象。但人民法院经网络查询得知，被执行人注册的银行账户上没有可供执行款项。

执行人员经研判决定对被执行人甲建筑公司的办公场所实施搜查。经过搜查，在该公司中发现了大量转账单据，并查到有上百万元的资金从该公司出纳员何某的个人账户中转出，通过搜查取证后发现该公司存在公款私存的行为。经过长达两个多小时的搜查工作，共查找出多份收支凭证，获取了多条有价值的执行线索。

思考题：

1. 本案是否符合搜查的适用条件？

2. 搜查的范围应该如何界定？

3. 司法警察在配合搜查时应着重做好哪些工作？

训练案例（二）

申请执行人石某与被执行人郝某因交通事故人身赔偿一案，于 2010 年 3 月申请 H 区人民法院执行，被执行人郝某应支付申请执行人石某赔偿款 1 万元。郝某是包工头，长期承接工程，有履行能力却拒不履行义务，且称自己无经济来源，也无财产可供执行。该院向郝某发出了执行通知书，给郝某做工作，并对其采取了强制拘留的措施，但郝某就是分文不交。为规避人民法院执行，自 2010 年 6 月起郝某长期躲藏在外地，造成案件难以执行，执行人员经常登门查找，都不见郝某的踪影。

思考题：

本案是否可以采取搜查的执行手段，为什么？

项目二　配合查封、扣押

一、案例情境

被执行人刘某与申请人岑某是有多年生意往来的交易关系，刘某前后两次跟岑某购买货物并承诺期限内还款，但到期后，被执行人未支付货款。为了维护自己的合法权益，岑某便向人民法院提起诉讼，S 县人民法院于 2017 年 9 月立案受理后，判决刘某应偿还岑某 98 000 元的合同款。判决生效后，被执行人还是迟迟未履行判决书中所确定的义务，故申请人向 S 县人民法院申请强制执行。

在执行过程中，执行法官对刘某苦口婆心地进行思想教育，告知其不履行法律义务应当承担的法律责任，一番耐心的劝导后，刘某依然无动于衷。之后经过申请人的多方打听和实地查看，其向人民法院提供被执行人有车辆可作为执行线索。

二、配合查封、扣押的方法和程序

(一) 配合查封、扣押的方法

查封一般适用于不动产或不易搬动的动产，如房屋、工厂的机器设备等，以及依《民法典》的规定需履行特定权属变更公示登记手续的动产，如车辆、船舶、航空器等。而扣押则适用于方便移动的动产，一般针对价值较高的财产，如黄金、珠宝、原材料、产品等。

1. 对不动产的查封。查封不动产的，如房屋、厂房、土地等，人民法院应当张贴封条或者公告。对于有产权证照的，还应及时到有关登记机关办理查封登记，要求其不得办理转移过户手续，同时可以责令被执行人将有关产权证照交人民法院保管。办理查封登记时，执行人员应出示工作证和执行公务证，制作协助执行通知书，连同查封裁定书副本一并送达登记机关。

2. 对动产的查封、扣押。扣押动产的，人民法院可以直接控制该项财产。人民法院将扣押的动产交付其他人控制的，应当在该动产上加贴封条或者采取其他足以公示查封、扣押的适当方式。人民法院对被执行人的财产就地查封、扣押的，要落实保管人，转移扣押的由人民法院保管或指定保管人保管。查封、扣押已登记的特定动产的，还应及时到有关登记机关办理查封登记，要求其不得办理转移过户手续。办理查封登记时，执行人员应出示工作证和执行公务证，制作协助执行通知书，连同查封、扣押裁定书副本一并送达登记机关。

3. 配合查封、扣押的注意事项。

(1) 禁止重复查封、扣押。禁止擅自解除查封、扣押。被执行人的财产已经被人民法院查封、扣押的，不得重复查封、扣押或者擅自解除查封、扣押。

(2) 禁止超标查封、扣押。查封、扣押财产的价值应当与被执行人履行债务的价值相当。

(二) 配合查封、扣押的程序

1. 出示证件。人民法院决定采取查封、扣押措施的，应当作出裁定。查封、扣押时，应当向被执行人出示人民警察证或执行公务证，宣读裁定书。同时告知其应遵守的规定及拒不配合的法律后果，要求被执行人在裁定书上签字。

2. 协助通知有关人员到场。查封、扣押财产时，被执行人是公民的，司法警察应当协助通知被执行人或其成年家属到场，并邀请其工作单位或者财产所在地的基层组织派员参加；被执行人是法人或者其他组织的，应当通知其法定代表人或者主要负责人到场。拒不到场的，不影响执行。

3. 维护现场秩序，保障执行人员人身安全。宣布实施查封、扣押措施后，应责令其他无关人员退出查封、扣押现场，以免其转移财产，妨碍查封、扣押。

实施时要注意语言文明、行为规范。遇有暴力干扰时，应及时采取强制措施，果断处置，保障执行人员人身安全。

4. 协助制作财产清单，制作执行笔录。司法警察可根据现场情况协助制作财产清单，制作执行笔录。实施查封、扣押措施时，应清点财产，制作清单，落实保管人。对查封、扣押的过程和结果制作执行笔录。笔录中需载明：执行措施开始及完成的时间；财产的所在地、种类、数量；财产保管人；其他应当记明的事项。执行人员、保管人和在场人员应在执行笔录和清单上签字。清单一式两份，一份交给被执行人（被执行人是未成年人的，也可以交其成年家属一份）；另一份人民法院留存。

三、配合查封、扣押的组织实施

（一）接受任务，加强沟通

执行部门向司法警察签发派警命令，执行部门应向法警队通报案件的有关情况，提出协助执行的任务要求。司法警察就执行现场的警戒方案与执行部门进行磋商，将有关执行现场的警务部署方案等征求执行人员的意见，共同做好执行预案，确保执行工作安全可行。

（二）制定预案，保障有力

司法警察在协助执行查封、扣押、冻结、变卖等执行措施时，应先对执行场所的地理环境进行实地查看，再制定警务保障预案，预案应包括对突发事件的处理、执行物品的安全存放、执行地点的秩序维持、查封、扣押的财产情况以及强制被执行人交付法律文书所规定的财务或金融票证等内容，应对措施要完整细致。

（三）全副武装，文明出警

配合强制执行的司法警察按照执行人员的工作要求和具体分工，配备适当的警用装备及时赶到指定位置。配合强制执行的司法警察小组成员可以视需要指定1名临时负责人，专门负责司法警察小组的指挥工作。执行司法警察到达执行现场后，应听从指挥，明确查封、扣押财产的具体情况，了解被执行现场环境。

由于人民法院的司法警察具有武装强制性，因此，承担执行任务的司法警察要求全副武装。司法警察要统一着制式警服，统一佩戴警械具，保持警容整齐，杜绝着装不整、嬉笑打闹等行为。执行现场情况复杂，随时有意外发生，司法警察执行强制执行措施时可能要面对被执行人的无理取闹，同时不可避免地要应付围观群众看热闹的场面。如果司法警察在执行中不注意个人言行和整体形象，不仅会让被执行人有机可乘，影响执行工作的开展，也会令围观群众对执法者产生不良看法。

（四）快速布控，理性执法

1. 布控迅速准确。配合强制执行的司法警察根据工作的具体要求对查封、扣押财产现场的主要通道、出入口、关键部位要进行合理布控、有效控制，防止无关人员进入执行的工作区域。布控的现场一般是被执行人或案件关系人的住所、办公室和库房等地点；布控的重点是被查封、扣押的相关处所的出入口、暗道、通道。在围观群众众多的情况下，除在现场的执行区域设置警戒区，严禁无关人员进入执行场所，可以使用警戒绳，将群众与执行现场实施有效隔离。

2. 执法过程保持理性克制。执行中语言要文明，激化矛盾的语言不能使用；与情绪激动的被执行人对话更要注意用语；避免使用有可能激化矛盾的用语。注意工作方式、方法，确保司法警察顺利完成警务活动。当然司法警察不能仅仅起维持执行秩序的作用，要注意协助执行人员尽可能做好被执行人的思想工作，宣讲法律，讲明拒不履行法律义务将要承担的法律责任促使其自动履行法律义务。

3. 合理采取应对措施。如被执行人经劝解仍拒不自动履行法律义务并有暴力抗法的倾向，经训诫无效后，经执行人员指示由司法警察将其暂时予以加戴警械或看管隔离。具体执行时，司法警察还需要警惕被执行人的亲属和其他关系人毁坏、销毁、转移被查封、扣押的财产；防止冲击、袭击正在执行公务的执行人员。司法警察可以暂时将被执行人的亲属和其他关系人分别或集中控制，注意被控制人员的动向，预防突发事件的发生，确保查封、扣押工作的顺利完成。

4. 提高警惕，安全撤离。当执行人员的具体执行工作结束后，司法警察即随执行人员一同撤离现场。司法警察在随同执行人员撤离现场时，要时刻保持警惕，不可掉以轻心，中心工作是保障撤离人员的人身安全，保护查封、扣押的财产，防止抢夺被执行财产和袭击、绑架执行人员的事件发生；防止阻截、攻击和破坏执行车辆等严重妨碍执行公务的违法犯罪行为的发生。

四、训练案例

训练案例（一）

赵某与王某是一起民间借贷纠纷案件的当事人，2015年7月王某因生意周转困难向赵某借款15万元，借期1个月。借款到期后，经赵某多次催要，王某迟迟未能还款。2016年11月，赵某万般无奈之下将王某诉至J市T区人民法院。经审理，T区人民法院于2017年2月依法作出判决，判令被告王某对赵某承担还本付息责任。判决生效后，王某未履行生效法律文书确定的义务，赵某遂向人民法院申请强制执行。该院执行法官经查询发现，王某名下只有1辆轿车，别无其他财产。执行人员多次联系被执行人，被执行人均不予配合。申请执行人向执行人员举报，说在一小区内发现了被查封车辆。执行人员立即赶到该小区。经仔细核对，确认该车确系王某名下车辆后，立即电话通知王某配合执行。谁知，王某不仅不把钥匙送到法官手中，还派出两名女性家人到现场百般阻挠。

思考题：

1. 本案执行中的具体程序有哪些？

2. 该案件执行中应注意哪些问题？

训练案例（二）

2012年12月，X县人民法院对熊某与黄某借款纠纷一案作出民事判决，判令被告黄某归还原告熊某欠款30万元及利息。判决生效后，黄某未如期履行，熊某向X县人民法院申请强制执行。案件进入执行程序后，执行法院依法向黄某下达了执行通知书，并查询了其财产情况，但未查到可供执行财产。

2013年5月8日，根据申请执行人提供的线索，执行人员在S省C市找到黄某，黄某承认在C市开办雪糕批发部，有5辆送货车、2间冻库、250个冰柜及一些办公设备，X县人民法院依法对上述财产进行查封。次日，黄某随执行人员回到X县，因黄某一直拒不执行生效法律文书确定的义务，X县人民法院决定对其司法拘留15日。其后黄某向执行法院表示愿意将其所有的雪糕批发部财产转让他人，所得款项用于清偿债务。但黄某回到C市后，未经执行法院许可，擅自与他人签订转让合同，将被人民法院查封的全部财产以46万元转让，所得款项仅支付熊某5.3万元。之后，黄某更换联系方式，躲避人民法院执行。

思考题：

1. X县人民法院执行人员针对本案情况应采取何种执行措施？

2. 司法警察在配合本案的工作中应注意哪些问题？

项目三　配合强制腾退

一、案例情境

2017年3月19日，被执行人李某某因资金周转向原告黄某某借款人民币250万元，约定月利率2%，后被执行人无力偿还，经人民法院判决由李某某偿还原告黄某某人民币250万元及利息。该案进入执行程序后，人民法院依法送达执行通知书，被执行人未按期履行。S县人民法院依法拍卖被执行人李某某位于S县城45号的某套商住用房，经两次拍卖，均流拍。最终申请执行人黄某某申请以第二次网络拍卖所确定的保留价人民币406.8万元接受以物抵债。人民法院曾多次下达腾房通知，但被执行人拒不执行。

二、配合强制腾退的程序

(一) 警务受领

1. 接受申请。一般情况下，执行部门应当提前三个工作日将院领导批准的用警申请送交司法警察部门。用警申请应当说明案件及被执行人的基本情况，明确用警人数、时间、地点、联系方式等内容，并注明注意事项。

2. 审核。司法警察部门应认真审核用警申请的具体内容，了解被执行人和执行标的物基本情况，对于手续、信息不完备或者有差错的，应当要求执行部门及时补正。

(二) 警务准备

1. 了解案情。接受任务后，司法警察部门应当进一步了解有关案情和被执行人的表现，与执行部门共同分析可能出现的情况。

2. 制定方案。司法警察部门根据上述案情分析，制定切实可行的保障方案。

(1) 警力配备。根据执行任务情况，一般应当设立执行组、警戒组、机动组等。

执行组。该组负责配合执行人员实施强制腾退的执行措施。

警戒组。该组负责设置警戒区域，将执行区域实施有效隔离，防止被执行人自伤、自杀、行凶等行为发生。

机动组。该组采取强制措施，配合执行人员控制被执行人或者财物；根据执行工作需要，完成执行工作负责人交办的其他任务。

(2) 装备配备。配合执行的司法警察应当配备警棍、手铐、对讲机等必需的警用装备。

3. 配合执行的司法警察应当携带人民警察证、执行公务证等有效证件，严格落实分工，保守执行秘密。

(三) 警务实施

司法警察到达执行现场后，应根据执行工作负责人的安排，按照执行方案有序开展工作。

1. 设置警戒区域。司法警察应当对强制执行现场设置警戒区域，责令无关人员退出执行现场，对强制执行现场与外界实施有效隔离。一般情况下，司法警察由 2 人以上组成警戒组，必要时增加警力。

2. 进行现场检查。司法警察应当对执行现场进行排查，排除危险物品，控制危险区域，对强制执行周边的人员和车辆进出实施必要的疏导与管控。

3. 对危险人员实施管控。司法警察应当选择有利位置密切关注被执行人及其利害关系人，防止他们干扰、破坏执行现场秩序，或者实施自伤、自残、行凶的行为。对不听劝阻、滞留现场，阻挠执行工作的人员，根据指挥人员的指令采取强制带离执行现场等措施。

4. 看管标的物。对于被执行的标的物，司法警察应当严加看管，防止他人接近标的物或者破坏、损毁标的物。

5. 安全撤离。配合强制执行活动结束后，司法警察应根据执行工作负责人的指令，安全有序撤离。撤离前，尤其要防范被执行人阻挠撤离、伤害执行人员的行为。遇到企图袭击执行人员的情形，要果断采取措施，制止不法行为的发生。

三、配合强制腾退的组织实施

（一）控制现场

1. 人员疏散。强制实施前，要将有对抗情绪及年老体弱的当事人或其他周边居住人员先劝离或强制带离现场。对老弱病残人员，可由执行人员或司法警察与其近亲属或被执行人工作单位、房屋所在地基层组织所派人员进行看护。对未成年人，可要求其监护人或成年近亲属带离执行现场；其监护人和近亲属拒绝的，可由执行人员、司法警察或被执行人工作单位、房屋所在地基层组织所派人员将未成年人带离执行现场。

2. 设置警戒区域。为了确保进出通道的畅通，一般可采取设置警戒线的方式做适当隔离，根据案件需要，执行法院可协调由公安交通管理部门对周边道路进行封闭及疏导车辆。有必要的，安排现场医疗救护和消防措施。

3. 控制危险区域。配合执行的司法警察应排除易燃易爆等危险品，有效控制水电煤气开关，对窗户、阳台、屋顶平台等危险区域设置必要的戒备。

（二）保护执行现场

1. 仔细观察、掌握现场动态。及时发现可能导致突发事件的征兆、苗头，合理判断行为人的行为目的及事态后果，结合现场执行力量的配备情况，把握进退时机，避免因盲目冒进而导致事态的恶化。

2. 排除干扰。对未经许可在执行现场进行摄影摄像的人员，要及时劝阻，必要时，可责令其交出相关影像资料。

3. 冷静克制、选择适当的处理方式。对执行现场出现的过激言行应及时加以阻止。若被执行人或家属阻拦执行，谩骂、侮辱执行人员时，要理性克制、言行得当，避免因慌乱冲动处理不当而导致事态的进一步恶化。遇到被执行人或其家属以暴力抗拒强制迁离时，发生抗拒执行的行为或妨害执行的行为等紧急情况，必须立即将其强制带离现场或者拘留，防止意外事件的发生。采取拘留措施后，立即报告院长补办批准手续。遇到被执行人或其家属以自残等方式抗拒执行的，要及时制止，无法制止的为避免不必要的伤害，应当撤离，暂缓执行，同时，立即向主管领导汇报，等候上级指示。

4. 协助制作执行笔录。协助执行人员把执行的全过程如实记入执行笔录，笔录由在场的执行人员、被执行人或者其成年家属以及其他在场人员签名或者盖章。

（三）有序撤离

1. 执行活动结束后，根据执行工作负责人的指令撤离。

2. 配合执行活动结束后，应当向司法警察部门负责人汇报相关情况。

四、训练案例

训练案例（一）

2014年，被告人邹某以公司缺乏周转资金为由，向原告胡某借款400万元，双方约定年息24%。后来，在转账过程中，原告胡某发现被告借款的真实目的不是生产经营，而是用于归还借款，感觉有风险，因此，胡某只借给邹某282万元。在借款到期后，胡某向邹某催要本息，邹某没有还款付息意愿。2016年胡某无奈只得将其诉至人民法院，经人民法院审理查明，判决邹某在判决生效10日内偿还胡某借款本金282万元，并支付利息。但被告人邹某并未按期还款付息，拒绝履行义务。胡某只得再次向人民法院求助，申请强制执行。T区人民法院执行局受理案件后，多次赶赴某市，做被执行人的工作，对其及家人释法明理，敦促邹某履行法律义务。邹某心存侥幸，依旧采取拖延、躲避的策略，拒不履行。T区人民法院为了切实保护申请执行人胡某的利益，依法将被执行人邹某在D市T区所有的两套房产进行拍卖。经拍卖流拍后，申请执行人胡某书面申请将上述拍卖标的物以流拍价抵顶欠款。T区人民法院依法作出执行裁定，将被执行人邹某两套房屋交付申请人胡某抵顶欠款及利息，胡某向T区人民法院补缴差价款。

思考题：

1. 此案涉及异地标的的执行，执行时应注意哪些问题？

2. 司法警察在配合强制腾退时应做好哪些工作？

训练案例（二）

申请人刘某与被执行人田某买卖合同纠纷一案，C县人民法院于2019年7月4日将被执行人田某位于P镇D小区的房屋查封，并督促其尽快履行义务，但被执行人田某声称自己没钱，并找各种理由拖延履行。

思考题：

1. 本案是否适合采取强制腾退房屋的措施？

2. 如果可以适用，司法警察应如何配合执行？

二维码

学习单元七　二维码阅读

学习单元八　司法警察实施强制措施

训练目的

　　掌握实施强制措施准备工作的具体内容；掌握实施强制措施的方法和程序；了解实施强制措施所需法律文书的基本格式和主要内容；能够根据执行现场的具体情况灵活实施强制措施。

训练要求

　　掌握强制措施的组织实施；了解拘传票、训诫笔录、罚款决定书、拘留决定书等法律文书的制作。

项目一　实施拘传

一、案例情境

　　2018 年 4 月 25 日，B 市人民法院司法警察大队接到该院执行局送交的经院长签发的拘传票和用警申请表，要求司法警察大队于 4 月 26 日 14 时前将被拘传人葛某某拘传到人民法院接受调查询问。司法警察大队受领任务后，大队长指派司法警察王某某去执行拘传任务。王某某与执行员张某某于 4 月 26 日 13 时赶赴被拘传人的住所，找到了被拘传人。但被拘传人葛某某拒不配合，在实施拘传过程中故意倒地不起，还诬陷王某某耍流氓。王某某对葛某某进行批评教育，并依法强制将葛某某带至指定地点接受人民法院的调查询问。

二、拘传的组织实施

（一）警务受领

　　执行部门将经院长签发的拘传票送交司法警察部门，向司法警察部门提出用警申请，并告知案件承办人及联系人、联系方式、案件基本情况、被拘传人基本情况、风险评估及其他与安全有关的信息。

　　拘传票一式两联，一联为拘传票审批联，一联为拘传票。拘传票审批联的主要内容包括：文书字号、被拘传人姓名、性别、工作单位或者住所、应到时间、应到处所、拘传原因及理由、批准人意见及签名。拘传票的主要内容包括：文书字号、被拘传人姓名、性别、工作单位或者住所、应到时间、应到处所、宣布拘传决定内容及法院印章等。

（二）警务准备

1. 审核。接到执行部门送交的拘传票和用警申请后，司法警察部门应当审核表格内容登记是否具体、清楚、准确，仔细了解被拘传人基本情况和风险评估状况，确保各种信息准确无误。对于手续、信息不完备或者有差错的，应当要求执行部门及时补正。

2. 指定负责人。根据执行部门提出的用警申请，司法警察部门领导应当指定实施拘传强制措施的负责人，明确工作任务，提出工作要求。

3. 现场勘察。对风险评估等级较高的被拘传人，司法警察部门应当指派司法警察到实施现场进行勘察，对被拘传人居住的环境，如房屋结构、出入通道、毗邻情况、同住人员情况等进行了解。

4. 制定实施方案。实施拘传强制措施的负责人应当根据掌握的具体情况，制定拘传实施方案。实施方案一般包括：

（1）基本情况介绍。对案件基本情况、被拘传人基本信息、被拘传人居住环境情况、风险评估及其他与安全保障有关的事项进行说明。

（2）警力配备。一般情况下，拘传 1 名被拘传人，应当至少配备两名司法警察。被拘传人是女性的，应当配备女性司法警察。

（3）任务分工。对指挥、联络、警戒、通道控制、执行、驾驶警车等任务进行分工，明确每一位司法警察的工作职责。

（4）装备配备。执行拘传任务的司法警察应当携带警棍、手铐、催泪喷射器、对讲机、急救包、执法记录仪、防割手套等装备，配备数量充足的警车。必要时，可携带武器。

（5）进出线路安排。根据执行现场的地形地貌，对车辆出入线路、排列顺序等作出安排，将被拘传人乘坐的车辆尽量安排在便于快速进出执行现场的位置。

（6）突发事件应对。对可能发生的各种突发性、群体性事件的防范和处置措施作出规定，明确应急处置的程序、方法、步骤和职责分工，确定应急备勤人员的工作安排和联络方式。

（7）工作要求和注意事项。明确执行拘传的具体要求和注意事项。

5. 布置任务。执行拘传强制措施的负责人应当召集所有执行任务的司法警察，按照实施方案的要求明确各自的任务分工，提出具体的工作要求。

6. 与案件承办人进行沟通。实施拘传强制措施的负责人应当及时与案件承办人沟通联络，请其与司法警察共同执行拘传任务，并告知出发时间、地点和实施方案的相关内容。

（三）警务实施

1. 前期工作。

（1）检查装备。出发前，应检查警械具及车辆状况，确保处于良好状态。

（2）核对法律文书的相关信息。携带拘传票，认真核对被拘传人的姓名、年龄、工作单位和家庭住址，熟悉被拘传人及其亲属的基本情况，防止错误拘传。

（3）联络有关组织或者单位。根据执行的实际需要，司法警察应配合案件承办人员与当地的村委会、居委会或者有关单位进行联系、沟通，了解被拘传人的最新情况，取得相关部门的支持。

2. 实施阶段的工作。

（1）到达现场。根据实施方案中确定的车辆出入线路、排列顺序，到达被拘传人住所地或者单位所在地，找到被拘传人。

（2）核对身份。详细核实被拘传人的姓名、性别、工作单位、住址等信息，防止错误拘传。

（3）告知事项。出示人民警察证表明身份，并告知："×××，我们是×××人民法院司法警察，现依法对你实施拘传，请你配合我们执行公务。"

（4）宣读决定。向被拘传人出示拘传票，宣读拘传决定："×××人民法院依照《中华人民共和国×××法》第×××条规定，决定对你予以拘传。"同时，向被拘传人说明拘传的性质及拒不接受拘传的法律后果："如果你拒不配合，我们将依法对你采取进一步的强制措施。"

（5）签名确认。在拘传票上填写"本拘传票已于××××年××月××日××时××分送达被拘传人"，并让被拘传人在拘传票上签名或者捺手印。如被拘传人不满18周岁的，可以通知其监护人到场。拒绝签名或者捺手印的，应当请当地派出所、居委会等基层组织的工作人员予以证明并签名、捺手印，并在拘传票的"执行拘传情况"栏中注明情况。

（6）执行拘传。执行拘传时，司法警察应当站立于被拘传人的侧后方，手抓被拘传人的肘部，保持高度警惕，密切关注其可疑行为，做好应对突发情况的准备，防范被拘传人逃跑、自伤、自杀或者行凶等行为发生。被拘传人是女性的，应当由女性司法警察执行，男性司法警察协助。对经批评教育仍拒不接受拘传的被拘传人，可强制其到指定地点，必要时可以使用戒具。

3. 后续工作。

（1）带离现场。迅速将被拘传人带上执行车辆离开现场，并按照拘传票上确定的应到时间，将被拘传人直接带至应到处所。

（2）资料存档。拘传任务完成后，执行拘传任务的负责人应当将经被拘传人签名或者盖章的拘传票送交案件承办人或者执行部门存卷，将用警申请材料、拘传实施方案、拘传执行情况等资料交司法警察部门存档。

三、注意事项

（一）尊重当地乡风民俗

在确定实施拘传强制措施的时间时，应当充分考虑当地乡风民俗，尽量避免在被拘传人及其亲友婚丧嫁娶，或者被拘传人所在地举行祭祀、庙会等大型群众活动时实施拘传。

（二）取得被拘传人所在地人民法院的协助

在民事执行工作中，对本辖区以外必须到人民法院接受询问的被拘传人采取拘传措施时，可以将其拘传到当地人民法院，当地人民法院应当予以协助。一般来讲，如果被拘传人在本市辖区的，可将其拘传到本院或者被拘传人所在地法院；如果被拘传人在本市辖区之外的，不得将其拘传至本院，应当将其拘传至被拘传人所在地人民法院。

（三）遵守拘传的时限

执行过程中，人民法院对必须接受调查询问的被执行人、被执行人的法定代表人、负责人或者实际控制人，经依法传唤无正当理由拒不到场的，人民法院可以拘传其到场。人民法院应当及时对被拘传人进行调查询问，调查询问的时间不得超过8小时；情况复杂，依法可能采取拘留措施的，调查询问的时间不得超过24小时。

人民法院不得以连续拘传的形式变相拘禁被拘传人，并应当保证被拘传人的饮食和必要的休息时间。根据执行案件的需要，人民法院可以对被拘传人进行多次拘传。一般认为，为了防止用连续拘传的方式变相羁押被拘传人，两次拘传之间的间隔时间以不低于24小时为宜。拘传票一次有效，如需再次拘传时，应当经院长重新签发。

关于拘传时间，计算时需要注意以下几点：①拘传的开始时间为对被拘传人宣布拘传时起算，而不是从拘传至人民法院时起算；②拘传的结束时间为对被拘传人宣布解除拘传的时间；③拘传开始时间和结束时间应具体到某年某月某日某时某分；④拘传开始时间和结束时间应当在拘传票和拘传笔录中写明并要求被拘传人签章。

（四）加强对被拘传人的监控

执行拘传时，应当加强对被拘传人的人身控制，并确保其时刻处于司法警察完全可控的范围之内。当被拘传人提出"先喝口水""先上个卫生间"等基本要求时，也必须保证对被拘传人人身的可控性。要注意与被拘传人同住人员的动向，防止被拘传人与他们传递物品、传递不利于执行拘传的信息，防止同住人员外出通知亲属、朋友来现场阻挠执行等情况发生。执行拘传时要时刻保持警惕，使被拘传人与刀具、农药、煤气罐等危险物品及疑似危险物品保持一定距离，避免被拘传人进入阳台、厨房、屋顶平台等危险区域，必要时应当果断将被拘传人带离现场。

（五）慎用戒具

在执行拘传强制措施时，司法警察应当遵循慎用戒具的原则。当被拘传人拒不配合时，使用戒具可以有效发挥防范、威慑作用，有利于拘传任务的执行。但是，如果戒具使用不当，有可能激发矛盾，引发突发性事件。一般而言，发生以下情况的，司法警察可以考虑使用戒具：①被拘传人对立情绪严重，经说服教育仍不配合的；②被拘传人有自伤、自杀或者其他暴力行为的；③被拘传人虽然表示配合，但考虑到执行力量、现场环境、路途远近等情况，不使用戒具不足以防范被拘传人逃脱或者不利于有效控制被拘传人的。使用戒具时，应当避免对被拘传人的身体造成不必要的伤害。

四、执行文书

（一）拘传票（审批联）样式

××××人民法院

拘传票（审批联）

（　　）××××字第×××号

被拘传人姓名		性别	
工作单位 或住址			
应到时间		应到处所	
拘传原因及理由： 　　　　　　　　　　　　　　　　　审判员（执行员） 　　　　　　　　　　　　　　　　　　　　年　月　日			

续表

<table>
<tr><td></td></tr>
<tr><td style="text-align:right">批准人
年　月　日</td></tr>
</table>

本联存卷

（二）拘传票样式

××××人民法院
拘　传　票

（　　　）××××字第×××号

<table>
<tr><td>被拘传人姓名</td><td></td><td>性别</td><td></td></tr>
<tr><td>工作单位
或住址</td><td colspan="3"></td></tr>
<tr><td>应到时间</td><td></td><td>应到处所</td><td></td></tr>
<tr><td colspan="4">执行人员宣布：
　　××××人民法院依照《中华人民共和国××××法》第×××条规定，决定对×××予以拘传。

 年　月　日
（院印） </td></tr>
</table>

续表

本拘传票已于××××年××月××日××时××分送达被拘传人。

被拘传人（签字或盖章）

执行拘传情况：

执行人
年 月 日

本联执行拘传后存卷

五、训练案例

训练案例（一）

2017年3月26日，T县人民法院司法警察大队接到该院执行局送交的用警申请和拘传票，要求司法警察大队于3月28日上午10时前将拒不履行义务的被执行人张某某拘传至该县人民法院执行局。

思考题：

1. 司法警察部门接到执行部门递交的用警申请后，应当审核哪些内容？

2. 负责实施拘传强制措施的司法警察应当提前做哪些准备工作？

3. 司法警察在实施拘传时，应当履行哪些执法程序？

训练案例（二）

2016年4月29日，X县基层人民法院司法警察大队根据该院执行局的用警申请，指派司法警察王某某（男）赴该县W镇B村，对拒不履行还款义务的被执行人刘某（女）实施拘传。王某某找到被拘传人刘某后，向刘某出示了人民警察证，告知刘某要将其拘传至人民法院接受调查。但刘某拒不配合，态度十分恶劣，扬言要对王某某不客气，并趁王某某不备，拿起墙脚的砍柴刀砍向王某某。手无寸铁的王某某本能地用手去遮挡，致使手臂被严重砍伤。

思考题：

1. 本案中司法警察有哪些不规范的地方？

2. 在实施拘传过程中司法警察应当注意哪些要点？

3. 本案中司法警察能否对刘某使用戒具？哪些情况下司法警察可以对被拘传人使用戒具？

项目二 实施训诫

一、案例情境

2017 年 9 月 18 日，D 县人民法院司法警察大队根据该院执行局的用警申请，指派 2 名司法警察配合该院执行局，赴被执行人葛某某的家中执行搜查任务。在执行搜查过程中，葛某某态度消极，以钥匙遗失为由拒不打开柜子，还趁执行人员不备偷偷将贵重物品转移。司法警察发现后，立即对葛某某进行训诫，责令其立即停止不当行为。

二、训诫的组织实施

（一）警务受领

执行过程中，对于违反规定的当事人采取训诫措施的，执行人员或者司法警察可以当场作出训诫决定，由执行人员或者司法警察以口头方式当场指出行为人的错误事实、性质及危害后果，责令其立即改正。训诫的内容应当记入笔录，由被训诫人签名后存入案卷。

（二）警务准备

司法警察在执勤过程中，应当携带警棍、手铐、催泪喷射器、对讲机、急救包、执法记录仪、防割手套等警用装备，始终做到警容警姿严整、规范文明执法，并根据现场情况决定是否实施训诫强制措施。

（三）警务实施

1. 实施训诫。实施训诫可以当场进行，也可以将被训诫人带离执法或者执勤现场，至适当场所进行。训诫时，应当责令被训诫人起立并告知其相关法律规定，指出其行为的违法性和可能产生的后果，责令其立即改正错误行为，并告知其再次违反时的法律后果。通常采用"×××，你的行为已经违反×××的规定，请你立即改正，否则将依法对你采取进一步强制措施"。

2. 制作笔录。训诫必须有两名以上司法警察在场，其中一名司法警察制作笔录，记录训诫时间、地点、内容、被训诫人、训诫人、记录人等。训诫实施完毕后，应当要求被训诫人在笔录上签字。训诫笔录应重点记明以下内容：①被训诫人的不当行为；②执行人员或者司法警察对其进行训诫的具体情况；③训诫的效果及被训诫人悔过的具体表现。

3. 责令具结悔过。必要时，可以责令被训诫人写出具结悔过书或者保证书，保证其下次不再违反法定义务，以及再次违反法定义务所应承担的相应法律责任。

4. 资料存档。将被训诫人签字后的训诫笔录、具结悔过书、保证书等资料送交司法警察或执行部门妥善保存。

三、注意事项

司法警察在实施训诫时，应当注意避免以下行为：

1. 与被训诫人争吵、对骂。

2. 使用有损被训诫人人格尊严的言辞，挖苦、打击被训诫人。

3. 在被训诫人妨害执行秩序情节尚不严重时，直接对被训诫人宣告人民法院将对其采取罚款、拘留等强制措施。

4. 与被训诫人发生肢体上的冲突。

四、执行文书

××××人民法院
训　诫　笔　录

训诫时间：

训诫地点：

训诫人：

被训诫人：

记录人：

违法事实：

训诫内容：

被训诫人保证：

五、训练案例

训练案例（一）

2018 年 8 月 20 日，T 市人民法院的执行人员和司法警察赴某信用社，准备扣押存放在某物流仓库的被执行人名下货物。执行过程中，该仓库工作人员无故推脱，拒绝配合执行法院的扣押行为，还企图通知被执行人转移货物。执行人员和司法警察立即制止该工作人员的行为，对其进行了训诫。

思考题：

1. 实施训诫的程序主要包括哪些？

2. 司法警察在实施训诫时应注意哪些事项？

3. 训诫笔录主要包括哪些内容？

训练案例（二）

2019 年 5 月 10 日，C 县人民法院司法警察大队指派司法警察张某某和俞某某配合该院执行局执行一起查封任务，在查封过程中，被执行人刘某拒不配合，还企图阻挠执行人员张贴封条，司法警察张某某见状立即冲上前去一把拉开刘某，给刘某戴上手铐，大声斥责刘某的违法行为，告知刘某如再不配合将追究其刑事责任，并让刘某书写检讨书承认错误。

思考题：

1. 被执行人刘某拒不配合执行时司法警察能否直接进行处置？

2. 司法警察张某某执法时存在哪些不规范的地方？

3. 本案中司法警察应当如何进行规范处置？

项目三 实施强行带离

一、案例情境

2018 年 9 月 28 日，C 区人民法院执行人员和司法警察到被执行人高某所在经营场所，对高某租用于经营酒吧的房屋采取强制迁出执行措施。被执行人高某以其租用的房屋还未到期为由拒不配合执行，还组织多名员工采取哄闹、围堵等方式阻挠人民法院执行。为保证执行工作顺利进行，司法警察立即根据执行指挥员的指令，将带头闹事的高某制服后强行带离执行现场，迅速平息了事态。

二、强行带离的组织实施

（一）警务受领

在执行过程中，遇有被执行人及其他人员实施围攻、哄抢、毁损财物、寻衅滋事、围追堵截等暴力抗法事件的，司法警察应当配合执行人员，及时将暴力抗法人员强行带离执行现场。

（二）警务准备

司法警察在执勤过程中，应当携带警棍、手铐、催泪喷射器、对讲机、急救包、执法记录仪、防割手套等警用装备，始终做到规范执法、文明执法，并根据现场情况随时执行现场指挥员下达的强行带离指令或自行作出强行带离决定。

（三）警务实施

1. 出示证件。强行带离时，司法警察应当向被强行带离人出示人民警察证等有效证件。

2. 告知。告知被强行带离人："×××，我们是×××人民法院司法警察，你的行为已经严重扰乱了执行工作秩序，现依法请你离开现场，请你配合，否则我们将依法对你进一步采取强制措施。"

3. 实施强行带离。行为人拒绝离开执行现场，经批评教育无效的，可以实施强行带离。强行带离过程中，司法警察应当保持高度警惕，防范被强行带离人实施自伤、行凶等过激行为。必要时，司法警察可以使用警械具。

4. 稳控被强行带离人。将被强行带离人带离现场后，司法警察应当加强对被强行带离人的控制，防止其作出过激举动。

三、注意事项

司法警察实施强制措施过程中，应当注意避免动作幅度过大，防止对被强行带离人造成不必要的伤害。对于手抱大树、铁栏杆、柱子等固定物体拒不离开执行现场的，切忌采取使用警棍击打被强行带离人手臂等粗暴方式。遇上述情况时，应当由1名司法警察控制被强行带离人的腰部或者腿部，另2名司法警察分别控制被强行带离人的双臂，采用别臂、折腕等控制动作将其双手置于背后，使其双手脱离物体，然后用手插入被强行带离人腋下，采取倒拖方式将被强行带离人带离执行现场。必要时，可对被强行带离人使用手铐、警绳进行约束后带离现场。

四、训练案例

训练案例（一）

2018 年 3 月 5 日，X 县人民法院的执行人员和司法警察赴某公司，准备查封该公司的账本和办公场所。执行过程中，该公司负责人赵某百般阻挠，阻止执行人员张贴封条。执行人员和司法警察立即制止赵某的违法行为，对其进行了批评教育。但赵某拒不听从批评教育，还企图召集公司员工抗拒执行。司法警察根据执行指挥员的命令，立即将赵某控制后强行带离现场。

思考题：

1. 司法警察实施强行带离的程序有哪些？

2. 司法警察在实施强行带离过程中应注意哪些问题？

3. 司法警察实施强行带离的动作要领是什么？

训练案例（二）

S 县人民法院司法警察大队接到该院执行局的用警申请，要求于 2019 年 6 月 11 日配合执行实施科完成一起强制腾退房屋任务。据案件承办人介绍，该腾退房屋系被执行人江某某所有，房屋平时由江某某、江某某妻子和江某某母亲共同居住，江某某的妻子对人民法院腾退房屋行为持强烈抵触态度，曾扬言人民法院如强制腾退房屋就要与执行人员同归于尽，江某某的母亲已年逾七旬且行动不便。

思考题：

1. 针对本案的特殊情况，司法警察大队应提前做好哪些准备工作？

2. 执行过程中，如被执行人江某某妻子现场阻挠人民法院强制腾退，需要将其强行带离现场时，司法警察应当如何正确处置？

3. 执行过程中，如被执行人江某某母亲躺在床上拒不离开房屋，司法警察应当如何处置？

项目四 实施罚款

一、案例情境

被执行人周某某因转移已向乙县人民法院提供执行担保的财产，被该人民法院处 5000 元罚款。罚款决定作出后，因周某某未在指定的期限内向人民法院缴纳罚款，该县人民法院决定对其强制执行。司法警察大队根据该院执行局的用警申请，指派司法警察配合执行人员赶赴周某某住处，强制其缴纳罚款。

二、罚款的组织实施

（一）警务受领

执行部门将经院长签发的罚款决定书送交司法警察部门，办理用警申请，说明被罚款人姓名（或名称）、住址、罚款事由、罚款法律依据、罚款金额与缴纳期限，由司法警察部门组织实施。

（二）警务准备

1. 审核。接到执行部门送交的罚款决定书和用警申请手续后，司法警察部门应当审核内容登记是否具体、清楚、准确，仔细了解被罚款人及其家庭成员基本情况、风险评估状况，确保各种信息准确无误。对于信息不完备或者有差错的，应当要求执行部门及时补正。

2. 指定负责人。根据执行部门提出的用警申请，司法警察部门领导应当指定实施罚款强制措施的负责人，并明确工作任务，提出工作要求。

3. 现场勘察。对风险评估等级较高的被罚款人，实施罚款强制措施的负责人应当提前到实施现场进行勘察，对被罚款人居住的环境，如房屋结构、出入通道、毗邻情况、家庭成员情况等进行了解。

4. 制定实施方案。执行罚款强制措施的负责人应当根据掌握的具体情况，制定实施方案。实施方案一般包括：

（1）介绍基本情况。对案件基本情况、被罚款人基本信息、被罚款人居住环境情况、风险评估及其他与安全保障有关的事项进行说明。

（2）警力配备。一般情况下，应当配备不少于2名司法警察。

（3）任务分工。对指挥、联络、送达、执行、驾驶警车等任务进行分工，明确每一位司法警察的工作职责。

（4）装备配备。司法警察应当携带警棍、手铐、催泪喷射器、对讲机、急救包、执法记录仪、防割手套等装备，配备数量充足的警车。

（5）进出线路安排。根据执行现场的地形地貌，对车辆出入线路、排列顺序等作出安排，以便快速进出执行现场。

（6）突发事件应对。对可能发生的各种突发性、群体性事件的防范和处置措施作出规定，明确应急处置的程序、方法、步骤和人员职责分工，确定应急备勤人员的工作安排与联络方式。

（7）工作要求和注意事项。明确执行罚款强制措施的具体要求和注意事项。

5. 布置任务。实施罚款强制措施的负责人应当召集参加执行任务的司法警察，按照实施方案的要求明确各自的任务分工和工作要求。

6. 与案件承办人进行沟通。实施罚款强制措施的负责人应当及时与案件承办人沟通联络，请其与司法警察共同执行罚款任务，并告知出发时间、地点和实施方案的相关内容。

（三）警务实施

1. 前期工作。

（1）检查装备。出发前，司法警察应当检查警械具及车辆状况，确保处于良好状态。

（2）核对法律文书的相关信息。携带罚款决定书，认真核对被罚款人的姓名、年龄、工作单位和家庭住址，熟悉被罚款人及其家庭成员的基本情况。

（3）联络有关组织或者单位。根据执行工作的实际需要，司法警察、执行人员与被罚款人所在地村委会、居委会或者有关单位进行联系、沟通，了解被罚款人的最新情况，取得相关部门的支持。

2. 实施阶段的工作。

（1）到达现场。根据实施方案中确定的车辆出入线路、排列顺序安排，到达被罚款人住所地或者单位所在地，找到被罚款人。

（2）核对身份。司法警察应当配合执行人员仔细核实案由、案号、被罚款人姓名、工作单位、住址等信息。

（3）告知事项。出示人民警察证表明身份，并告知："×××，我们是×××人民法院司法警察，现依法对你实施罚款，请你配合我们执行公务。"同时，向被罚款人说明罚款的性质及拒不接受罚款的法律后果："如果你拒不履行，我们将依法对你采取进一步的强制措施。"

（4）宣读罚款决定书。执行人员或者司法警察向被罚款人宣读罚款决定书："×××人民法院在执行×××与×××一案中，查明××××××××××。依照《中华人民共和国×××法》第×××条的规定，决定如下：对×××罚款××××元，限在××××年××月××日前交纳。如不服本决定，可在收到决定书后 3 日内，向×××人民法院申请复议一次。复议期间不停止执行。"

（5）送达罚款决定书。配合执行人员让被罚款人在送达回证上签名、捺手印，注明送达时间，并将罚款决定书送达被罚款人。罚款决定书送达之后立即生效。

（6）执行罚款。被罚款人应当按照罚款决定书上指定的期限，向人民法院指定的银行账户缴纳罚款。被罚款人直接缴纳罚款的，应当协助执行人员向被罚款人出具罚款临时收据。出具临时收据时，必须有 2 名以上执行人员或者司法警察在场，并由被罚款人签名（章）确认。只有 1 名执行人员、司法警察或者被罚款人拒不签名（章）的，不得直接接受罚款。

3. 后续工作。

（1）上交罚款。回到人民法院后，执行人员和司法警察应当立即将罚款交给财务人员，取得财务部门出具的罚款收据。

（2）取回临时收据。携带财务部门出具的罚款收据，找到被罚款人，从被罚款人处换回临时收据，或者通知被罚款人到人民法院换回临时收据。

（3）存档。实施罚款强制措施的负责人应当将被罚款人签名或者盖章的送达回证等材料送交执行部门或者执行人员存卷。将用警审批手续、执行罚款实施方案、罚款决定书送达情况、罚款执行情况等资料交司法警察部门留存备查。

三、注意事项

（一）财产不足以清偿民事债务时的罚款执行

现行法律对此问题未作出明确规定，但考虑到民事债权关系到申请人的生活、生产和发展，可以参照《刑法》中民事责任优先于刑事财产刑和相关法律中民事责任优先于行政罚款的规定，在申请人债权未受足额清偿的情况下，不应在执行款项中优先扣除罚款。

（二）被罚款人拒不缴纳罚款的处理

罚款决定书作为生效法律文书，在被罚款人拒不按期缴纳罚款时，司法警察应当配合执行人员按照人民法院执行金钱债务的规定进行强制执行，如依法采取查封、扣押等措施。被罚款人有履行能力而拒不履行或者有其他妨害执行行为的，可再次予以罚款、拘留直至追究刑事责任。

（三）罚款时的固定证据

一般而言，固定证据可分平时收集证据和现场收集证据两种情况。平时收集证据主要根据被执行人的行为、态度，固定相关的证据，包括调查中形成的笔录、各类查询回执、回单、反映被执行人财产状况的有关资料及其复印件、被执行人的财产申报清单、所作出的承诺、保证等书证材料以及照片和摄像资料等。现场收集证据主要包括在执行现场收集的反映执行活动的影像资料、证言、笔录、物证等。跟司法警察有关的主要是现场收集、固定的证据，包括收集和保存现场执行笔录、在场人的证言、现场照片、录音和摄像资料、相关物证、谈话笔录等。

四、执行文书

（一）罚款审批表样式

××××人民法院罚款审批表

案由			案号	
被 罚 款 人	姓名： 住址：			
罚 款 事 由				
承办人 意 见	建议对×××罚款人民币××××元。 签名：　　　年　月　日			
合议庭 讨 论 意 见	经讨论一致同意对×××罚款人民币××××元。 签名：　　　年　月　日			
局 长 审 查 意 见	 签名：　　　年　月　日			
院 长 审 查 意 见	 签名：　　　年　月　日			

（二）罚款决定书样式

××××人民法院

罚 款 决 定 书

（　　）××执××字第×××号

被罚款人：　（写明被罚款人的姓名及有效证件和号码等基本情况）。

××××人民法院在执行×××与×××（写明当事人姓名或名称和案由）一案中，因×××……（写明被罚款人妨害执行的事实和应当予以罚款的理由）。依照《中华人民共和国××××法》第×××条的规定，决定如下：

对×××罚款××××元，限在××××年×月×日前交纳。

如不服本决定，可在收到决定书后，向××××人民法院申请复议一次。复议期间不停止执行。

年　　月　　日

（院印）

（三）送达回证样式

××××人民法院

送达回证

案由		案号	（　　）＿＿字第＿＿号
送达文书名称和 件　数			
受送达人			
送达地址			

续表

受送人签名 或捺印	签名：_____ _____年___月___日
代收人 及代收 理由	代收理由： 签名：_____ _____年___月___日
备考	

填发人：_____ 送达人：_____

五、训练案例

训练案例（一）

B县人民法院执行局根据申请执行人张某某的申请，依法对被执行人林某某迁出营业用房一案进行强制执行。强制执行过程中，林某某拒不配合，大声辱骂执行人员，还采取暴力、威胁等方法阻碍人民法院执行，该人民法院因此对林某某作出罚款3000元的处罚决定。

思考题：

1. 司法警察在实施罚款前应做好哪些准备工作？

2. 实施罚款的程序主要包括哪些？

3. 执行罚款时应注意哪些事项？

训练案例（二）

王某与李某因感情不和诉讼离婚，T县人民法院判决王某为孩子的监护人，李某每月可探望孩子1次。离婚后，王某多次阻止李某探望孩子，李某因此向人民法院申请强制执行。执行过程中，王某一直拒绝配合，还将孩子转移到外地。针对这种情况，人民法院对王某作出罚款5000元的处罚。

思考题:

1. 司法警察在实施罚款时能否直接收取被罚款人缴纳的现金?
2. 如果司法警察直接收取被罚款人缴纳的现金,需要履行哪些必要的程序?
3. 如果被执行人拒不缴纳罚款,人民法院应当如何处置?

项目五 实施拘留

一、案例情境

2018 年 4 月 25 日,X 市人民法院执行局、司法警察大队对被执行人刘某某实施拘留强制措施。实施过程中,刘某某乘人民法院干警不备,从厨房里拎起一个煤气罐,一手拿煤气罐,一手拿打火机,站在自家三楼阳台上,威胁执行人员,阻挠人民法院执行。

二、拘留的组织实施

(一) 警务受领

执行部门将院长签发的司法拘留决定书、执行拘留通知书(包括回执)送交司法警察部门,办理用警申请手续,说明案由、案号、被拘留人姓名、住址、违法事实、拘留法律依据、拘留天数、审批人意见等情况,由司法警察部门组织实施。

(二) 警务准备

1. 审核。接到执行部门送交的司法拘留决定书和用警申请手续后,司法警察部门应当审核内容登记是否具体、清楚、准确,仔细了解被拘留人及其家庭成员基本情况、风险评估状况,确保各种信息准确无误。对于信息不完备或有差错的,应当要求执行部门及时补正。

2. 指定负责人。根据执行部门提出的用警申请,司法警察部门领导应当指定实施拘留强制措施的负责人,明确工作任务,提出工作要求。

3. 现场勘察。对风险评估等级较高的被拘留人,司法警察部门应当指派司法警察到执行现场进行勘察,对被拘留人居住的环境,如房屋结构、出入通道、毗邻情况、家庭成员情况等进行了解。

4. 制定实施方案。执行拘留强制措施的负责人应当根据掌握的具体情况,制定实施方案。实施方案一般包括:

(1) 介绍基本情况。对案件基本情况、被拘留人基本信息、被拘留人居住环境情况、风险评估及其他与安全保障有关的事项进行说明。

（2）警力配备。一般情况下，应当配备不少于2名司法警察，如被拘留人是女性的，应当配备女性司法警察。

（3）任务分工。对指挥、联络、警戒、重要通道控制、执行、驾驶警车等任务进行分工，明确每一位司法警察的工作职责。

（4）装备配备。实施拘留强制措施的司法警察应当携带警棍、手铐、催泪喷射器、对讲机、急救包、执法记录仪、防割手套等装备，配备数量充足的警车。必要时，可携带武器。

（5）进出线路安排。根据执行现场的地形地貌，对车辆出入线路、排列顺序等作出安排，以便快速进出执行现场。

（6）突发事件应对。对可能发生的各种突发性、群体性事件的防范和处置措施作出规定，明确应急处置的程序、方法、步骤和人员职责分工，确定应急备勤人员的工作安排与联络方式。

（7）工作要求和注意事项。明确执行拘留强制措施的具体要求和注意事项。

5. 布置任务。实施拘留强制措施的负责人应当召集参加任务的司法警察，按照实施方案的要求明确各自的分工和要求。

6. 与执行人员进行沟通。实施拘留强制措施的负责人应当及时与执行人员沟通联络，请其与司法警察共同执行拘留任务，并告知出发时间、地点和实施方案的相关内容。

（三）组织实施

1. 前期工作。

（1）检查。出发前，司法警察应当检查警械具、武器及车辆状况，确保处于良好状态。

（2）核对法律文书的相关信息。携带拘留决定书和执行拘留通知书，认真核对被拘留人的姓名、年龄、工作单位和住址，熟悉被拘留人及其家庭成员的基本情况。

（3）联络有关组织或单位。根据执行的实际需要，司法警察、执行人员与被拘留人所在地的村委会、居委会或有关单位进行联系、沟通，了解被拘留人的最新情况，取得当地基层组织或者有关单位的支持。

2. 实施阶段的工作。

（1）到达现场。根据实施方案中确定的车辆出入线路、排列顺序，到达被拘留人住所地或者单位所在地，找到被拘留人。

（2）核对身份。详细核实案由、案号、被拘留人姓名、工作单位、住址等信息。

（3）告知。出示人民警察证，表明身份，并告知："×××，我们是×××人民法院司法警察，现依法对你实施司法拘留，请你配合我们执行公务。"同时，向被拘留人说明拘留的性质及拒不接受拘留的法律后果："我们将送你去×××拘留所关押，如果你拒不配合的，我们将依法对你采取进一步的强制措施。"

（4）宣读拘留决定书。向被拘留人宣读拘留决定书："×××人民法院在执行×××与×××（　）×××字第×××号×××一案中，查明被拘留人××××××××××。依照《中华人民共和国×××法》第×××条的规定，决定如下：对×××实行司法拘留××天。如不服本决定，可以在收到决定书后3日内，向×××人民法院申请复议一次。复议期间，不停止决定的执行。"

（5）送达拘留决定书。配合执行人员让被拘留人在拘留决定书及送达回证上签名，捺手印，注明送达时间。将拘留决定书直接送达被拘留人（或送达给被拘留人的成年家属）。拘留决定书送达之后立即生效。

（6）执行。执行拘留强制措施时，司法警察应当站立于被拘留人侧后方，手抓被拘留人肘部，保持高度警惕，注意被拘留人的可疑行为，随时做好应对突发情况准备，严密防范被拘留人实施逃跑、自伤、自杀或者行凶等行为，并依法使用警械具。被拘留人是女性的，应当有女性司法警察参加。

（7）带离。迅速将被拘留人带上执行车辆并离开现场。车辆行驶过程中，司法警察应当始终坐在被拘留人的两侧，抓住被拘留人的肘部。

3. 后续工作。

（1）将被拘留人送交公安机关关押。到达拘留所后，司法警察应当将执行拘留通知书（包括回执）连同被拘留人一并送交拘留地公安机关，不得将被拘留人滞留在办公室或者其他任何地方变相非法羁押。公安机关对被拘留人进行体检并同意收押被拘留人后，司法警察应当将经公安机关填写收押时间、收押地点的执行拘留通知书（回执）带回。

（2）存档。实施拘留强制措施的负责人应当将拘留决定书、送达回证、执行拘留通知书（回执）送交执行人员带回存卷，将用警申请手续、执行拘留实施方案、拘留执行情况等资料交司法警察部门留存备查。

三、注意事项

（一）慎用拘留强制措施

拘留作为一种严厉的限制人身自由的强制措施，必须严格依法适用。一般来说，对下列人员要慎用拘留措施：①违法情节较轻的，没有证据或者迹象表明行为人有对抗、妨害执行故意的；②行为人悔过态度较好，积极采取补救措施的；③健康状况不良的，如年龄超过70岁的高龄老人、因病正在治疗的人以及其他患有精神病、传染病以及拘留期间可能发生危险或者生活不能自理的严重疾病患者等羁押场所不予关押的人；④怀孕或者需要哺乳自己不满一周岁婴儿的妇女，或者家里有孩子、老人、残障人员等需要行为人照顾，且他人难以替代的；⑤可能因拘留丧失职业而影响债务清偿，且有悔过表现的；⑥一些身份特殊的人，如在校大学生、现役军人等；⑦因债权未能实现，情绪一时失控而妨害执行正常秩序的申请人及其家属等。

（二）把握实施拘留的时机和场合

实施拘留强制措施具有较强的对抗性，如果时机与场合把握不当，容易引发暴力抗拒执行、阻挠拘留等群体性事件。因此，在实施拘留强制措施时，应当从以下几个方面把握拘留的时机与场合：①尽量避免在人民法院外实施拘留，特别要避免在司法警察难以控制现场、可能引发聚众哄闹及暴力抗法的场合强行拘留；②确有必要在人民法院外实施拘留的，可通过公安机关将被拘留人带至当地派出所内再实施拘留；③在被拘留人及其亲属的婚丧嫁娶、家庭团聚、祭祀等日期，一般慎用拘留；④尽量避免在被拘留人的未成年亲属面前实施拘留。

（三）实施拘留前应重点了解的情况

实施拘留前要着重了解被拘留人的下列情况：①被拘留人的个人情况，如姓名、年龄、职业、工作单位、民族及有关宗教信仰等；②被拘留人的身体情况，如有无疾病史，是否需定时服药、是否怀孕、是否系哺乳妇女等；③被拘留人的家庭情况，如有无需要照顾的老人、小孩或残障人员等；④被拘留人的住址、家属联系方式等。

（四）对被拘留人不在本辖区的拘留实施

被拘留人不在本辖区的，作出拘留决定的人民法院应当派员到被拘留人所在地的人民法院，请该院协助执行，被拘留人所在地人民法院应当及时派员协助执行。实施异地拘留时应注意以下几点：①事先制作拘留预案，并与当地人民法院或者其上级人民法院做好事先联系、沟通工作；②备好据以执行的生效法律文书副本、立案审批表、拘留决定书、法院介绍信等材料；③尽可能了解被拘留人的住所地环境、当地风俗民情、经济状况等；④具体实施拘留时，应由执行人员和法警共同参加，并请求当地人民法院指派执行人员和法警协助实施，不得将被拘留人带回本市关押。实践中，考虑到实施异地拘留手续比较繁琐且可能存在地方保护等情况，如果被拘留人在外地被抓获的，只要其户籍所在地或者经常居住地在执行法院辖区，在确保安全的前提下也可以带回本地关押，而不认定为异地拘留。

（五）协助外地人民法院实施拘留应注意的问题

协助外地人民法院实施拘留时应当注意以下几点：①事先与执行法院沟通，

了解执行案件及被拘留人的情况及相关法律文书、证件、函件、联系方式等；②对于不宜拘留的，应当及时提醒执行法院，执行法院仍然坚持实施拘留的，报院、庭领导后视情妥善处理；③事先报告领导并与有关羁押场所取得联系，确认羁押时需要的文件材料；④具体协助时，必须由执行人员和法警共同参与。

（六）拘留少数民族人员的注意事项

拘留少数民族人员的，应当特别注意以下事项：①实施拘留前，应当仔细询问并了解被拘留人的民族、饮食习惯、宗教、风俗等禁忌，对需要配备翻译的，应提前予以配备；②对少数民族人员适用拘留的，应当在法律适用上从严把握，做到证据确实充分、扎实，防止他人借此挑起矛盾；③为了防范矛盾激化或者引发社会不稳定因素，必要时可向上级人民法院和同级人民政府或者民族宗教事务管理部门通报和询问有关情况，确保适用拘留的法律效果。

（七）被拘留人系中国公民但持有外国居住权证书的拘留

对被拘留人系中国公民但持有外国居住权证书的被拘留人，应当注意以下几点：①被拘留人虽然持有外国居住权证书，但仍然系我国公民，无须办理特别手续；②如国外使领馆有关人员询问持该国绿卡的被拘留人的有关情况，执行人员应当及时报告省高院外事办公室，并告知其通过省高院外事办公室联系相关事宜。

（八）拘留人大代表等特定人员的特殊规定

根据《中华人民共和国全国人民代表大会和地方各级人民代表大会代表法》第32条第1款的规定，县级以上的各级人民代表大会代表，非经本级人民代表大会主席团许可，在本级人民代表大会闭会期间，非经本级人民代表大会常务委员会许可，不受逮捕或者刑事审判。如果因为是现行犯被拘留，执行拘留的机关应当立即向该级人民代表大会主席团或者人民代表大会常务委员会报告。《中共中央政法委员会关于对政协委员采取刑事拘留、逮捕强制措施应向所在政协党组通报情况的通知》也作此相关规定。拘留乡、民族乡、镇的人大代表的，拘留后人民法院应当立即报告乡、民族乡、镇的人民代表大会。对政协委员采取拘留措施的，参照《中共中央政治委员会关于对政协委员采取刑事拘留、逮捕强制措施应向所在政协党组通报情况的通知》，拘留前应当向该委员所在的政协党组通报情况，情况紧急的，可同时或者事后及时通报。

（九）拘留境外人员的特别程序

拘留境外人员的，应当注意以下事项：①羁押前应与羁押场所取得联系，确定外籍人员拘留的具体场所；②实施拘留前应当特别注意询问被拘留人的风俗习惯、家人的联系方式等情况；③适用拘留后36小时内书面呈报省高院外事办公室并抄报省高院执行局，由省高院外事办公室负责对外联系；④向省高院外事办公室提供被拘留人的姓名、国籍、护照或者证件编号、拘留期限、对外表态口径建议、执行人员姓名、批准采取拘留措施的批准人姓名、职务以及采取拘留措施的法律依据。

（十）先实施拘留后补办手续的情形

先实施拘留后补办手续应当满足以下条件：①适用情形的特殊性，即必须满足相关人员实施暴力、威胁等方法抗拒执行，严重危及执行秩序、执行人员人身安全、执行装备安全的紧急情况；②批准程序的特殊性，即一般而言应先口头向庭长、院长报告，取得院长口头批准后实施，特定情形下如现场情况无法报告或者无法与庭长、院长取得联系的，可先行控制，待条件允许后再立即向庭长、院长报告并取得口头批准后实施；③羁押程序的特定性，即在具体实施过程中可先将妨害执行的行为人强行带离现场，办理完拘留手续后再送交羁押。

（十一）被拘留人随身携带物品的处理

将被拘留人送交公安机关羁押时，对被拘留人随身携带的物品处理方法：①对可供执行的财产，由执行人员制作裁定书和扣押清单后强制执行；②对不适于执行的财产，可由羁押场所负责保管并于被拘留人释放时领取；③羁押场所不负责保管的，可通知被拘留人家属前来领取或者对其予以封装、交被拘留人签章后带回人民法院保管，待被拘留人释放后来人民法院领取。

（十二）将拘留情况告知被拘留人家属时应注意的问题

人民法院将拘留情况告知被拘留人家属时应当注意：①拘留前，向被拘留人询问其家属的联系方式，如被拘留人明确表示不愿意告知家人或者称其无家属的，应当在笔录中记明；②实施拘留后的 24 小时内，通知被拘留人家属，在不知道其家属联系方式时可以制作拘留情况告知书邮寄至被拘留人住所地、户籍所在地，或者通知被拘留人住所地、户籍所在地的基层组织、派出所等协助告知，并将通知情况记录在案。

四、实施拘留中的突发情况处置

（一）被拘留人声称患有严重疾病的处置

应告知其虚假陈述的法律后果；被拘留人坚持声称确有严重疾病的，要求其提供病史记录，如不能提供的，告知其须自行承担体检费用；确有严重疾病的，一般不实施拘留。

（二）被拘留人在执行现场突发疾病的处置

先暂停执行，若被拘留人本人或者在场人员知道其患何种疾病并备有治疗药品的，让其服药并稍作休息后送医院；若不知被拘留人患何种疾病但病人神志清醒的，可及时拨打"120"急救电话或者送医院救治；若不知被拘留人患何种疾病又存在昏厥呕吐现象的，切忌随意搬动病人，立即通知医疗急救人员到场；通过拍照、摄像或者记录等方式固定相关过程，防止有人借机无理取闹。

（三）被拘留人拒不配合身体检查的处置

告知被拘留人拒不配合体检的，将视为身体状况符合羁押场所的有关规定，执行法院将继续实施拘留；将被拘留人拒不配合体检的情况作相应记录；对虽拒不配合体检，但提供近期病历证明或者有其他证据证明其确实患有疾病的，应当与羁押场所联系，确认该类疾病是否符合羁押的有关规定并作出相应的处理。

（四）被拘留人因健康原因无法羁押时的处置

对已决定拘留但因健康原因无法送交羁押的，不予宣布拘留；已经宣布拘留的，将情况告知执行人员，由执行人员解除拘留措施并记明解除原因。

（五）被拘留人在执行现场当场服药的处置

先暂停拘留实施行为，询问并判断其服用药物的种类；若其声称或者发现是急救药品且有发病迹象的，及时送医院诊治；若其声称或者发现服用的是毒药，立即制止其继续服用并将其送往医院，同时将装有残留药物的容器、包装物及药品说明书一同带往医院，以供医生诊断之用。对服毒的，事件处理完毕后要通知相关基层组织事后关注其情绪、动向；现场无法判断药物种类，或者服用人拒绝回答询问的，也应送医院进行适当诊治；尽量通过拍照、摄像或者记录等方式固定相关过程，事后据此并结合对案件执行的影响程度，依法对相关人员采取必要的强制处罚措施。

（六）被拘留人反锁房门阻止执行人员进入的处置

司法警察应当做好说服教育工作，并寻找其他进入房间的途径；无法进入房间的，应当对周边进行警戒布控，防止被拘留人通过翻墙、跳窗等方式逃脱，或者纠集亲友前来阻挠、抗拒执行；强制打开门锁，并密切注意被拘留人的情绪及动向，防止其产生过激行为。

（七）被拘留人在现场欲跳河、跳楼的处置

司法警察应当做好说服教育工作，尽量通过陈述利弊等言辞对其加以劝说、疏导；已作出危险动作的，如欲迈出河堤、桥栏或者窗口的，迅速采取有效措施予以阻止；如其情绪激动、难以自控，且一时无法迅速阻止的，可先停止执行，做好防范措施或者撤离执行现场；决定撤离的，应通知当地基层组织协助掌握好被拘留人的情绪、动向；注意维持好现场秩序，疏导围观群众，对起哄的围观人员要及时加以制止，以免刺激欲跳楼、跳河；通过拍照、摄像或者记录的方式固定相关证据；必要时可通知公安、消防等部门到场协助处置。

（八）被拘留人在执行现场用刀具等工具实施自残的处置

暂停拘留实施行为，采取劝说、疏导，通过让其陈述理由、困难等方式舒缓其紧张情绪，采取有效措施制止其继续实施自残；根据其伤情确定是否立即通知医疗急救部门到场进行急救，或者先进行简单救治后送医院治疗；若自残人伤情较重，在等待急救的过程中要采用正确的急救方式进行救护，避免因措施不当而造成更为严重的后果；通过拍照、摄像或者记录的方式固定相关过程，事后据此并结合对案件执行的影响程度，依法对有关人员采取必要的强制处罚措施。

（九）遇有被拘留人及其亲友手持刀具、强酸强碱、汽油、爆炸物等危险物品相威胁的处置

司法警察应当先行稳定被拘留人及其亲友的情绪，避免在言语和行动上刺激被拘留人；及时疏散周边人员，划出警戒区域；向司法警察部门领导和院领导报告，请求派警支援，并通过执法记录仪等设备做好固定证据等工作；如威胁者做出攻击性举动，应在保证自身人身安全的同时，迅速采取有效措施将其制服；发生伤情的，应及时将被拘留人送医院救治；必要时联系基层组织、公安机关到现场予以协助。

五、执行文书

（一）司法拘留审批表样式

××××人民法院司法拘留审批表

案 由		案号	
被 拘 留 人	姓名： 住址：		
拘 留 事 由			
承办人 意 见	建议对×××进行司法拘留××日。 签名：　　　　　年　月　日		

续表

合议庭 讨论 意见	经讨论一致同意对×××进行司法拘留××日。 签名： 年 月 日
局 长 审 查 意 见	 签名： 年 月 日
院 长 审 查 意 见	 签名： 年 月 日

(二) 拘留决定书样式

××××人民法院

拘 留 决 定 书

（ ）××执××字第×××号

被拘留人： （写明姓名及有效证件和号码等基本情况）。

××××人民法院在执行……（写明当事人姓名或名称、案由和案号）一案中，查明……（写明被拘留人妨害执行的事实以及予以拘留的理由）。依照《中华人民共和国××××法》第××××条的规定，决定如下：

对×××拘留××日。

如不服本决定，可以在收到决定书后，向××××人民法院法院申请复议一次。复议期间，不停止决定的执行。

××××年××月××日

（院印）

（三）执行拘留通知书样式

×××× 人民法院

执行拘留通知书

（　　）××执××字第×××号

本院执行……（写明当事人姓名或名称、案由和案号）一案中，×××因……（写明采取拘留措施的理由），本院决定给予拘留×日。请你局收押看管，期满解除。

拘留期间自××××年××月××日起至××××年××月××日止。

附：×××× 人民法院（××××）×× 执×字第××××号拘留决定书×份

××××年××月××日

（院印）

此联交由公安机关收执

（四）执行拘留通知书（回执）样式

×××× 人民法院

执行拘留通知书（回执）

×××× 人民法院：

你院（××××）××执×字第×××号执行拘留通知书及附件收悉。我局已于××××年××月××日××时将×××收押看管在……（写明看守所名称）。

××××年××月××日

（公章）

此联由公安机关填写并加盖公章后退回法院附卷

（五）提前解除拘留决定书样式

××××人民法院
提前解除拘留决定书

（××××）××执××字第×××号

被拘留人……（写明被拘留人的姓名及有效证件和号码等基本情况）。

被拘留人×××因妨害执行，本院于××××年××月××日，以（××××）××执××字第×××号决定拘留××日，并已交由公安机关执行。在执行拘留（或复议）期间，被拘留人×××……（写明提前解除拘留的法定事由）。依照《中华人民共和国××××法》第××××条的规定，本院决定：

自本决定书送达之时即解除对×××的拘留。

××××年××月××日
（院印）

（六）提前解除拘留通知书样式

××××人民法院
提前解除拘留通知书

（××××）××执××字第×××号

××××公安局：

因×××在拘留（或申请复议）期间，承认并改正错误，我院决定提前对其解除拘留。请你局在接到本通知书后，立即解除对×××的拘留。

附：××××人民法院（××××）××执××字第×××号提前解除拘留决定书×份

××××年××月××日
（院印）

此联交由公安机关收执

（七）提前解除拘留通知书（回执）样式

××××人民法院
提前解除拘留通知书（回执）

（××××）××执××字第×××号

××××人民法院：

你院（××××）××执××字第×××号提前解除拘留通知书及附件收悉。我局已于××××年××月××日对×××解除拘留。

××××年××月××日
（公章）

此联由公安机关填写并加盖公章后退回法院附卷

六、训练案例

训练案例（一）

F 县基层人民法院因被执行人徐某某未履行还款义务，且有转移财产的行为，决定对其处以拘留强制措施。2017 年 8 月 28 日 11 时，该人民法院 3 名执行人员（其中 1 名法警，携带一副手铐）来到徐某某住处，向其送达了拘留决定书，宣布对其实施司法拘留。但徐某某拒绝上警车并高声叫骂，期间徐某某的妻子借口外出借钱离开。后在执行人员强行将徐某某带上警车过程中，经徐某某妻子通知闻讯赶来的三十余名亲友将执行人员和警车团团围住，并要求执行人员放人。迫于现场压力，执行人员将徐某某放开后撤离现场。

思考题：

1. 此次事件主要存在哪些问题？

2. 实施拘留时要注重把握哪些场合和时机？

3. 本案中执行人员将徐某某放开后撤离现场的做法是否正确？为什么？

4. 遇到被拘留人的亲属或者周边群众阻挠拘留实施时，司法警察应当如何应对？

训练案例（二）

2017 年 11 月 9 日，G 县人民法院对林某某诉黄某某合伙纠纷一案调解结案，确定被告黄某某于 2017 年 11 月 19 日前给付原告林某某拆伙款人民币 5 万元，并承担诉讼费 3500 元。由于黄某某未按调解书履行义务，林某某于 2017 年 7 月

22 日向人民法院申请执行。该院于当日立案。2018 年 3 月 3 日，在执行人员向被执行人黄某某（住某县）出具执行通知书时，黄某某不仅拒绝签收，夺走执行人员的执行公务证，还煽动亲戚朋友围攻执行人员。鉴于黄某某暴力抗拒执行的行为，G 县人民法院决定对黄某某处以拘留 10 天的处罚。

思考题：

1. 本案中 G 县人民法院对黄某某处以拘留 10 天的处罚是否合法？司法实践中对哪些人员应当慎用拘留强制措施？

2. 实施异地拘留时应注意哪些问题？

3. 实施拘留过程中，如黄某某手持刀具抗拒执行时司法警察应当如何处置？

二维码

学习单元八　二维码阅读

拓展阅读书目

1. 最高人民法院政治部警务部编著：《人民法院司法警察警务实务》，人民法院出版社 2015 年版。

2. 金平强主编：《执行工作实务技能》，人民法院出版社 2013 年版。

3. 童兆洪主编：《民事执行操作与适用》，人民法院出版社 2003 年版。

4. 童付章主编：《法院执行实务》，中国政法大学出版社 2017 年版。

5. 宋涛主编：《人民法院综合管理实务技能》，人民法院出版社 2013 年版。

6. 林永：《论徒手突袭控制抓捕技术》，载《湖北警官学院学报》2015 年第 4 期。

7. 孙继军：《试析行为过激人群徒手控制战术队形》，载《武汉公安干部学院学报》2013 年第 1 期。

8. 刘彦成：《处置群体性暴力事件战术行动方法初探》，载《公安学刊·浙江公安高等专科学校学报》2003 年第 3 期。